林名雯 著

中国人炒中国股

主力思维做主升

上海财经大学出版社

图书在版编目(CIP)数据

中国人炒中国股：主力思维做主升 / 林名雯著.
上海：上海财经大学出版社, 2025. 1. -- ISBN 978-7
-5642-4573-3

Ⅰ. F832.51

中国国家版本馆 CIP 数据核字第 202430VL21 号

□ 责任编辑　刘　兵
□ 封面设计　张克瑶

中国人炒中国股
主力思维做主升

林名雯　著

上海财经大学出版社出版发行
(上海市中山北一路 369 号　邮编 200083)
网　　址:http://www.sufep.com
电子邮箱:webmaster @ sufep.com
全国新华书店经销
上海颛辉印刷厂有限公司印刷装订
2025 年 1 月第 1 版　2025 年 1 月第 1 次印刷

710mm×1000mm　1/16　17.25 印张(插页:2)　265 千字
定价:85.00 元

序

我与名雯相识多年,之前读过她的《让财富雪球滚起来》——一本以"波线量价"为基础,构建技术交易体系的实战手册,无论是初入股市的小白,还是股海搏浪多年的老手,都能从中有所收获。这次她的新书《中国人炒中国股》,从书名就引起了我的兴趣与共鸣。

悲观者永远正确,乐观者永远前行。

在当今逆全球化思潮下,地缘政治博弈加剧,中国正面临"百年未有之大变局",经济增速放缓带来的周期问题,改变了过去利益分配和思维惯性,进而产生了诸多唱衰中国经济、看空中国股市的悲观论调。

能看多远的历史,决定了一个人能看多远的未来!

18世纪中期,"珍妮纺纱机"拉开了工业革命的大幕,西方国家从此开启了现代化进程。两百五十多年过去了,现代化大潮依然滚滚向前。曾经灾难深重、风雨飘摇的中国,正在中国共产党的领导下踏上充满光荣与梦想的现代化新征程,在短短四十多年的时间,在经济上就完成了西方的百年历程,成为世界第二大经济体。

现代化的本质就是现代科技与自由市场经济的结合,使得人类经济进入到一个可持续的复合增长状态。科学技术的革新和自由经济市场制度的结合创造了国家现代化的基础。只要中国发展新质生产力的脚步不停歇,坚持市场经济的基本规律不动摇,从长期看,中国经济就能够持续稳定增长。

从现代化繁荣的本质出发,再参考国内外局势,就会发现短期内外部干扰只是变化趋势中的波折,不改整体方向,在新一轮投资端改革下的中国股票市场将更加具备投资属性，一个中长期牛市呼之欲出。

2024年十一国庆长假后的首个交易日，上证指数开盘涨停，沪深两市全天成交额3.45万亿元，单日换手率超过7%，突破历史记录。一时之间，恍若隔世。一个月前因连续多个交易日成交额不足5000亿元而死气沉沉的市场转瞬之间便满血复活。一个月前还在犹豫是否销户的散户投资者当月新增开户684万。新股民跑步入场，老股民热血沸腾。积压深处、蓄势已久的情绪，仿佛火山爆发般宣泄而出，充斥着整个市场。

所谓太阳底下没有新鲜事。人性的恐惧与狂热亘古不变。但本轮行情有三个特点是之前所没有的，尤其需要普通散户特别注意。

一是本轮行情在注册制和投资端改革大背景下展开。

2024年高层密集发声，彰显了呵护资本市场的决心，出台了多项措施来增强市场内在稳定性，推动长线资金净流入，进一步提升了A股市场的战略重要性。政府的决心终将转化为股民的信心。在投资层面，随着政策落地，上市公司分红和股票回购总额迅速提升，近两年股东回报总额超过了企业的融资总额。中国股市已经真正进入了新征程。

但在过去30年资本市场高速发展的同时，因为定位、结构和历史等问题，积累了不少存量的问题，从长期来看，监管"长牙带刺"有利于提升市场透明度，促进上市公司高质量发展，形成一个良性的投融资环境，但对于普通散户来讲，短期内势必要面对上市公司退市、立案、行政处罚带来更大的波动和风险。

政策方向的变化意味着市场投资的方向也会从过去的热点炒作向专业化长期化投资转变。这一点对老股民们如何改变惯性思维和投资习惯提出了新的挑战。

二是本轮行情是并购重组和新质生产力驱动下的结构性行情。

过去的股票市场往往呈现齐涨同跌的格局。然而，随着政策驱动的结构性、特定产业趋势的崛起以及被动投资的普及，未来的牛市将更多呈现结构性特征——部分板块和个股将脱颖而出，强者恒强。其余个股则难逃随波逐流的命运。

过去几年，经常看到自媒体标题，"10万散户踩雷了，某市值20亿元上市公司退市"，一只退市的20亿元市值股票都有10万散户持仓，而宇宙第一大行——市值2万多亿元的工商银行也只有50多万散户持仓,散户其实是平均分布在股票中。股民都想要从市场淘金,人数的平均分布和行情的结构性也是有矛盾的。

三是本轮行情下的信息传播媒介发生了变化。

抖音、视频号、快手、小红书等自媒体平台在牛市中的传播能力显著增强,成了本轮牛市投资者获取信息和交流的主要渠道之一。社交媒体中头部主播的直播荐股容易导致散户的一致行动,产生羊群效应,给市场带来更大的活力的同时,也带来了更大的波动和风险,给相关监管提出了挑战。

自媒体平台通过个性化推荐算法,快速将真伪难辨的市场信息广泛传播给投资者,如何识别真假信息、识别真伪专业机构,成为自媒体传播时代,散户获取信息的必修课。

A股三十年无论牛熊,投资者难逃"七亏二平一赢"的大结局,美股持续八十年牛市,但其中能称为大师的屈指可数。股市残酷,可见一斑。目前,A股沪深两市就有超5 100家公司上市,选股难度因上市公司数量激增而呈几何级加大,尤其是在中小市值股票中寻找超额收益的难度更高。

这是一个最好的时代,也是一个最坏的时代;

这是希望大春,也是绝望大冬。

未来是专业投资者的主战场,是专业技能和意志力比拼的时代。时代在变化,投资中唯一不变的也是变化。只有终身学习才能跟上时代的步伐。

名雯的这本《中国人炒中国股》,最妙的就是中国股三个字。A股市场从始至终就有它特殊的魅力与文化,在现在的新征程时代更是如此。书里提到的一些观点,都与我们对当下市场风格的判断不谋而合,而具体的交易方法,也都很"本土化"。我很高兴在现在这么重要的一个行情阶段,能看到一本真正描绘中国股市交易规律和特性的著作,也很期待所有还在因股市波动而不得要领的天下股民,能通过这本介绍中国股市的入门级教材,真正的摸到中国股市的入门门槛。最后祝愿所有的投资者,都能股海乘风,所愿皆所得。

才子

二〇二四年十二月

前言：中国人炒中国股

2017年的时候，我写了《让财富雪球滚起来——波线量价交易系统》。那是一个纯粹的交易系统，是通过技术体系的建立，寻求在市场上立足的根本。这几年以来，在与很多朋友交流的过程中，也感觉到了系统对他们的帮助，这让我尤感欣慰。

现在，八年时间过去了。在过去的八年中，我和所有的散户一起，再次经历了两段完整的"牛熊"，经历了前所未见的特殊时期，见证了注册制的落地，见证了科创板的诞生，也见证了中国股市和中国经济在新的历史条件下重新磨合的起起落落。我觉得是时候再次总结一下，我与中国股市的那些事。

如果说我进入市场的前十年，更多是我自己学习、自己交易、自我提高，那么在这个十年，更多的则是和市场交流、互相理解的过程。之前更多的时候像恋爱，充满激情和憧憬，现在就更像婚姻，懂得了改变不了就必须适应的道理。

这些年，市场在变，我的交易体系甚至交易理念也在不断变化。比如，曾经有一段时间我是很排斥股市里的"妖股"的。因为我认为大部分的妖股行情对投资者容易形成误导，养成市场浮躁的心态，甚至追涨的习惯，可以说是祸家之源。但妖股本身就是市场的一部分，它反映游资情绪，本身也是市场活跃度的表现。因此，观察妖股、短线情绪本身也是非常重要的市场判断的基础。

我们的A股市场，是一个具有十分明显中国特色的投资市场。

首先，A股市场出生在一个并不算特别成熟的环境。在它过去三十几年的生涯中,一直处于一个不断成熟、不断规范的过程中,每一次制度环境的改变,都带来一次市场风格,操作品味的改变,在这个市场中,最重要的还是与时俱进。以前熟悉的很多套路,都已经在慢慢地被时代淘汰,包括躺平,包括打新炒新,等等。

其次,到目前为止,从A股的资金结构上来看,散户仍占据非常大的比重。根据开户数据来看,到2024年2月22日,中国散户开户数已经达到了2.25亿。

每个人到这个市场都是想来赚钱的,但是股票市场是不是一个人人都能赚钱的市场呢?可能大家都知道股票是一个零和博弈的游戏,你买我卖,你亏我赚,但是仅仅是这样吗?不是的。不要忘了,股票市场上还有庞大的成本支出,印花税、过户费、交易成本等,按照现在的交易成本计算,一个股民每周交易一次,一年下来交易成本占比大概在6%左右,也就是说,如果你每周交易一次,在股价不涨不跌的情况下,你一年就要亏6%给这个市场,所以股市是一个"负和博弈"的地方,我们假设这个股票市场永远只有1万亿元资金在里面玩,这个钱随着交易摩擦只会越玩越少。因此,在这个市场想要赚钱确实不是件容易的事,你必须得在博弈过程中尽可能地跑赢你的对手,才能获利。

既然是博弈,我们入场的第一步要搞清楚的是,这个市场里谁是我们的对手,谁是我们的朋友。从市场投资者的持股结构来看,A股其实就三大类群体,分别是限制流通股(一般法人)、中小散户(个人投资者)和机构资金(包括外资和境内专业机构)。

限制流通股(一般法人),就是我们通常所说的公司的大股东们,他们的持股占47%左右,100万亿元左右的市值里,他们占了近47万亿元,但是这些人基本只持有自家股票,不参与交易。所以他们既不算朋友,也不算对手。

第一大规模是个人投资者,也就是我们常说的散户。他们总体资金量也达到了30万亿元,不算小,但是散户的数量太分散,如果按2.25亿开户算,算下来平均每个散户的资金量只有10多万元,这导致散户们虽然加起来钱多,但是却难形成合力,所以战绩上常年遵循七亏两平一胜的规律。因此,这里面有90%的人,去和他们做对手,至少不会输,而剩下那10%的胜者

（主要是一些牛散和游资），我们要尽量与他们做朋友，不要与他们做对手。

第二大规模是外资和内资机构，统称为机构。外资最常见的就是北向资金了，号称A股最聪明的资金，内资主要就是公募、私募等，他们最大的特征就是专业且多金。这部分资金对股价的影响能力极强，更不适合与他们做对手了。

所以如果我们想在这个市场上赚钱，比较容易的方法是，要尽量与牛散、游资及机构这些主力资金做朋友，不要跟他们做对手。这本来是个很简单的常识，但很多人被困在自己"散户"的身份里，没意识到这点，总是觉得主力就是收割散户的，天然地站在了主力的对立面。这种观念不改变，必然是要在这个市场亏钱的。我们所有的方法，无论是基本面、技术面，其实都是为了资金面，为了认识、解读，最终跟踪到主力资金的动向，从而跟他们站在一起，成为市场那10%的能获利的人（见图1）。

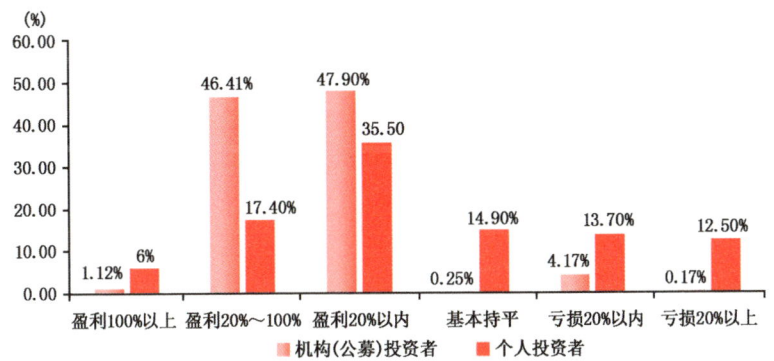

数据来源：wind 数据。

图1　2020年机构投资者收益率与个人投资者收益率比较

我们的A股和股民一样，懵懵懂懂走过来，很多股民已经老了，但市场还很年轻。它欣欣向荣、蒸蒸日上、永不言败，但有时候也浮躁彷徨，甚至迷失方向。我学习过的很多经济理论、估值模型，有些在这里行得通，有些，行不通。因为不同的土壤、不同的环境、不同的理念、不同的人。中国股市有它自己的特点特征，也有自己的规律。要在这个市场中赚钱，你要了解的就是这个市场本身。所有入市的人都以为自己是那10%的胜者，最后，大多数的人，在市场中亏损、折戟、脑袋发热而来，心灰意冷而去。大部分人从来到走,都不知道自己去过的是一个什么样的地方。

  所以十年后,我再次提笔总结。在康庄大道上哪怕在闲庭漫步,都会比在坎坷歧途上拼命奔跑更快接近目的地。希望这本书能成为大家认识这个市场、理解这个市场的敲门砖。结合这么多年在这个市场的所见所闻,我把最真实的中国股市和在股市交易的基础方法与大家共享。我自己并不是一个交易方面的天才。我的思维模式更多还是文科的思维,观察、总结、归纳,我其实没有很强的创造性,天然的也不爱风险,但理智、稳定。我希望把我的这些观察总结、归纳、思考,分享给所有的投资者,也许不惊艳,但绝对经验。

林名雯
2024 年 12 月

目 录

上篇：有所不为，有所为——择股

第一章 吃菜要吃白菜心，买股要买龙头股 / 003

第一节 机构模式——不忘初心的行业龙头 / 005
  一、周期型行业 / 006
  二、成长型行业 / 010
  三、防御型行业 / 012

第二节 牛散模式——峰谷轮动的波段龙头 / 017
  一、波浪理论基础 / 017
  二、启动浪选股逻辑——超跌反弹 / 023
  三、主升浪选股逻辑——强者恒强 / 024
  四、冲刺浪选股逻辑——看强选弱 / 026

第三节 游资模式——游走题材的资金龙头 / 027
  一、龙虎榜观察 / 028
  二、三板定龙头，烂板出妖股 / 036
  三、千金难买龙回头 / 040
  本章小结 / 043

第二章 散户如何看基本面 / 044

第一节 公司主营是否赚钱 / 045

一、营业收入增长率 / 046

二、毛利率 / 047

三、经营性净利润（扣非净利润）/ 050

第二节 公司财务是否康健 / 053

一、现金流量表：经营净额、投资净额、筹资净额 / 053

二、应收账款 / 054

三、公司负债 / 058

第三节 公司估值是否合理 / 060

一、市净率 PB / 061

二、市盈率 PE / 063

第四节 公司信用是否良好 / 065

一、公司信息披露 / 065

二、公司所涉纠纷 / 067

本章小结 / 068

中篇：寻找最大确定性——跟主力做主升

第三章 筹码结构找主力 / 073

第一节 筹码基础 / 073

第二节 特殊筹码结构 / 076

一、主力的建仓与成本 / 076

二、主力的锁仓与派发 / 077

本章小结 / 079

第四章　均线分布看趋势 / 080

第一节　强不强 看角度 / 082

一、均线斜率决定行情力度 / 082

二、均线斜率的变化和预判 / 084

第二节　多或空 看排列 / 089

一、完美排列 / 090

二、不完美排列 / 091

三、均线粘连 093

第三节　判格局 定操作 / 095

一、均线斜率结合均线排列——对行情定性 / 095

二、斜率小，无排列——窄幅震荡行情 / 098

三、斜率小，均线完美排列——蓄势行情 / 099

四、斜率大，均线完美排列——单边趋势行情 / 100

五、斜率大，均线无排列——宽幅震荡行情 / 102

六、均线格局的循环 / 105

本章小结 / 107

第五章　转折信号抓顶底 / 109

第一节　正常的量价关系 / 109

一、量价关系基础 / 110

二、正常的上涨——量增价涨 / 113

三、正常的下跌——量缩价跌 / 117

四、正常的震荡——量平价平 / 119

五、量能与波浪 / 122

第二节　转折型量价关系——量价背离 / 124

一、异常的上涨——量缩价涨 / 124

二、异常的下跌——量增价跌 / 128

三、量价关系的几种特殊形态 / 133

第三节　技术指标中的转折信号 / 142

一、MACD 的顶底转折 / 143

二、"神奇九转"的序列转折 / 151

本章小结 / 153

第六章　波浪位置看空间 / 154

第一节　周期的具象——波浪 / 156

一、波浪理论 / 156

二、八子浪的主要特征和应对 / 159

三、波浪理论四大铁律 / 168

第二节　波段的量化——黄金分割 / 171

一、黄金分割确定阻力支撑 / 172

二、黄金分割预测趋势方向 / 175

本章小结 / 182

第七章　主升模型——跟主力，做主升 / 184

第一节　主升模型——参与确定性最高的机会 / 184

一、一浪上涨——主力的建仓/吸筹 / 185

二、二浪洗盘——主力的震仓/洗筹 / 187

三、主力的拉升 / 190

四、主力的出货 / 191

第二节　主升模型的买点 / 193

一、分时回踩(反转)买入 / 193

二、小周期趋势突破买入 / 194

三、五分钟趋势突破法 / 194

第三节　主升模型的卖点 / 197

一、向上卖出——止盈不贪 / 197

二、向下卖出——止损不拖 / 199

第四节　万变不离其宗——常见形态分析 / 204

一、调整——上涨过程的上车机会 / 204

二、反弹——下跌过程中的逃命机会 / 207

三、底部——筑底百日慢慢买 / 208

四、顶部——顶部一天快快卖 / 211

五、箱体——坚守与反手 / 214

第五节　信号至上　概率为王 / 220

一、信号至上 / 221

二、概率为王 / 222

本章小结 / 223

下篇：中国人炒中国股——A股近年经典实战案例分享

战例1　天山生物——一头牛价值1 000万 / 227

战例2　九安医疗——1倍不到的市盈率是如何炼成的 / 230

战例3　三一重工——逃不开的周期魔咒 / 234

战例4　吉翔股份——并购重组出牛股 / 238

战例5　中国中免——北上资金的耐心与决心 / 242

战例6　比亚迪——好公司不怕跌 / 246

战例7　宁德时代——业绩炒到2060年？ / 251

战例8　美年健康——基金经理的功课能不能抄？ / 255

结语：顺趋势、看顶底、抓龙头、明风控 / 259

上 篇

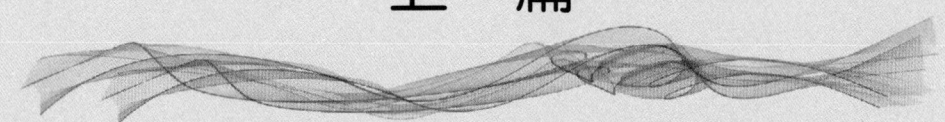

有所不为，有所为——择股

炒股票无非就是要解决两个问题：一个选股，一个择时。

买卖点决定你赚多赚少，而股票本身，则决定你是赚钱还是赔钱。

第一章

吃菜要吃白菜心，买股要买龙头股

我刚入市时，有一个前辈跟我说过这样一句话，中国散户炒股票赚钱都是靠扛出来的，所以很多人都有这样一个习惯，就是在哪里跌倒了，就在哪里躺平。但是显然，不是所有的股票都能躺平的。

比如连续亏损之后被 ST 然后退市的，见图 1—1。

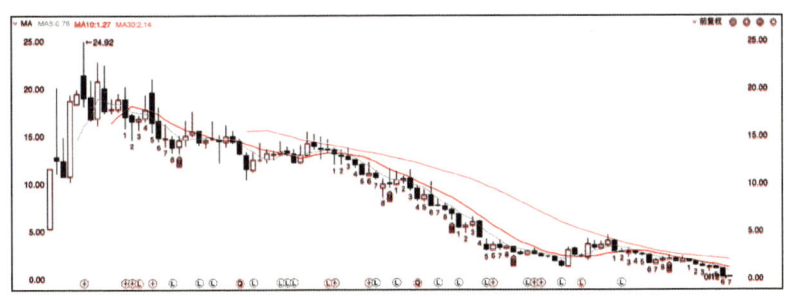

图 1—1　ST 美尚 2016 年到 2024 年月线图

还有财务造假被直接强制退市的，见图 1—2。

用一个不太精确的数据，截至 2024 年 7 月底，2010 年前就上市且存续的公司大约 1 560 家，在 2010 年到 2024 年的 15 年左右的时间里，上涨家数 738 家，占比 47%，下跌家数 822 家，占比 53%，中位数下跌 5% 左右，其中，

第一章　吃菜要吃白菜心，买股要买龙头股 | 003

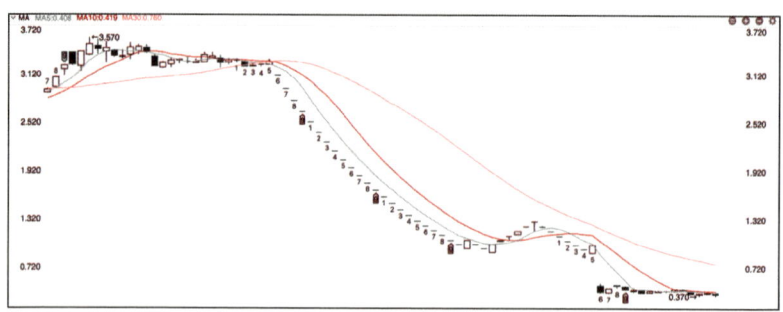

图1-2　退市博天2023年12月—2024年5月的日K线图

还有34家已经ST,就占到2%左右。

这意味着你如果无差别躺平,有超过一半的概率是亏损,中位数亏损5%左右,运气再差一点,公司都没了。

2024年,被誉为资本市场改革纲领的"国九条"在时隔十年后再度升级,突出强监管、防风险、促高质量发展的主线,新"国九条"除了对注册制下的入口管理、交易环节、公司治理等方面进行了完善安排,对退市这一实现资本市场优胜劣汰的关键基础性制度也进行了详细部署。它要求加强退市监管,进一步收紧强制退市的标准,畅通多元退市渠道,并精准打击"保壳"行为,同时完善退市过程中的投资者赔偿与救济机制,向市场释放明确信号:应退尽退!在新"国九条"的指导下,未来大概率会产生"垃圾股"退市潮。在新"国九条"落地后,ST板块迅速蒸发近万亿元市值,不被经济发展和时代进步所需要的公司,也不再被资本市场需要(见图1-3)。

结合现在注册制的准入制度和越来越严格的监管态度,我们对未来的市场可以有两个基本判断。

(1)未来的市场,一定是一个结构性市场。

(2)未来的主力,一定是以基金为首的机构投资者。

因此,股票的选择在未来会越来越重要,有赚钱效应的股票的选择更是难上加难。如果你想要在市场上获取超额回报,找到适合当下政策需求、符合当前市场审美的股票是最重要的。当然好股票也分很多种,每一种都对应着不同的操作风格,如果想要做好股票,认清自己的操作风格,也是一个先决条件。

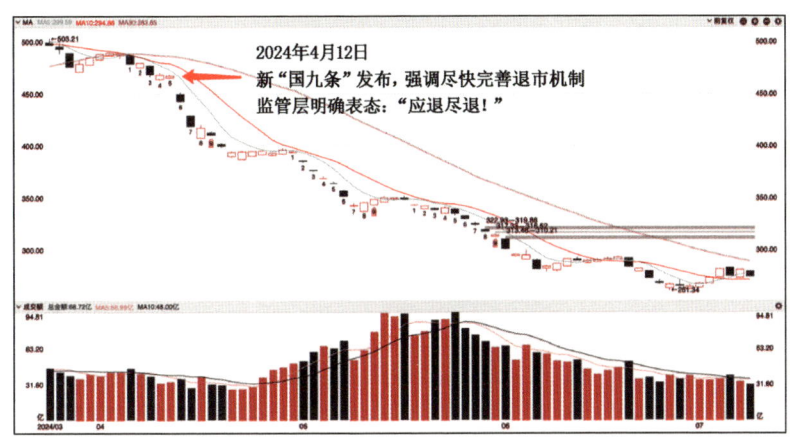

图1-3　2024年ST板块日线图

第一节　机构模式——不忘初心的行业龙头

行业研究员是券商研究员中群体最庞大的，也是股票从业人员中最"专业"的存在，他们的工作，不求面面俱到，但求无限纵深。我们平时理解的一些基本面的财报内容，对一个行业研究员来说，可能连入门知识都算不上。

行业研究员选股的维度一般都比较专业，大多是行业或细分龙头，或者是具有一定稀缺性的标的。通常也都有很强的前瞻性。

我身边有很多不同行业的研究员朋友，有一个做白酒行业的，他对于白酒的研究，从基本的每一个公司具体有什么产品，每一个主营产品的优缺点、市占率，甚至到每一种白酒的酿制方法、优缺效应、白酒市场的地区特征、消费潜力等，如数家珍。还有一个做医药行业研究的，本身就是医学博士，对于一些特定疾病的治疗方法，哪些公司有什么药品进入临床几期试验，一旦通过可能产生多大的需求、促生多少收入，这些，甚至都不是他说了别人就能听明白的东西。这就是纵深。

行业研究员最简单的标签，就是行业，所谓隔行如隔山，一般大券商的行业研究员都以板块(如申万的一级行业分类)为界限,能力更强、资历更深的可能会延展到整个产业链,但很少有真正具备跨产业能力的,像我们很多散户那样,今天选新能源明天就做大基建,这种跨度是很多行业研究员不能想象或者嗤之以鼻的,对他们而言那就是在瞎搞。我那位做白酒的研究员朋友告诉我,一个成熟的行业研究员,能做到新财富首席级别的,至少要在行业中深耕7年以上,陪伴行业一起经历完整的几轮牛熊,才能真正说开始了解一个行业。所以,当我们需要了解一个行业的时候,专业的行业研究员的意见、核心观点和研报产出,就是一个非常重要的参考。

每个行业的特性不同,观察的维度也不同。在A股市场,按照行业的发展与国民经济总体的周期变动之间的密切程度,可以把所有行业分为周期型行业、成长型行业、防御型行业,行业特性不同,专注重点也有所偏差。

一、周期型行业

周期型行业一般是指与国内或国际经济波动相关性较强的行业,比较典型的包括钢铁、煤炭、有色金属等,现在周期型行业的外延有所拓宽,关系到资源、工业及消费,是相关数量最多的行业。

(一)周期型行业主要特征

(1)周期型行业和宏观经济之间的相关性极高,通常与经济周期相对应,还有部分行业的周期表现会提前于实际经济周期,是真正的股市晴雨表,见图1—4。

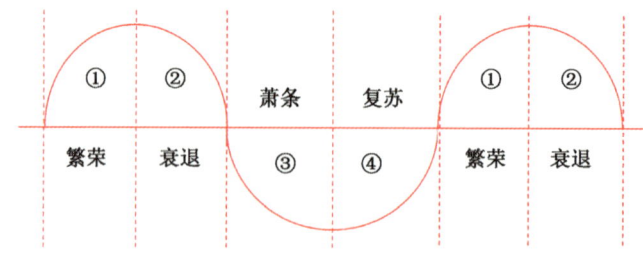

注:①经济接近繁荣峰值,股民热情达到高潮,股价达到峰值阶段;②经济衰退时,企业产品需求减少,利润降低,企业减少产量,股民热情降低,股价下跌;③经济衰退到底部,经济危机来临,经济生活瘫痪,股价随之到达底部;④经济开始复苏,企业产品需求增加,利润提升,企业加大产量,股民热情回暖,股价上涨。

图1—4 周期与宏观周期

所以在经济周期从复苏到繁荣这个阶段是最适合周期股品种投资的。这个阶段反映在市场上，主要就是供需结构的改变。在需求改善而供给受限的阶段，也就是行业底部，供需格局优化，原材料价格降低，产品价格上涨，价差扩大，从而带动利润回升，这个阶段也是介入周期行业最好的机会。

（2）周期型行业的逻辑比较简单，主要就是最基础的供求关系，有大量的数据和行业指数可以跟踪，属于相对比较容易看明白的行业，见图1－5。

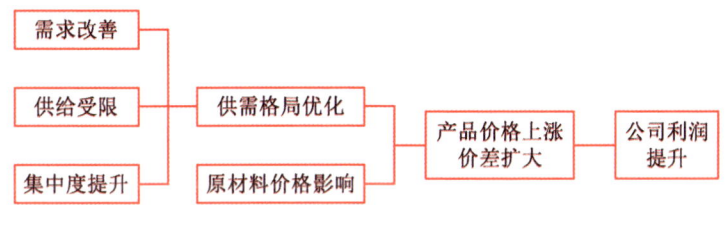

图1－5　周期股股价上涨逻辑

（3）波段属性极强，一旦抓住一波机会，就能在短时间内实现一个牛市的飞跃，获得高额收益。比如2018年的猪肉、2020年的煤炭、2021年的锂矿等，都是牛股集中营，而且个股基本同涨跌，所以研究周期性行业，行业比个股本身要重要很多。

 案例1－1　2020—2022年的煤炭行情

煤炭就是一个非常典型的周期型行业。2020年初，动力煤价格跌到4年低位。随后，中国经济报复性反弹，很多商品价格快速升温。股市有句话，夏炒电冬炒煤，再加上2020年最冷冬天的预期，煤炭需求暴涨。与此同时，中国主要的进口煤炭国澳大利亚在国际经贸上和我们产生连续分歧，中国宣布停止向澳大利亚进口煤炭，煤炭供给进一步收紧。煤炭供应出现了明显缺口。煤炭价格一路走高，相应地，煤炭股的股价也一路攀升，见图1－6。

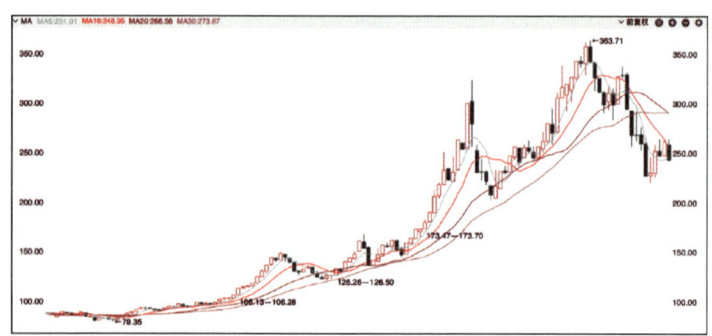

图1-6 2020—2022煤炭板块日线图

在2020年这波煤炭大行情中,煤炭股中出现了大批翻倍股,虽然最终涨幅有高低,但是总体来说,只要买对板块,获利都非常丰厚,见图1-7。

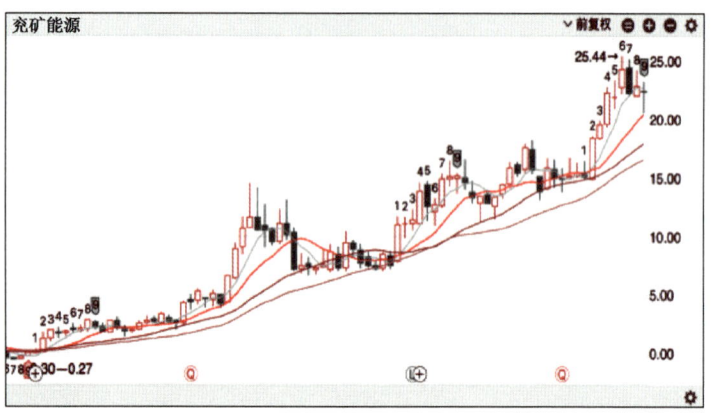

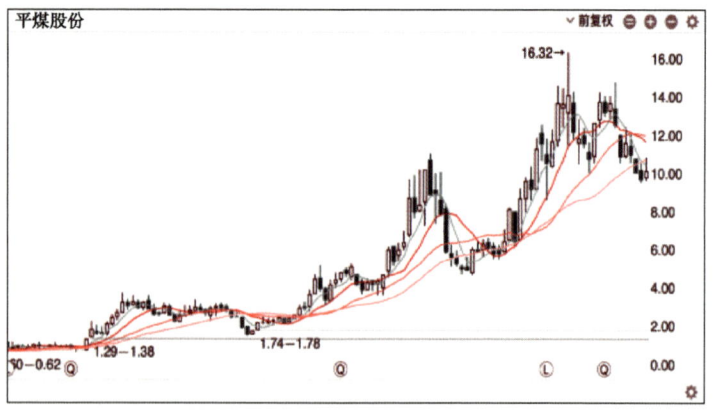

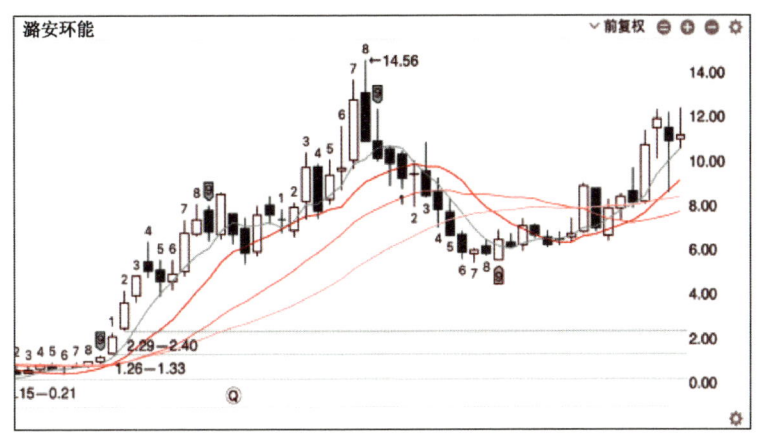

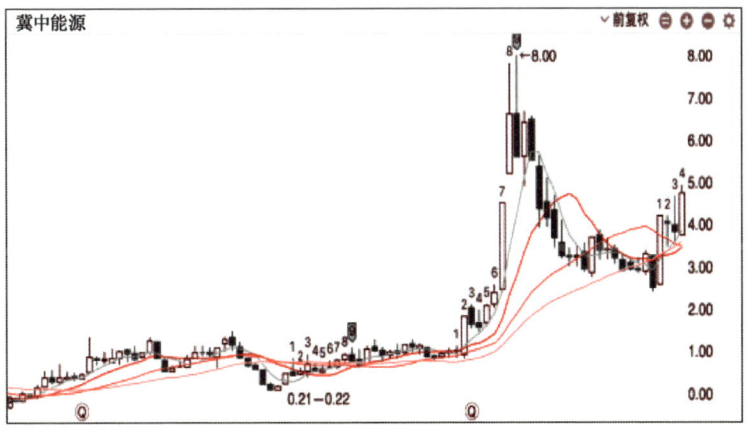

图 1—7　2020—2022 部分煤炭股行情

(二) 选择周期型行业几个特别需要注意的点

(1) 要关注从行业整体来看,是在不断扩大还是在不断缩小? 如果选择夕阳产业的话,那很可能即使你苦苦等到了下一波景气周期,但却发现行业的整体价值在下降,甚至永远也等不到行业的下一波景气周期。

(2) 周期型行业也分快周期和慢周期,有些公司所处行业是在谷底,但走出谷底需要数年时间,但如果你把这种个股当作长线来做,就失去了投资周期股的意义了。对于慢周期行业,你需要懂得行业周期的逻辑和大致节点,在最合适的节点进场比提前埋伏要更有意义。

(3) 周期型行业最终要的还是供求,供求最直接的表现就是价格。所以还是要了解行业的产品和成本,虽说周期性行业的底部也往往会跌穿产品成本,使整个行业出现整体亏损,但是这种产品价格和成本的倒置是不会长久的,会是一个不错的介入机会。

二、成长型行业

成长型行业一般是指一些新兴的产业,目前可能还不够壮大,但是因为适应市场和经济发展趋势,有很好的发展前景,比如物联网、AI 等新生不久的产业。成长型行业最大的特点就是成长,其成长甚至可以跨越经济周期,甚至引领经济周期。

成长型行业并不是固定不变的,随着社会经济的快速发展,很多成长型行业很快就会发展壮大,成为竞争力强大、产业链不断延伸、对多个行业甚至地区经济发展产生重大影响的支柱产业。在目前来看,成长型行业最典型的就是大科技。

如果说周期型行业主要与经济运行的周期相关,那么成长型行业的运行状态完全是根据行业自身技术、发展的节奏来推进的。

比如典型的科技成长行业——半导体。一般来说,半导体行业的发展基本遵循摩尔定律,也就是当价格不变时,集成电路上可容纳的元器件数目,每隔 18~24 个月就会增加一倍,性能也能提升一倍。摩尔定律是传统半导体行业发展的一般规律。而半导体行业的"新技术"就是如何让单位体积的集成电路上承载更多的元器件。比如我们常说的 14nm 就是 CPU 的制作工艺,这个数字越小,就意味着在同样大小面积的 IC 中,可以拥有密度更高、功能更复杂的电路设计。现在国外先进的半导体工艺水平已经达到 3nm,而每当有新的制程需求或有厂商能制作出更小制程的半导体时,新一轮的上涨周期就开始了。

2018 年 4 月 16 日晚,美国商务部发布公告称,美国政府在未来 7 年内禁止中兴通讯向美国企业购买敏感产品。自此,美国对于中国的高科技"封锁"揭开序幕,当时整个科技界,尤其是半导体产业都受到了极大的冲击。在当时,美国的半导体设备在我国的市占率大约在 30% 以上,高端半导体设备对美国技术的依赖程度更高。在这个事件的影响下,我国的科技股遭到了比较重大的打击,拖累股指下跌接近一年时间。

2019年10月,为了应对"卡脖子"问题,尽快实现我国半导体设备的国产化,完成科技产业链的自主可控,我国成立了国家集成电路产业基金二期,注册资本超2 000亿元。侧重半导体设备和材料,重点关注上游产业链,包括薄膜设备、测试设备,以及光刻胶、掩模版等材料。宣告国家级资金入驻半导体产业并大力支持相关公司发展。其中,北方华创作为半导体设备的行业龙头,通过定增等方式,持续得到大基金的大手笔支持,持股比例一度超过10%。随后几年时间内,在国内大循环的背景下,半导体设备的国产替代顺利展开,北方华创作为行业内最具备产品竞争力和最完整产业链的行业龙头,核心受益于国产半导体设备的市占率上行,公司净利润持续升温,股价在2020—2022年期间,完成了一波10倍超牛行情,见图1—8、图1—9。

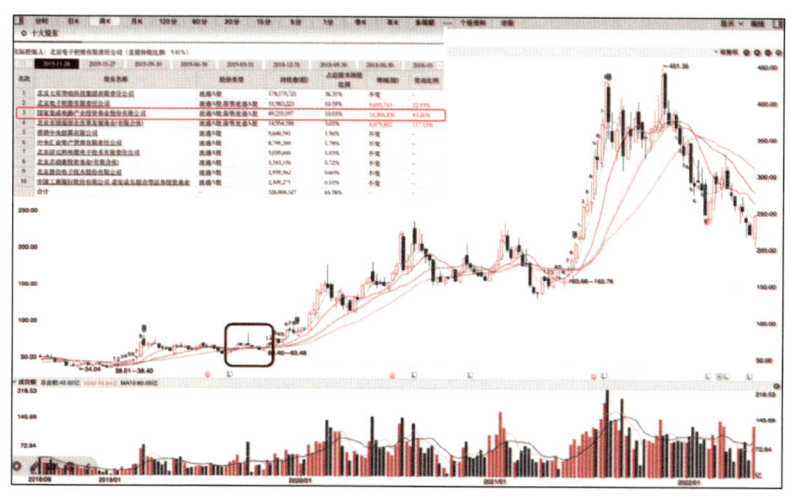

图1—8　2020年北方华创日线图

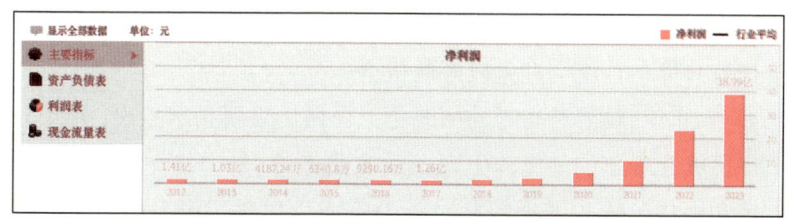

图1—9　北方华创净利润增长图

总结来说,成长型行业的龙头一般有以下几个特征:
(1)受到国家政策支持,给予重点减税并有国家级资金介入。
(2)技术排名靠前,市场占有率领先。
(3)有能力获得龙头投资,并形成业务合作。

看到这里,可以很清楚地看出,成长型行业的研究相比周期型行业要困难得多,因为这些行业都比较新,其涉及的技术、应用非常多,子行业也相对比较零散,公司与公司之间的差异较大,对于投资者,尤其是非本行业的投资者而言,要研究清楚行业基本面逻辑可能都要花很长的时间。而且成长型行业的估值普遍比较高而且偏轻资产,比较难用财务指标进行选择,因此,对于投资者而言,最好还是结合当下的市场环境加以周期判断。

三、防御型行业

防御型行业一般是指产品需求相对比较稳定的行业,一般也不受经济周期的影响。简单地说,防御型行业通常是我们生活中的刚需,比如食品饮料,无论经济好不好都要吃饭;又比如医药,不论经济好不好都有需求,是必需品。

这类行业很多投资者都不太喜欢,嫌它磨叽,但是其实非常重要,尤其是在经济走弱的环境下,防御型行业是所有资金的避风港。虽然和经济周期关系一般,但是防御型行业和供求关系也是密切相关,供求关系比较紧张的状态就是防御型行业比较好的介入机会。

比如医药行业。医药赛道整体分为中药、化学医药、医疗器械、医疗服务和医药商业等几个子行业,每个行业详细的变量和影响因素各有不同。对于中药来说,最重要的就是原材料价格、产品价格和政策影响,政策也会在某些情况下影响供给。所以一个简单的判断是,在原材料价格走低的时候,中药企业将会有比较好的利润机会,如果结合产品价格较高(需求旺盛+政策扶持),那往往就会迎来较好的机会。

比如2019年,政策对当时的中医药工作做出重要指示指出,中医药学包含着中华民族几千年的健康养生理念及实践经验,是中华文明瑰宝,凝聚着中国人民和中华民族的博大智慧。新中国成立以来,我国中医药事业取得显著成就,为增进人民健康做出了重要贡献,明确支持中药的大力发展。而在此之前,市场对于中药的需求较弱,关注度较低,导致中药的原料药价格保持低位运行,在需求快速扩大、政策积极支持、原料药价格又比较低的情况下,中药在2019年走出了一波独立强势行情,见图1—10。

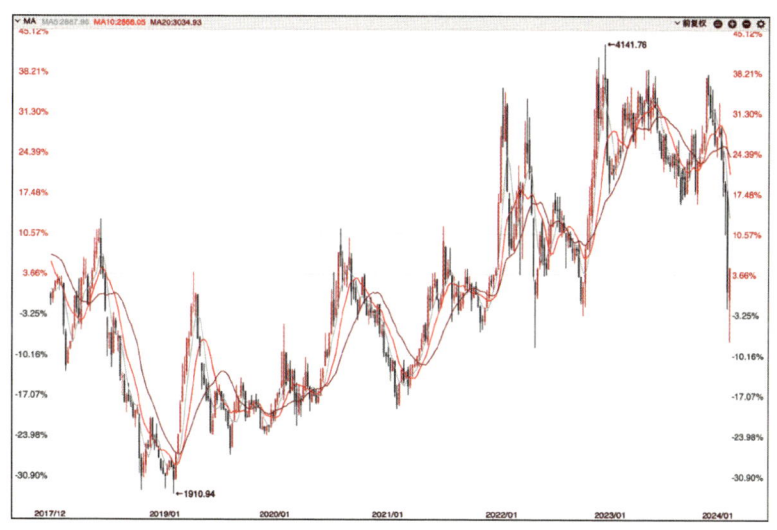

图1—10　2019—2024年中药板块周线图

对于防御型行业的投资,选股也比选行业更为重要。在防御型行业尤其是偏消费品类的选股中,最经典的就是巴菲特的ROE选股逻辑:当ROE＞15%,PE位于15~20倍之间的时候,是防御型行业较好的买点。

比如对于消费类的行业来说,在长期较为稳定的需求下,行业龙头通过长期优势构建了较深的护城河,一般比较难被逾越,这就是所谓的品牌优势,一般具体的表现就是特许经营权和经济商誉,就是行业地位和品牌形象,用财务指标量化就是长期持续的高ROE,导致外来者无法轻易与其竞争。而低PE则提供了充足的安全边际抵御未来的不确定性。因此,高的ROE和低的PE构筑了较好的介入机会,也就是所谓的好公司烂股价。

 案例1-2　防御型行业标杆——美的集团

美的集团作为我国家电行业综合实力最强的公司之一,净利润增长率(ROE)常年保持在20%左右,同时,市盈率落在10~15倍之间,因此,股价一直在家电行业内保持领先水平,机构持仓稳定。同时,每次股价回落,市盈率接近甚至低于10的时候,就会有不错的波段交易机会,是国内价值投资的典范标杆之一,见图1-11、图1-12。

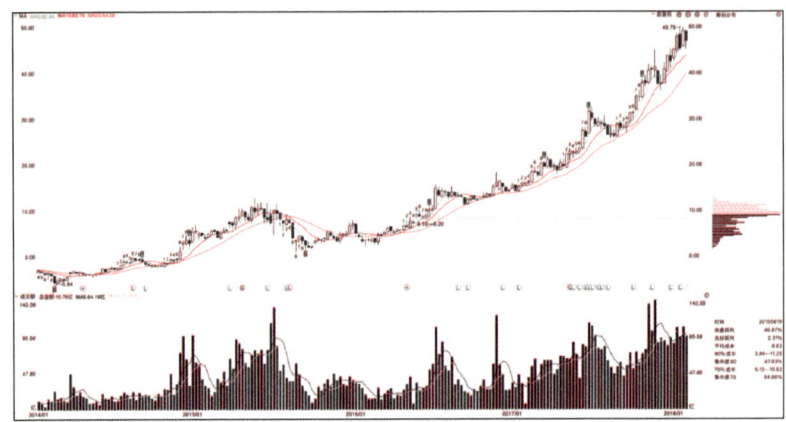

图1-11　美的集团日线图

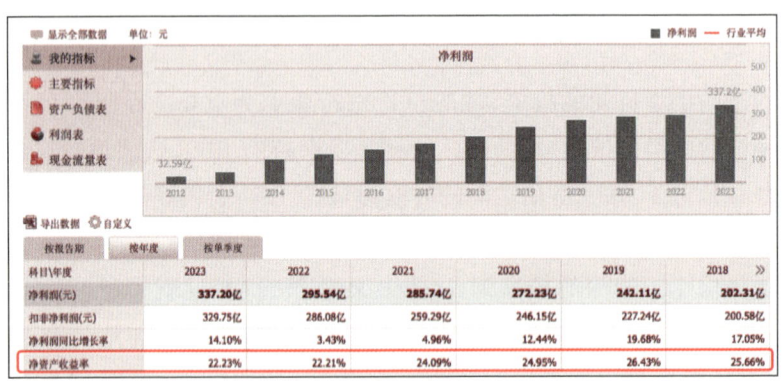

图1-12　美的集团的净利润增长和净资产收益率

对于所有行业来说,与时俱进是最重要的。不同阶段,市场的需求不同,市场的选择也不尽相同。我国改革开放以来,一直处于高速发展的经济状态下,引领市场的行业,引领行业的龙头在不断变革,以适应不同时代的需要。

2021年中国第七次全国人口普查结果显示:我国人口数量红利进入尾

声,人口老龄化加速。同年房地产市场土地拍卖、住房销售、房价表现均出现了趋势性放缓。经过了改革开放几十年的发展,中国在经济领域取得了举世瞩目的奇迹,但伴随着经济的发展,劳动力、土地的低成本优势也不复存在,人口结构和房地产的双结构调整,预示着以土地财政为主要经济驱动引擎的发展逻辑将告一段落。

当前,中国经济处于换挡转型的关键时点,从过去解决"从无到有、从少到多"的问题,到现在解决"从有到好,从粗到精"的问题,从过去追求高速发展进入强调高质量发展的阶段。从传统的生产要素驱动的生产关系转变为以"新质生产力"为指导思想的新生产关系驱动,这些,都是我们要面对的时代课题。

这里还有一个问题要特别提醒大家。

行业研究员精选出来的行业龙头好不好?我相信是好的。但是不是一定能涨,而且立刻涨?那可不一定。我那个做医药研究员的朋友告诉我,根据他们调研,××公司有一款10亿元级别新药,如果能上市,市值有机会翻倍。当时相关的研报也不少,但到新药落地实现销售,前后一共4年,其间公司还先跌了20%。所以对于这一类股票,首先必须了解,更重要的是坚持。

自从有股票市场以来,靠守出来的"股神"比比皆是,最著名的就是股神本人巴菲特。巴菲特2008年开始投资比亚迪(见图1—13),陪伴比亚迪14年,大赚超过700亿港元。但其中90%的利润是2018年之后才开始兑现的,整整守了十年,这成为股神在过去十年最成功的投资案例之一。为什么巴菲特敢于如此坚持持有比亚迪?他当然有一些一般人没有的优势,比如他能够更简单地接触到这些上市公司的实控人,更直接地了解到我们一般投资者可能不太能知道或者容易忽略的信息,但更重要的是,当他充分认知之后,他就可以有足够的耐心,这是我们很多投资者知道,但就是做不到的事情,也就是人与"神"的差距。

一个好的研究员最基本信仰就是:好公司不怕跌!股市赚钱短期靠技术,中期靠系统,长期就要靠信仰。你足够相信,才能足够赚钱。但是万物皆周期,所有的行业拉长时间看都是周期轮动的,尤其在中国当下这种还是以交易型资金推动行情为主的新兴市场中,当市场风格偏好、审美发生偏移的时候,再好的公司也会被市场抛弃。一般来说,由于长期浸淫在某行业

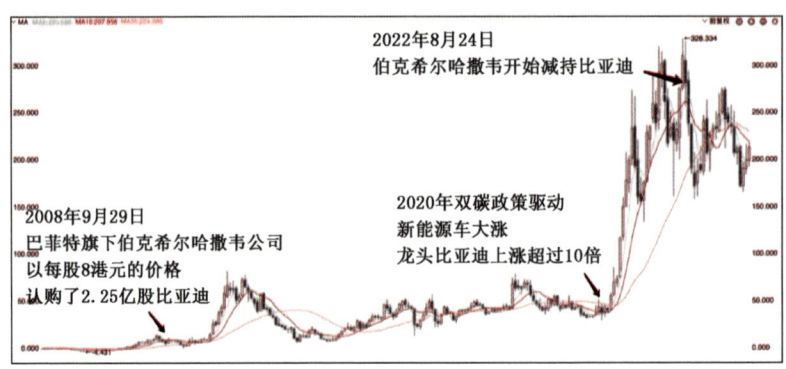

图 1—13　2007—2024 年比亚迪股份走势月线图

中，因此行业分析师对于行业内变化的嗅觉更为敏锐，但也往往局限于行业内部的变化，缺少大的框架和宏观思维。

在 2020 年末、2021 年初的时候，市场明星基金经理很多。但是仔细去看，大部分都是单一风格的，比如专精白酒、医药等。是因为 2019—2021 年的结构性牛市造就了这些单一风格的"明星"，所以是市场成就了股神，而不是股神战胜了市场。到了 2021 年年底，市场风格发生了转换，又有很多基金经理跌下神坛，成为众矢之的。但是股票市场本身不是一时一势论英雄的地方，这些单一风格的基金经理，只要能够坚持在市场上运作，等风来的时候，又会东山再起，他们要做的，就是留在场上而已，机会都是等出来的。

但这种方式，对于一般投资者而言是最难的。作为普通投资者，对行业的认知很难与这些专业的研究员匹敌，对信息的把握也没有那么及时。怎么判断你对一个公司是处于充分了解的状态？你的了解是主观的还是客观的？你获取的信息是否足够支撑你的判断？其次，随着时间的推移，市场环境的改变，当初的建仓逻辑是否改变？如何有效地进行逻辑修复？这些，都是在实际操作过程中会面临的现实问题。最重要的是，对于一般投资者，资金的使用效率非常重要，所以，一般我并不建议我们投资者一味采用这种方式去守机会，在行业龙头的基础之上，应该考虑到市场的实际情况和风格偏好，把行业龙头与市场环境更好地结合。

第二节 牛散模式——峰谷轮动的波段龙头

一、波浪理论基础

很多人都知道波浪理论。波浪理论是艾略特在1934年前后开始慢慢总结成型并发表的股票形态理论,到今天有接近100年的历史了,在这近百年间,全球的资本市场,金融格局发生了重大的变迁变化,但是为什么到今天波浪理论还广为适用,甚至被很多技术分析派认为是描绘波动规律的基本法则呢?因为从根本上来说,他描绘的不是市场的规律,而是人性的规律,或者说,是人性控制下的资金的规律(见图1—14)。

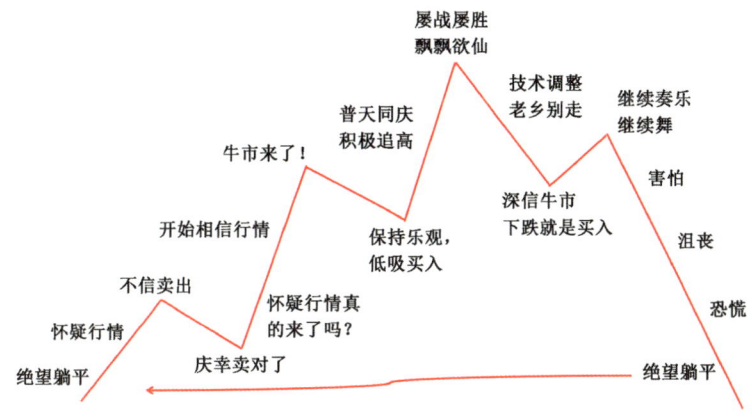

图1—14 波浪与情绪波动

一开始,当市场很冷清的时候,所有人都认为行情不好,没有人关注,这时候,有部分先知先觉的资金开始意识到"价值洼地"形成,尝试试错抄底,当这样的资金从量变到质变的时候,就形成第一浪的启动,市场低位股价的共振。这个时候,基本上所有的股票都处于低位,所以,参与上涨的股票、题材、板块都很多,超跌反弹是很多时候第一浪的主旋律,估值的魅力是最强的。慢慢地,市场的部分共识形成以后,增量资金开始介入,权重板块也相应受益。

但毕竟这还是低位突然的启动,在过去漫长的熊市经验中给,很多人都受到了无数次反弹以后再创新低的伤害,所以当股价开始上涨的时候,会有一些已经经历了长期套牢心理折磨的人,开始认输离场、小损出局,随着股价的上涨,这种分歧会越来越多,包括低位抄底的部分选手也开始获利了结,就有了二浪的调整。**二浪一般是比较重要的观察阶段,在调整过程中判断个股强弱。**

但这个时候市场已经不同了,不再是低位的反弹,也不再是弱势的循环,主力资金寻求的是更大的市场空间,对于一些在底部筹码锁定度高、市场预期强烈的板块,二浪调整也不能让它们再度出现新低,行情表现得极其强势。这个时候,就会有越来越多的人开始看多后市,资金开始疯狂介入,积极抢筹,多头氛围全面爆发,股价开始快速上涨,三浪主升由此展开。这个时候,市场进入的是一种完全的卖方市场,大部分的股票都有机会,基本上就是普涨,当然普涨也有涨多涨少,**三浪行情,强者恒强,不要怕高,专注主线是最好的办法。**

随着股价的持续上涨,泡沫开始出现,开始有人"恐高",同时,也有踏空的人还准备积极进场,这样的分歧,形成了四浪调整的心理基础。由于此时大部分的人已经进入到多头思维,所以行情虽然出现分歧,但是很难真正的下跌,在每一个关键位置总有愿意抄底的人。**所以四浪的震荡也是一个参与主线板块高抛低吸的很好机会。**

但是由于大量的场外资金仍然被市场火热的行情吸引,更多场外资金疯狂的介入使得行情不仅没有跌下去,反而越来越火,不仅仅是前期的龙头跌不下去,市场甚至开始寻找补涨机会,一些之前大部分人看不上的股票低位补涨,速度之快,赚钱效应之强,让人们开始忘记风险,于是,鸡犬升天的五浪行情开始了。

五浪上涨往往是多头最疯狂的时候,在四浪分歧的时候,算估值的都被赶下车了,股神遍地,赚钱效应爆棚。场外资金加速入市,成交量居高不,到了"傻子"也能赚钱的阶段。由于市场已经失去了最基本的风险意识,是资金积极寻找补涨的时间,**只要是股票位置不高,不管公司质地如何都有资金敢做,所以妖股频出。**

疯狂的五浪会在一个瞬间结束,底部百天顶部一日,漫长的牛市的终结甚至都只需要一根阴线。主力的出逃是疯狂且无情的,有之前的鸡犬升天,就有之后的泥沙俱下,断头铡刀大面积地出现在高位股上,市场释放巨大的亏钱效应,这个时候,壮士断腕其实是唯一选择。这就是真正调整开始以后的第一刀。

当市场掉头向下的时候,很多牛市思维的人根本反应不过来,依然是坚决不卖,甚至会有越跌越买的思维,原地卧倒、积极自救的心态会让股价快速下跌后场内抛压减轻,最终形成一波弱势反弹,这也就是B浪反弹的成因。但是因为只是反弹,所以成交量能、板块持续度都很差,通常都表现为缩量状态下的快速轮动。

在行情反弹过一轮以后,真正的熊市开始了。快跌慢跌,放量跌缩量跌,这时候,行情没有一个很好的技术格局,没有统一的市场节奏,没有主线,甚至热点也很少。慢慢消耗所有人的时间、资金,让人从失望到绝望。直到下一个有资金愿意尝试抄底、合力慢慢形成的一浪启动(见图1-15)。

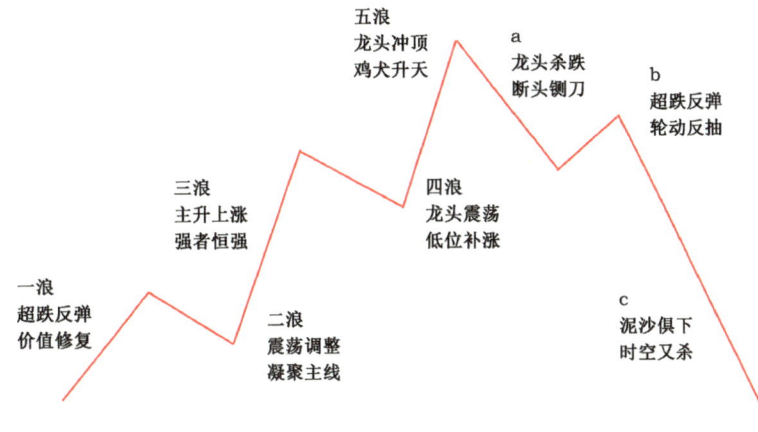

图1-15 波浪与市场风格

每一个不同的阶段,市场的主题逻辑不同,市场的交易重点和盘式也会相应改变。这就是行情的循环,其实也是人性、资金的循环,也是最基本的股市波动规律。总结如下,见图1-16。

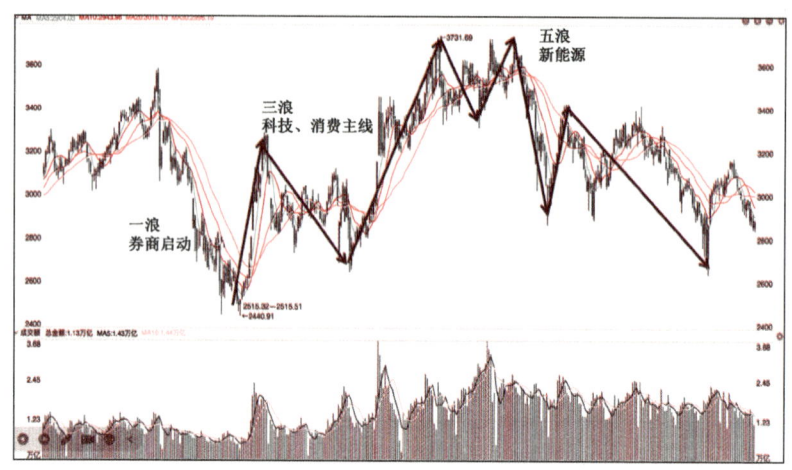

图1－16　2020—2022年上证指数日线图

(一)一浪启动——底部起涨，底部长阳始

(1)均线结构：K线站上均线带，均线由粘合转为多头发散，扭转此前空头趋势；

(2)量价形态：底部推量或带量长阳，资金流入意愿强烈；

(3)板块盘式：由一个或几个板块驱动指数从低迷状态中走出，通常伴有权重表现；在这个阶段，券商对市场人气的带动作用往往是最佳的。

由于大波段行情启动必然伴有趋势主线启动，大主线往往对应大的主题，因此，当前阶段的市场政策导向、行情驱动逻辑特别重要，同时，在指数底部长阳线中贡献最大、最具有影响力的板块需要特别重视。

(二)二浪回踩——买在分歧，卖在一致

(1)均线结构：K线与均线，均线与均线再次缠绕，甚至走弱，趋势状态混沌；

(2)量价形态：相比于底部流入资金而言，再次陷入缩量格局，主力资金洗盘为主；

(3)板块盘式：市场整体状态混沌，轮动为主，是随机波动比较强的一个阶段，但市场主题与跟涨板块开始出现一定分化。

这个阶段通常都是主力资金洗盘的阶段，由于大部分的投资者还处于对行情将信将疑的过程中，尤其是一些长期套牢盘，很容易就会在股价再次

回落中担心下一轮下跌趋势即将展开,从而交出手中的低位筹码。

(三)三浪主升——强者恒强,赚钱靠头羊

(1)均线结构:K线再次站上均线,带动均线向上发散,均线与均线之间的距离顺序拉开,强趋势启动;

(2)量价形态:指数板块大多呈现价涨量增的格局,强势个股也常见锁仓缩量上涨;

(3)板块盘式:市场进入积极主动的上涨,健康积极地主线轮动,即便追高也不容易吃套。

在这个阶段,通常都是主力经过了充分的准备之后,进入到主力强攻的状态,股价会快速上涨离开主力的成本区并且快速累积利润,这个时候,要敢于上车,放大仓位,积极操作,同时也要敢于持有,放大利润。

(四)四浪调整——空中加油、倒车接人

(1)均线结构:K线回踩,稍微跌破均线、宽幅震荡的状态,但一般不会跌破主升浪的50%黄金分割位置,前期在主升浪过程中技术指标的超买状态大多得以在这个阶段修复;

(2)量价形态:成交量状态比较不稳定,但是大多能保持在一个相对比较活跃的成交状态下,表示资金的活跃度仍然比较高,为后面进一步的冲刺做准备;

(3)板块盘式:主线标的强势调整,调整后多有新高,市场参与者心态乐观,小跌小买、大跌大买,同时市场题材进入到更快的轮动速度中,常有跷跷板行情出现。

在这个阶段,主线题材或个股的合理上涨空间都已经兑现了,但是因为市场的资金情绪仍然高涨,所以在这个阶段,资金的活跃度很高,大部分的个股调整中都有很好的承接,所以是一个不错的短线交易机会,但是在这个位置中再继续参与已经需要开始具备一定的风险防范意识,尽量避免追高,同时严格控制资金回撤。

(五)五浪冲刺——情绪高点,拉升不全为做多

(1)均线结构:均线继续多头发散,个股上常见乖离快速放大;

(2)量价形态:高档怕震不怕盘,高档一震筹码乱,五浪量能波动巨大,天量天价;

（3）板块盘式：市场进入亢奋状态，此时赚钱效应仍然不错，主线个股也能保持高位横盘，并且开始出现大量补涨机会，鸡犬升天，妖股横行。

在这个阶段，可能是市场赚钱效应最好的阶段，只要头铁敢做，在一开始都会有很好的赚钱机会，这个就是主力在派发之前撒的最后的诱饵，操作上一定是谨慎参与补涨，但以短线为主，要注意及时兑现。所以，这个阶段虽然仍有参与价值，但是必须意识到危险的存在，不要怕最后一刀，但是最后一刀一旦落下，要果断离场。

（六）a 浪下跌——断头铡刀，逃之夭夭

（1）均线结构：K 线开始频繁跌破均线，均线格局从多头转为震荡，和一浪的短多长空相反，变为短空长多的状态；

（2）量价形态：通常伴有高位放量的迹象，主力加速出逃；

（3）板块盘式：泥沙俱下的行情，前期主线开始出现明显的亏钱效应。

这个阶段主要是杀估值，在此前经历了完整的五浪上涨后，再好的公司也一定会存在股价泡沫的问题，这种高估值的品种会快速被主力集中兑现，因此没什么好多说的，第一刀落下就是准备离场，不要过于纠结是不是会反弹的问题，因为通常反弹也弹不到刚刚开始下跌的高度，且反弹还具有很强的不确定性，因此这个阶段是执行此前定下的风控计划的最重要阶段，比的是执行力。

（七）b 浪反弹——最后机会，卖出不贪

（1）均线结构：K 线开始围绕均线波动，均线结构混乱，但是逐渐开始向空头倾斜；

（2）量价形态：缩量反弹、快速轮动是 b 浪最大的特征；

（3）板块盘式：盘式凌乱，多为短线超跌反弹，看似机会不少，基本上都是镜花水月，以反弹撤退为主，谨慎参与反弹，切忌追高买入。

在这个阶段，前期的主线强势股被快速杀估值后，大多都会有超跌反弹的机会，所谓的龙回头行情，但是这个阶段，主力资金已经明显退出后，反弹的高度和强度都很随机，如果没有特别强的市场低位，有可能就是弱势反抽之后继续快速下跌。很多人会把 a-b 的下跌反弹与四至五浪的调整上涨搞混，如果真的没办法分清楚也没关系，从四浪调整开始，指数大概率就已经进入到宽幅震荡的状态，市场也大多在高位运行，因此操作上尽量避免追高，然后严格设定止损位置就可以了。

(八)c浪双杀——时空双杀,底部百日

(1)均线结构:K线在均线系统下方运行,均线系统空头顺序排列;

(2)量价形态:资金持续流出,量能保持萎靡,地量之后又地量;

(3)板块盘式:狂风之后的一地鸡毛,市场情绪极度悲观,多数人选择离场观望,偶尔出现题材性机会,弱势行情出妖股。

在这个阶段,最重要的就是管住手,空头市场不满仓,股价再低也不能满仓去赌。在c浪的尾声市场开始进入到向上过渡的极端,题材性机会开始增多,主题性机会开始冒头,市场资金开始回流试错,等待主力合力形成,与下一波一浪启动行情构成再一次的周期循环。到那个时候,才是真正可以再次上车的机会。

理解了这些资金运作的轨迹,就可以尝试在每一个不同的阶段,找到最具有赚钱效应的板块和最理想的交易方式,从而获取当前阶段的超额回报。从选股而言,显然最重要的就是一、三、五浪的个股选择和参与。

二、启动浪选股逻辑——超跌反弹

在行情开始的时候,一般都是在长c浪下跌时,市场处于比较低迷的弱势状态,这个时候,大部分的个股都会因为市场的持续下跌而进入超跌的状态,越是大级别的底部,个股的超跌幅度和面积就越大。所以第一浪反弹基本上都是价值修复,消灭低价股的过程。在这种情况下,越是超跌,越有机会。

(一)什么叫超跌?

简单**从幅度角度定义,超跌就是从历史高点下跌累计跌幅超过70%,或是从波段高点位置累计下跌超过40%,或是短期(一般指周内)下跌超过15%的下跌**,从幅度上来看,这些都属于超跌。

还有一种相对意义的超跌,就是波段走势明显弱于大盘走势的,也可以认为是超跌。

(二)什么样的个股会反弹?

要注意,我们可以做超跌反弹的主要逻辑是因为技术性超跌的情况,就是大盘下跌的过程中,被拖累、被吸血的方向,或者新股上市生不逢时等因素,这个时候,介入超跌股的主力资金会有自救的需求,或者导致超跌的外部原因被改善以后股价自然会有的回血机会。但是并不是所有处于超跌状态下的个股都有反弹的机会,尤其是现在个股这么多的情况下,有些基本面明显弱势的个股或者被边缘化、被 ST 的,都不在我们的讨论范围内。

(1)低价股:一般牛市的第一个过程就是消灭低价股,有些时候,有些个股单纯的因为股价低也会有被资金关注的机会,比如在 2020 年牛市的时候,市场就从 2 元股开始消灭,到最后,4 元股基本上也很少了。

(2)低估值:第一浪一般都是估值修复,所以低市盈率、市净率的股票会被快速抢筹,对于看好后市的资金来说,低估值的优质资产是像"唐僧肉"一样的存在,如果有机会能在低位持有,这些股票可以穿越整个牛市行情,甚至拉出数倍的涨幅。对于这类的股票,最重要的还是坚定持有,时间换空间。比如 2020 年启动阶段的消费股、医药股等大白马性的个股。

(三)参与超跌反弹的核心原则:风险控制!

(1)估算风险收益比率:参与反弹之前,要估算风险收益比率,当个股反弹的风险远远大于收益时,不能轻易抢反弹,只有在预期收益远大于风险的前提下,才适合于抢反弹。

(2)不宜满仓操作:在弱市中抢反弹,要根据市场环境因素,选择适当的资金投入比例,一般 5 成左右比较合适,哪怕是极限的市场环境,都不宜超过 7 成仓位。

(3)不设赢利预期:抢反弹应根据市场情况随机应变,当趋势向好时,即使获利丰厚也可以继续等待;而反弹的上升趋势受阻时,即使获利微薄或浅套也要坚决清仓出货,不能让赢利预期束缚自己。

(4)设置止损:反弹过程中并不能确定市场已经根本性扭转趋势,股市仍有再次下跌的可能,超跌反弹最大的风险在于把本来是短线参与的反弹行情做成中线,甚至是长线,从超跌反弹做成逆势补仓;因此投资者在抢反弹前就要做好风险控制点,当股价跌落时立即出货,以免再次深度套牢。

三、主升浪选股逻辑——强者恒强

当行情进入到主升浪的时候,比拼的就是赚钱效应,这个时候,最重要的就是能够抓龙头。市场龙头的定义很简单,就是在行情启动的时候能够引领行情的趋势,并且在一定的时间范围内能对别的股票具有明显的带动作用的股票。**所以把握龙头,最重要的是寻找在行情启动阶段对行情具有**

带动作用的股票,也就是寻找龙头和指数的共振。

 案例 1－3　主升浪选股逻辑

2022年10月,指数连续下跌后开始构筑市场底部。两次底部大阳线分别出现在10月13日和11月3日,很明显地看到,这两天市场虽然普遍反弹,但是明显强于指数的板块也不多。主要就是医药和国产软件。这两个板块都是后面600点指数行情中表现最好的板块。这就是主线板块。一般在这种指数筑底过程中,主力资金集中流入,并且能让板块指数明显强于大盘的情况,要尤其重视。

在板块中选股与在指数中选板块的逻辑一样,同样也是观察具有强带动性的个股。比如在2022年10月的筑底过程中,国产软件板块明显强于指数甚至对指数具备明显带动性,而在国产软件板块,中国软件又能对板块形成明显的带动作用,它就能在后市上涨中,体现出强者恒强的特质(见图1－17、图1－18)。

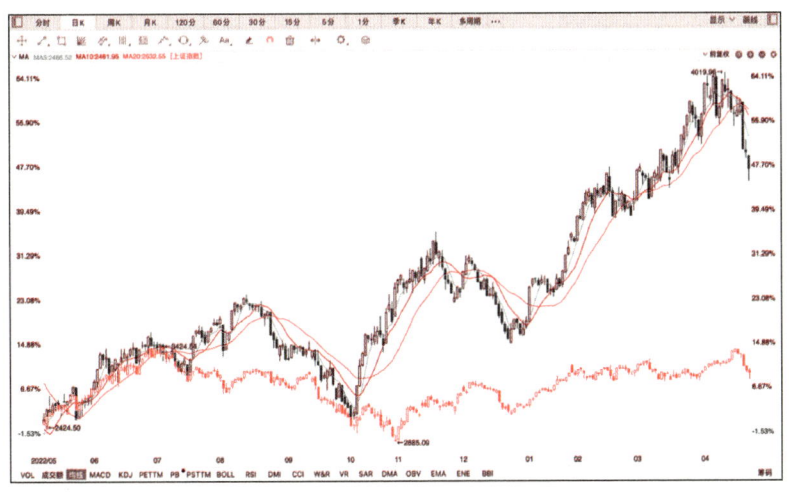

图1－17　国产软件(885568)2022—2023年的表现(与上证指数比较)

这个方法最大的好处就是成功率高,而且一旦把握好了,都是"大肉"。缺点就是需要考验大家对于市场的环境的判断,对于启动需要高度敏感。

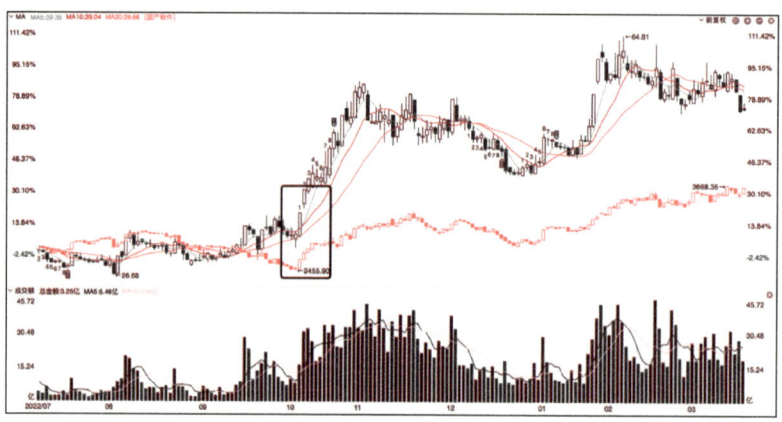

图1-18 中国软件(600536)2022—2023年的表现(与国产软件比较)

四、冲刺浪选股逻辑——看强选弱

当行情进入五浪上涨的阶段,市场已经进入比较亢奋的状态,大部分的龙头空间已经打满,甚至估值已经明显偏高,这个时候,市场资金也很难再找到很好的追高机会,所以大部分龙头都陷入高位震荡等待出货的状态,这个时候,资金就会积极地挖掘补涨,寻找和龙头逻辑关系密切,具有较好的资金逻辑,同时,涨幅又不那么大的股票加以跟踪。

 案例1-4 冲刺浪选股逻辑

2023年在GhatGPT问世之后,算力概念成为市场核心主线。此时,英伟达系的鸿博股份成为市场核心龙头,连续上涨,成为2022—2023年唯一十倍行情,赚钱效应爆棚。随后,鸿博股份在高位进入震荡。此时,算力行情仍然具备高热度,但是鸿博股份已经明显兑现空间了,这时候,市场就关注在算卡上同样拥有布局,但是还没有怎么开始上涨的股票,比如恒润、中贝等。中贝通信在2023年8月(此时鸿博已经走完十倍涨幅)以后开始启动,在随后的3个月时间内,鸿博保持高位震荡,而中贝快速完成3倍涨幅,这就是一个很典型的对于前期龙头的补涨(见图1-19)。

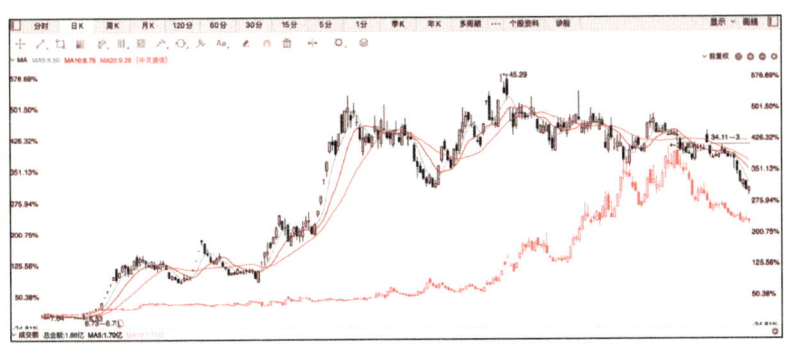

图 1-19　鸿博股份（与申贝通信比较）

这种股票的好处在于，一旦进入到补涨状态，它的速度会很快，一旦启动，一般都会有连续加速上行，甚至比趋势龙头本身的走势更为犀利，但是弱点也很明显，本身作为补涨，他的地位、资金、逻辑都不如龙头本身，一旦市场行情结束，龙头还有反复脱身的机会，但这类个股一旦下跌，就会出现大面积的 A 字下杀，所以参与补涨，进出都要快，切不可恋战。

波段逻辑选股也是一般市场参与者最常用的选股方式，也叫周期选股，就是积极寻找每一阶段股市的主要特征，跟踪当前市场风格下最具有赚钱效应的板块。有时候这种方式也叫马后炮式选股，它就是一种市场风格的倒推。这种方法最大的好处是随势顺势，尽量避免预测，大行情一般不会落马，主要的缺点也是在顺势角度，很难吃到绝对低的成本，有时候也很难逃过最后一刀。但总体来说，对于散户而言，这还是最容易的一种方式，毕竟根据市场当下的情况随势而为，既不存在长时间的等待，也可以更好地保护自己，一旦碰到大行情，也基本不会错过，上手快，效果好。

第三节　游资模式——游走题材的资金龙头

在市场上，有这样一种资金，哪里有利可图它就跑到哪里，这就是热钱，俗称游资。游资的目的非常明确，用尽量少的时间以钱生钱，它们通常采用快进快出方式，以短期获取超额回报为目的进行投资，具有相当强烈的投机性和高流通性,而游资当中的超短线一派,则是投机性最强的存在。一般其遵循情绪周期,采用接力或者低吸的方式,受到短期某些政策消息刺激的影响,围绕相应题材股进行买卖。由于各种模式手法的不同,游资之间的操作模式和交易习惯各不相同,其又分为多个派系,但是最终目的都是短期投机获取超额回报。

我们常常看到市场上出现一年十倍的超级大牛股,这都离不开游资的犀利操作。它们往往因为持续的拉涨停吸引着市场上的绝大多数目光,但又因为资深的灵活性,让很多打板爱好者苦不堪言。游资的手法通常简单粗暴,而往往很多投资者都是后知后觉,想要跟上的时候,人家早就溜之大吉了。所以要跟上游资,首先要了解游资。

一、龙虎榜观察

对于这种股票的跟踪,就是对于资金的跟踪,最直观的方式就是在盘后的龙虎榜当中跟踪资金的买卖。

沪深交易龙虎榜是每天两市中涨跌幅、换手率等由大到小的排名榜单,可以从中看到龙虎榜单中的股票在哪个证券营业部的成交量较大。这就是一个非常直接的了解异动个股资金进出的渠道。不同营业部或者机构形成了龙虎榜上的各种席位。

(一)龙虎榜的净买入/卖出

我们分析龙虎榜,主要就是分析龙虎榜前席位的买卖行为。如果我们认为龙虎榜前的席位就是个股主力的话,那么龙虎榜就可以直接帮我们定位个股的主力到底是谁,他们在做什么交易。从这个角度来说,那肯定首先看的就是主力到底是净买入还是净卖出。如果在股价涨停时候,龙虎榜上的主力是合力流入的,那说明这个涨停至少还正常,如果这个时候股价位置比较低的话,后市还能看高一线。反过来,如果一个股票在拉出涨停板的时候主力还是净流出的,那就要小心是否有拉高出货的嫌疑了。

 案例1-5　龙虎榜的买入与卖出

图1-20的启明信息的龙虎榜能看出,在2024年7月24日和2024年7

月30日,启明信息分别拉出两根一模一样的T字涨停,但是盘后龙虎榜主力态度完全不同,一个是合力买入,净流入超过4 000万元,一个虽然涨停,但是榜前游资总计已经开始流出,再加上股价已经经历过一段上涨,所以后市的结果就截然相反。

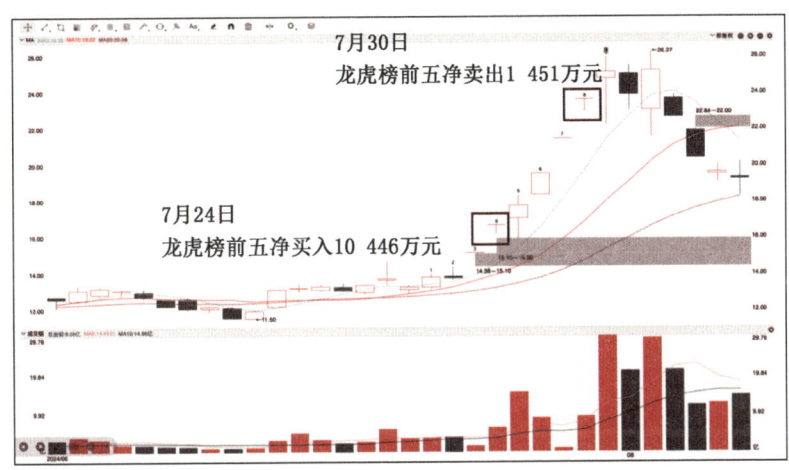

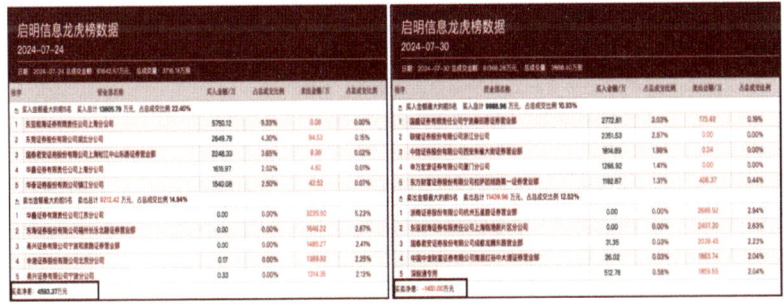

图1-20　启明信息日线图及龙虎榜单

（二）龙虎榜显示反馈的资金合力

确定了资金在买之后,我们还要看谁在买,怎么买的。所以,除了看主力资金的净流入/流出,还要看市场的合力是否良好。如果一个股票的涨停仅仅是由一两个席位造成的,市场并没有很好的合力,那这个股票就比较的危险,如果核心主力第二天反水,股价就会有比较大的危险,现在市场资金也比较忌讳这种主力合力不好的股票,不太会给予高溢价。

一般如果买方前五金额分布均匀,累计不超当天成交额的30%,我们就视为市场合力较好,短线可以高看一眼,如果像一些大游资当天自己买入就超20%(一家独大),那么次日必然会面临较大抛压,所以市场也常把买方前五超过当天成交额的40%或者前三超过30%,定义为过路庄或者隔夜庄,他们的风格喜欢次日砸盘出货,那就尽量不参与这类股票。当然这种比例也是随着市场变化而变,大家不要教条式生搬硬套,要灵活参考。

 案例1-6 龙虎榜上的资金合力

比如前文案例中的启明信息,在2024年7月24日的榜单,前五买入总计13 805万元,但是在总成交比例中仅占22%左右,且从前五买入来看,第一名和第二名差距不到3 000万元,而第二到第五则几乎力量相当,这种榜单看起来就比较漂亮,市场合力比较好(见图1—21)。

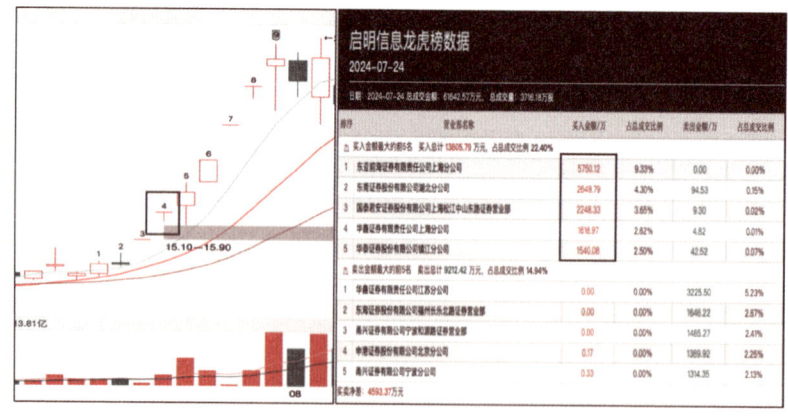

图1—21 启明信息2024年7月24日龙虎榜

我们再来看一个,五方光电2023年12月8日的龙虎榜。这个时候,五方光电已经连续拉板,在盘后龙虎榜我们看到,这根涨停,榜一上塘路单席位买入超过1.2亿元,比榜二整整多了1亿元,占比接近11%,这种就属于明显的一家独大了,所以后市继续拉升的力量就会遭到限制(见图1—22)。

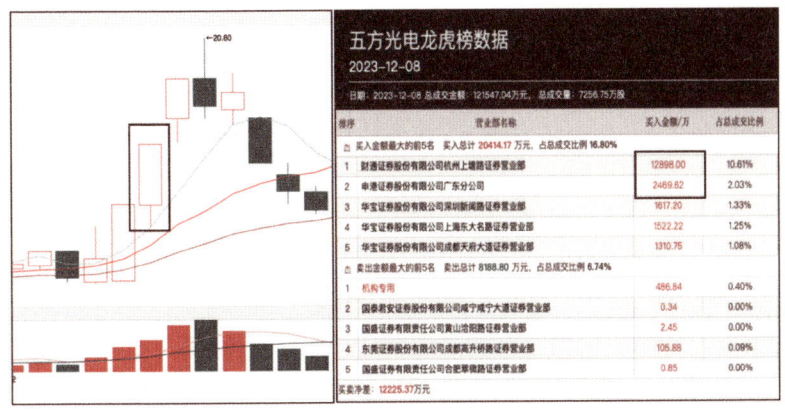

图1—22　五方光电2023年12月8日龙虎榜

(三)龙虎榜买入/卖出的席位

1. 游资席位

市场中说的游资席位一般指个人大户或者短线投机团体在券商交易所使用的营业部的名称,因为他们大部分是进行短线操作,这部分"热钱"就代表游资,也是推升涨停板的核心力量,同时多数情况也是日内题材和板块的指引资金,是龙虎榜的常客,也是的主要研究对象。

游资之间的风格和格局也是不一样的,所以市场将短线参与者划分为一线游资、二线游资和N线游资几类,这里面,有些人喜欢对倒连拉涨停,然后猛烈出货,容易形成暴涨暴跌,我们称之为散户收割机,他们上榜的时候就需要小心,还有些人喜欢格局波段,总是在关键时候稳定军心,维持市场生态,循序渐进出货,那股票抛压就小,波动就比较温和,被称为"善庄"。

下面我们来看一下几种常见的游资建仓方式。

(1)底部建仓型:底部建仓,然后通过震荡清洗筹码,逐步扩大筹码的过程中构筑底部形态,然后走趋势上涨。这种操作一般需要比较具备资金实力和格局能力的主力才能做到,大体量的游资牛散比较常见,也常见于一些大级别的主线题材,对散户而言是最友好的操作形态(见图1—23)。

(2)边拉边建型:目前最主流的游资交易模式,涨停板敢死队模式。直接涨停板上建仓抢筹,一般都是游资对于个股具有极强的信心,通过直接抢筹的方式进行建仓,买入意愿极强。这种方式也有利于个股快速吸引人气,

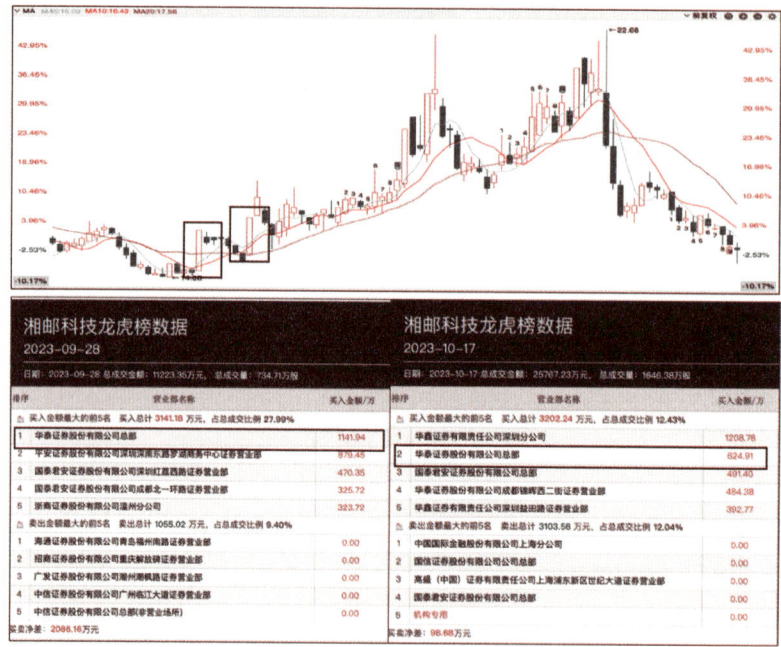

图 1-23　湘邮科技龙虎榜

奠定龙头地位。散户参与意愿度强,容易形成超级大牛股。但是,操作上势必面临追高的问题,对操作要求较高,难度较大,需要风险偏好相对较高(见图 1-24)。

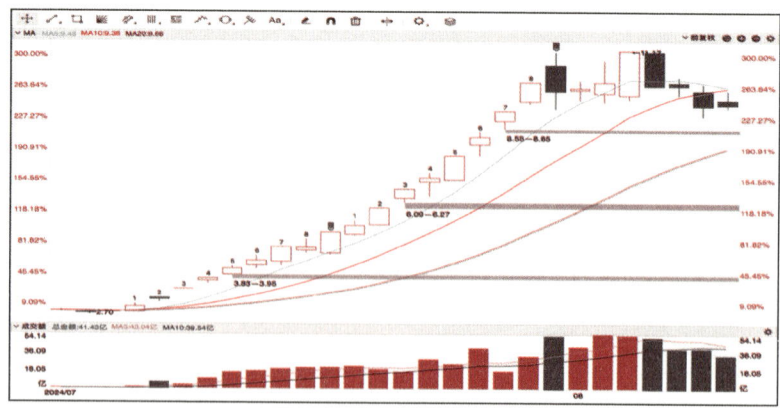

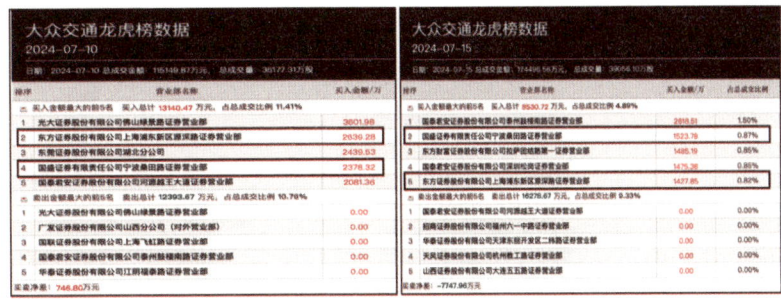

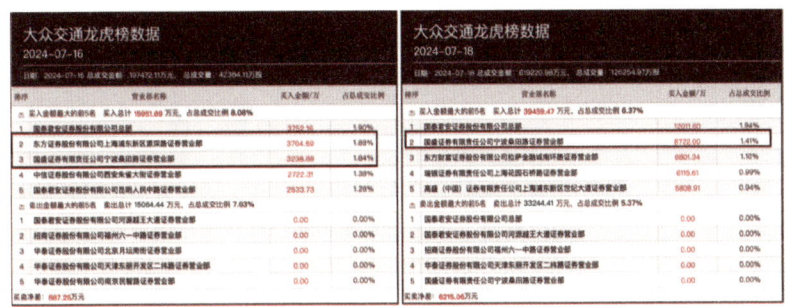

图1-24 大众交通龙虎榜

(3)边拉边砸型：比较不受欢迎的游资手法。主力游资通常都采用今天买明天卖的模式，一方面获取短线价差，一方面洗盘，散户如果跟进的话很容易来回被洗，因此跟踪难度极大(见图1-25)。对于这类形态，谨慎参与，不要轻易与虎谋皮。如果有些游资的隔日溢价数据特别不好，一般都是这种手法的游资，如果龙虎榜看到他们的身影，就要小心追高了。

2024-11-22 连续三个交易日内，涨幅偏离值累计达到20%的证券				
买入金额最大的前5名				
营业部名称	买入金额(元)	占总成交比(%)	卖出金额(元)	占总成交比(%)
深股通专用	3780万	3.21	7897万	6.71
国信证券股份有限公司河南分公司	2991万	2.54	0	0.00
华鑫证券有限责任公司上海分公司	2598万	2.21	1459万	1.24
财通证券股份有限公司杭州九和路证券营业部	1721万	1.46	1504万	1.28
开源证券股份有限公司西安西大街证券营业部	1509万	1.28	1653万	1.40
卖出金额最大的前5名				
营业部名称	买入金额(元)	占总成交比(%)	卖出金额(元)	占总成交比(%)
深股通专用	3780万	3.21	7897万	6.71
东方财富证券股份有限公司拉萨东环路第二证券营业部	580.7万	0.49	2236万	1.90
开源证券股份有限公司西安西大街证券营业部	1509万	1.28	1653万	1.40
财通证券股份有限公司杭州九和路证券营业部	1721万	1.46	1504万	1.28
华鑫证券有限责任公司上海分公司	2598万	2.21	1459万	1.24
(买入前5名与卖出前5名)总合计：	1.318亿	11.19	1.475亿	12.53

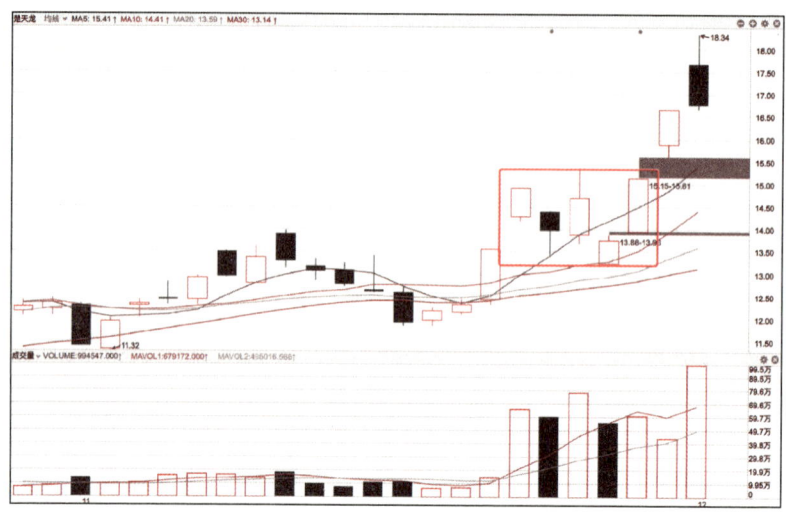

图 1—25 楚天龙龙虎榜和日线图

2. 机构席位

龙虎榜上的机构席位常指基金专用席位、券商自营专用席位、社保专用席位、QFII 专用席位等机构投资者买卖证券的专用通道和席位。这些机构投资者通常具备丰富的投资经验和专业的投资能力，通过专用席位进行交易，以追求更高的投资收益。机构席位主导的行情一般都是中线行情，所以如果发现你的股票上了龙虎榜的买方多为机构，卖方为其他，常说明有大资金中线看好，在做逐步布局，机构扫货一般都比较财大气粗，无惧市场抛压，大单分笔吃进，分时上基本上都表现出稳步上涨的形态。被机构强势扫货的个股一般都有成为题材大中军的机会。

 案例 1—7 龙虎榜上的机构席位

2023 年算力大年，在 2023 年 3 月份，GhatGPT 海外引爆热点，随后国内机构大量扫货算力概念，包括中际旭创、寒武纪等，此后，展开了长达半年的人工智能主题行情，在这个过程中，在 3 月被机构集中关注的核心龙头都出现了巨大的波段涨幅，成为赛道中军（见图 1—26）。

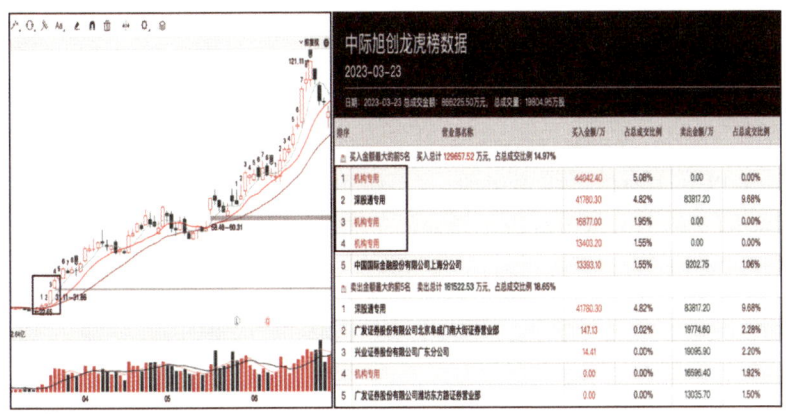

图1—26　2023年3月23日 中际旭创龙虎榜

还有当年新能源革命的大龙头宁德时代,在启动初期,也是多次得到过机构资金在低位的大力加持,龙虎榜上可以看出。机构资金的集中扫货(见图1—27)。

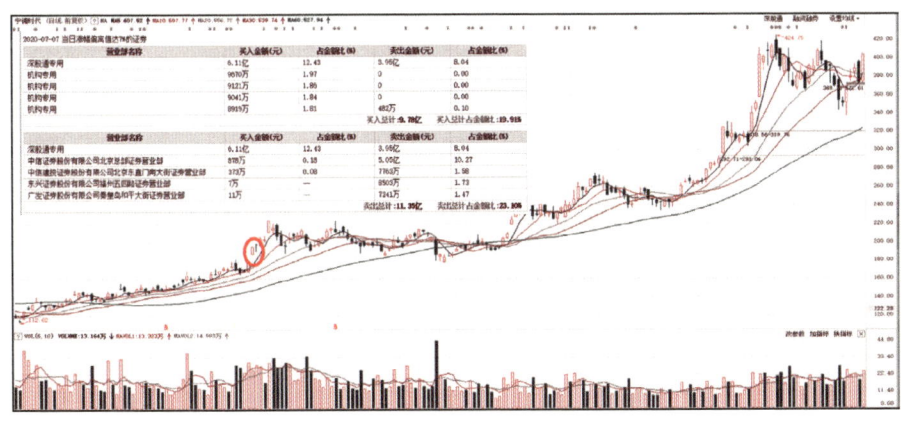

图1—27　2020年7月7日 宁德时代龙虎榜

不过现在的资金也是越来越聪明,这里还会涉及假机构的问题,一般多为游资或者大户借助机构的席位来实施障眼法,甚至沪港通席位马甲的现象,目的多是为下一步出货做铺垫,所以机构席位也需要结合股价的相对位置来考虑,如果机构大量扫货发生在高位,就要特别警惕假机构的可能了。

二、三板定龙头,烂板出妖股

市场上有赚钱效应的股票,根据个股涨势的高度,可以做一个简单定义。

5板以下认为是短线强势股,7连板到翻倍一般就可以认为是龙头了,14板或翻3倍以上可以称之为妖股。

强势股,尤其是低位强势股,借利好只需要简单的点火,就能形成合力走出来,甚至一些一字板靠一股小游资就能拉起来(见图1-28)。

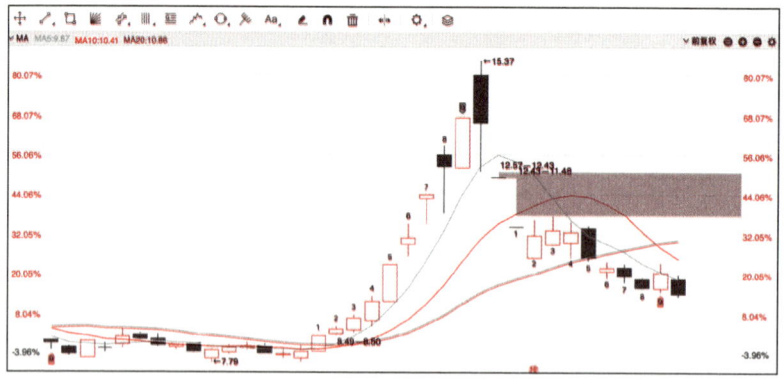

图1-28 航天科技日线图

龙头,必须接受烂板考验,需要更多人加入,壮大合力,达到众人拾柴火焰高(见图1-29)。

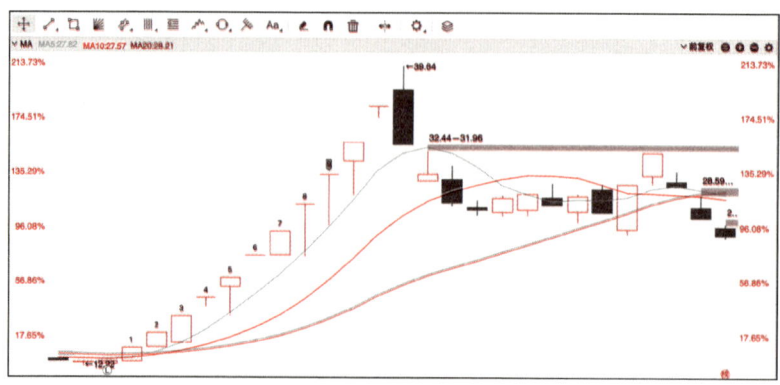

图1-29 腾达科技日线图

妖股,要一次次接受考验,一次次崛起,走出二三波,并且每一波高度都不小。这种炒上天的超级妖票,很少有顺控这种连板直接到位票,尤其现在市场监管力度情况下,更多妖股只能选择走二三波来完成(见图1—30)。

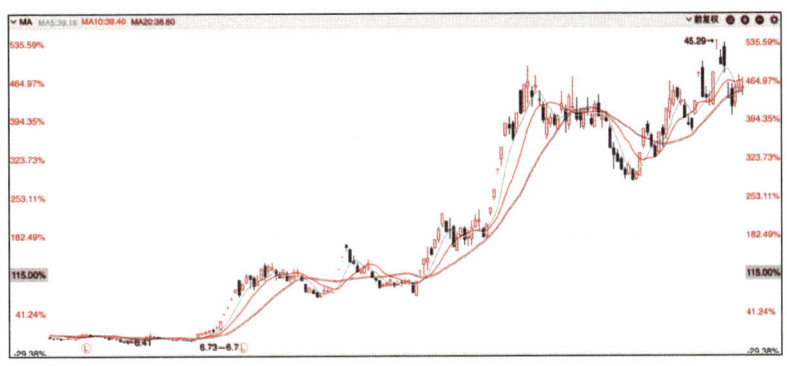

图1—30　鸿博股份日线图

从短线的视角来看,做短线就是做龙头,而且是做全市场最强的龙头,这样的个股一段时间一般有且仅有一只。涨停板越多的龙头,人气越强,股性越好,安全性越高,因为大多数的顶级龙头都有龙回头做双顶,只有极少数龙头没有回头做尖顶。

(一)三板定龙头

对于短线选手来说,一般他们不太在意市场的指数情况,在意的是情绪波动。比如市场的涨跌停情况、涨停个股的晋级率等,在情绪的冰点去选择对于市场情绪有明显带动作用的龙头。对于这种情绪龙头而言,更重要的是市场地位和辨识度,基本面等情况一般比较次要。因此,在短线选股过程中,选强是最关键的,尤其是在热点启动的节点,一般最快反应、对题材最敏感的个股,地位就会比较高。这种就需要大家对于题材的判断和对于市场实际情况的时刻关注。但大部分情况下,这种第一时间反应的个股普通人买不到,所以,要参与这种短线赚钱效应,势必不能回避追高,如果对高度很敏感,是不可能做到的。一般来说,三板以上的博弈,开始确立波段龙头地位。

1. 从逻辑来看,热点题材是唯一驱动

(1)热点必须有故事:短期交易,可以不讲价值,可以不讲技术,但必须要有故事。热点来了全力以赴,热点退潮果断卖出。热点中有大量资金活跃的票,就有肉吃,先吃先有,要信早信,慢的买单。

(2)有新热点时,坚决抛弃旧热点。新题材新故事,引发新热点新机会,才能吸引市场中最强最快的资金。所到之处,只有涨停。只要能跟上这股资金,就能有赚钱机会,跟得越紧,赚得越多。因此,对新题材一定要有敏感度和判断力。

(3)市场热点过多时需要谨慎。对短线交易来说,市场环境不好没关系,成交量少也没关系,反而市场环境越不好、成交额越少,资金越容易抱团,这就是弱市出妖股。唯一忌讳就是题材多,题材一多轮动就快,轮动快就没有高度,就更不要谈广度了。

2. 三板定龙头

(1)势能最强:龙头个股通常在大盘下跌末端,市场恐慌时逆市涨停,提前见底或者先于大盘启动。一般热点板块中率先涨停的,最具备起势动能的,会被认为具有"龙相";

(2)市场审美:率先涨停股的基本面需要考虑,如流通盘适中、价格适中、历史股性不差、参与资金性质、原有主力性质和习惯等各方面因素,确认率先涨停股是否适合当龙头;

(3)二次确认:第二天开盘价确认,是否仍然是同类项里面开得最好,开得最好的话,是否仍然是走得最好的。

3. 龙头操作重点

(1)买点:三个涨停之上的龙头,可以直接打板;随后,龙头的每一次回踩(5、10、30日均线)都是买点机会;

(2)跟风股一定要快进快出,绝不留恋,龙二都要看龙一的脸色,除了龙一有回头,其余跟风都不做龙回头买入;

(3)顶级龙头不要太在意分时波动,不要轻易下车,不要频繁做T,尾盘不涨停或封不住的时候再出局。

(二)烂板出妖股

没有哪个牛股不是合力的结果,没有哪个妖股不接受烂板的洗礼就能走出来,超级妖股更是不能不接受股民的检验,去扒过往妖股,总能在关键位置找到烂板。

1. 什么是烂板?

就是烂掉的涨停板,涨停后,开板,又涨停,又开板,反反复复,最终收盘涨停。

这样的涨停,看起来跟它字面意思一样是烂的,似乎多头不够坚定,没有哪股主力能封住涨停,所有人似乎随时想撤退。大部分的烂板是不好打的,比如2023年12月26日三柏硕。

可为什么有些烂板能成妖,有些还会下跌?甚至还有股谚语说到"烂板出妖股",这背后有什么特殊规律?

看看2023年10月17日,7连板的圣龙也是走出了烂板,却在后边冲到14板才回落,成了名副其实的"烂板出妖股"。随后12月26日的亚世光电也是走出烂板,而后涨停,也成了真龙头,有了27日再次涨停,28日还敢冲涨停,盈利是多少的问题。

烂板,往往是涨停附近充分换手,赚钱资金开心卖出,刚进来的新鲜血液流入,没有浮筹捣乱。这就是短线上,充分换手后的筹码相当健康的原因,相当于烂板时换人换庄,所谓的击鼓传花就是这样,这也是所谓的分歧转一致。不管是连续一字板的股票,还是烂板走出的妖股,它们都是某个主力,或一群散户或机构一起齐心协力推起来的。所以说,烂板,往往意味着一只股票皮糙肉厚,对"核按钮"[①]的免疫力很强,而稍微点火就上涨。游资大佬赵老哥曾经说过一句话:没爆量的都不能说是龙头,既然是领袖,必须爆量,接受群众的检验。毕竟没有哪股主力能一字板顶到某个位置,也不具备弱转强,只能在高位走烂板来净化筹码。如果不净化筹码,大环境不好情况下,必然走不远。

2. 如何寻找烂板妖股

我们明白了烂板出妖股的原理,就可以对应得出如何在烂板上寻找妖股和参与妖股的方法。

---

① 指主力资金集中、大幅度、连续性地抛售出化,态度坚决、时间短促、力度强大。常常会导致恐慌情绪蔓延,散户根本来不及反应,只能被动收割。

（1）先起势——妖股首先是龙头

妖股不是一日炼成的，成为妖股的前提是先成为龙头，成为龙头的前提先有连板或大涨站出来，到了寻找妖股这一步，基本上已经是在龙头里选股票了。

合力龙头的"势"，即关键连板高度的烂板。这个关键高度，从2板到7板都有可能，大部分在4~7板之间。有一种说法叫5板成妖，就是一个股票在第五个板之后成为妖股的概率会大幅增加。因为真龙头诞生时，位置都已经不低了，而只有已经晋级成为龙头股票，在关键位置的烂板，才能振臂一呼，靠合力走出妖股来。从龙头角度说势，就是站到当下最高位，振臂一呼，吸引人们进场。

（2）后放量——百炼成妖

要做成合力妖股，还是要敢开板放量放资金进来，并且敢直拉，敢让人们赚钱，才能吸引人群持续进场，最为重要的有格局有能力生成烂板。

（3）敢加速——主力具备拉涨实力

一个烂板，上板前用了半天，这样的烂板就已经变味了，只能算是弱板一个，还需要进一步的弱转强才能巩固。这就是磨叽的涨停，能看出一个主力的决心，就是一支票的上涨力度。如果能干脆上板，再烂板回封，就有了胸怀气度。

如果没有这三个条件，烂板还只是烂板，没什么意义。单独看烂板选妖股，和其他方式一样，成功率达到50%就算高了。只有在特定的市场环境下，在经历过充分换手的支持后，在市场反复考证后，烂板妖股才有意义。这种模式最大的好处是空间足够大，一旦个股成妖，其实也有比较好的确定性，一般不太会走A，坏处不言而喻，高位博弈，对于心态纪律的考验都是极大的。

短线方法还有很多，大部分的短线高手，都是有自己的独门交易法则的。短线交易找到自己的模式和概率是最重要的，找一种你熟悉的、能有一定成功概率的方法，然后不断地执行，这就是短线交易赚钱的法门。

三、千金难买龙回头

前文已经过了龙头股要成为龙头，尤其是股价爆发性质的龙头，通常都需要经历很多的考验,在一次次分歧过程中始终表现得超预期,才能成为市场真龙(见图1-31)。

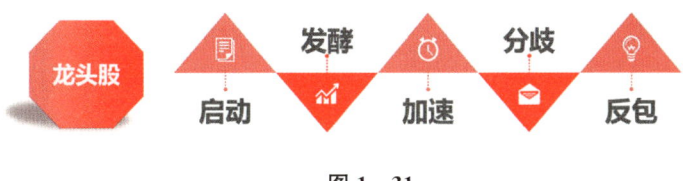

图1-31

如果在一开始的加速过程中我们没有发现它,那么,龙头的分歧机会其实就是一个很好的上车机会,所谓千金难买龙回头。当确定了市场龙头之后,当龙头开始第一波换手之后,回踩10天均线或黄金分割的最强调整80.9%的位置,就是龙回头低吸机会(见图1-32、图1-33)。

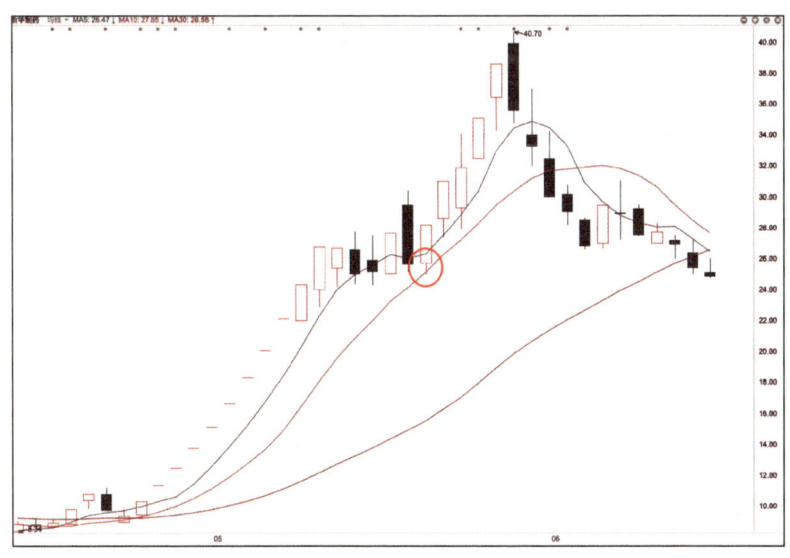

图1-32 新华制药:新冠特效药龙头,11连板后出现换手,
回踩10天均线后出现二波机会

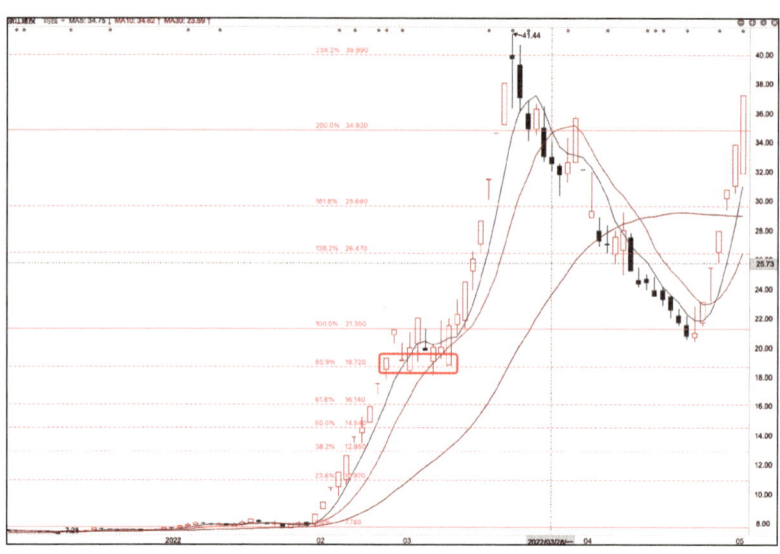

图1-33 浙江建投:基建龙头,10板后出现换手,回踩10天均线和黄金分割后出现二波机会

可以看到,这种龙回头之后的二波行情是短线大龙头比较确定的上车机会。但同时,也是在连续上涨之后产生的回踩机会。一旦10天均线没能企稳转折成功,也要及时离场,执行纪律(见图1-34)。

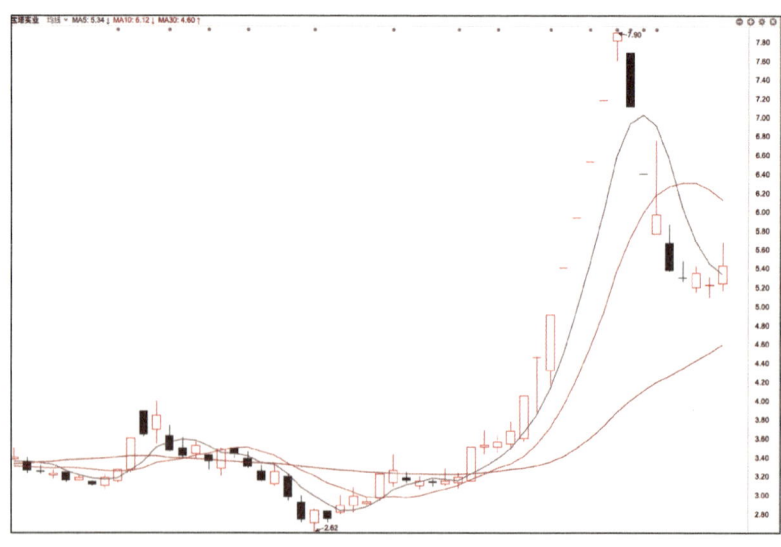

图1-34 宝塔实业,军工+国改概念龙头,8连板之后换手调整,直接跌破10天均线,走弱

这种方法是短线选手的心头好，也是人们常说的涨停板敢死队。既然能称之为敢死队，那首先就是敢死。因为做这种操作，必定是追高的，而且绝对不能怕高，因为只有最强的那个才是游资主力真正的布局点，能给出高溢价。不能说我又想去打板，又怕高，找跟风标的去打，那基本上十打九沉。所以，找资金龙头，就是找到资金合力最强的股票。

　　这种方法好处很清晰，短线强，赚钱快，很刺激。缺点也非常明确，大起大落，常常镜花水月，竹篮打水。从我的经验来看，这种大多干的是体力活，盈盈亏亏，忙忙碌碌之后收益率也就这样，而且对于交易纪律、能力和心性要求极高，非常人所能驾驭。俗话说，多大头戴多大帽子，我把这个方法做一个总结，一方面是为了全一个系统的完整性，另一方面学会了可以把这类股票的情况做个参考，观察市场情绪，并不建议普通人钻这里面。

本章小结

　　股票市场变化万千，百花齐放。每一个能在市场上长期生存的人都有自己的立身之道、模式和方法。方法本身没有好坏，只有适合与否。

　　每一个投资者都必须找到自己的交易模式，且尽量不要得陇望蜀。每个方法都有它自己的胜率，找到这个概率，执行、坚持才是唯一的制胜之道。

第二章

散户如何看基本面

常言道：君子有所为有所不为，知其可为而为之，知其不可为而不为，是谓君子为与不为之道也！作为投资者，我们也要明白，哪些是可以做的，哪些是不可以做的。如果说跟踪市场风格、资金动向是捕捉市场机会，是让我们知道哪些是"可为"的，那么基本面研究更重要的是确定公司状态，排除潜在隐患，即哪些是"不可为"的。

如果要讲好、讲透基本面分析，这就真的不是一朝一夕能完成的。基本面分析是一门浩瀚的学科，它几乎涉及了所有的经济学科知识，甚至包括部分的社会科学、人文科学。如果说技术分析是可以不求甚解、简单速成的，那基本面就是一个需要大家用不断的实践积累来完善、学无止境的课题。

如果只是看一个公司的基本面，最重要的还是读懂公司的财报。巴菲特的好朋友，专门做公司价值研究的查理·芒格（Charlie Munger）说过，你要充分了解一个公司，最简单直接的方法，就是把三年的财报从封面读到封底，并且尽可能多地浏览过去的财报，了解公司是如何成长起来的。比如，公司的主营业务结构、公司产品的优劣势、公司面临怎样的外部环境和竞争对手、公司如何保证利润增长等。

这些信息虽然在财报上都能体现，但对于普通投资者来说，必须有足够的财务解读能力，才能从枯燥无味的数据文字中提炼出最重要的内容。但对于一个散户来说,深度并不是关键,关键在于"排雷",研究的主要目的是回避踩坑。就跟买水果一样,也许不能保证你挑的瓜个个包甜,但是都已经烂在外面的,就可以远远避开。

所以,在本章节我们就会为大家介绍一些最简单的财务指标,让投资者可以尽可能快速地了解财务报表的基础知识,尽量做到少受骗、不上当。

第一节　公司主营是否赚钱

如果想要在股票市场上获得超额受益,一定要找到一个净利润表现好的公司,并且判断未来的净利润可以越来越好。

一般来说,如果看到利润表上的净利润小于等于 0,特别是连续两年小于等于 0,这样的公司就没什么投资价值了,所以甚至就不必再对这类公司进行研究。几乎所有的白马股都适用这个逻辑。贵州茅台乃至以茅台为代表的白酒板块,在 2016—2021 年几乎独占市场鳌头,就与它异常漂亮及稳定的净利润增长有直接关系(如图 2-1 所示)。

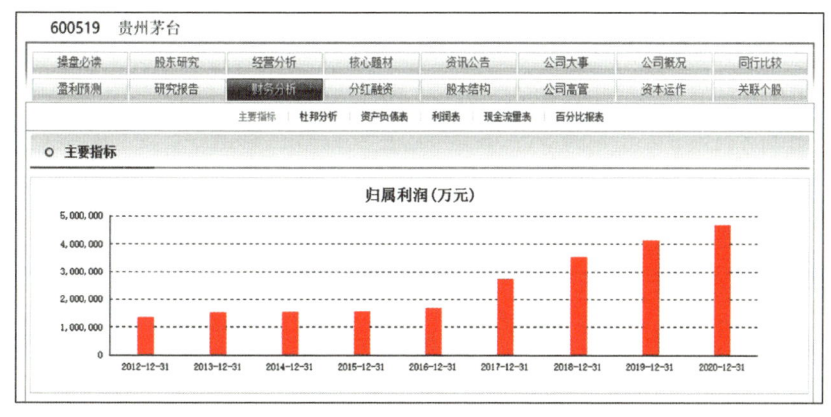

图 2-1　贵州茅台的净利润增长

净利润为正只是一个基本要求,代表公司在赚钱,但这还不够。一家伟大的公司,不仅要能赚钱,还要能越赚越多。所以下一步,就是研究这家公司为什么净利润能保持正数,他有什么样的能力和优势,这样的能力和优势在未来一段时间内是否可以持续,能不能让这家公司的净利润越来越高。所以,判断一家公司的赚钱能力,还需要进一步借鉴以下几个指标。

一、营业收入增长率

净利润是由营业总收入减去营业总成本加营业外收入减营业外支出再扣除所得税得到的,所以,净利润的增加其实关键在于营业收入的增加。根据强者恒强的道理,如果一家公司历史上的营业收入都是逐渐增加的,那么未来这家公司营业收入很大可能会继续增加。营业收入增加的速度越快,代表公司赚钱能力越强,所以就有了营业收入增长率这个指标。

$$营业收入增长率 = \frac{当期营业收入 - 上期营业收入}{上期营业收入}$$

营业收入增长率为正,说明公司的营业收入会增加,股价就会得到相应支撑,反之,如果营业收入增长率为负,说明公司经营情况下滑,股价则会受到相应打击。

美的集团就是一个非常典型的营业收入增长率刺激下的长牛绩优股。美的集团从2011年到2021年营业收入都是在逐年增加的,营业收入增长率持续为正,也就是说它的赚钱能力持续扩大。而2017年到2019年随着营业收入的大幅增长,营业收入增长率开始提升,股价则加速上涨(如图2-2所示)。

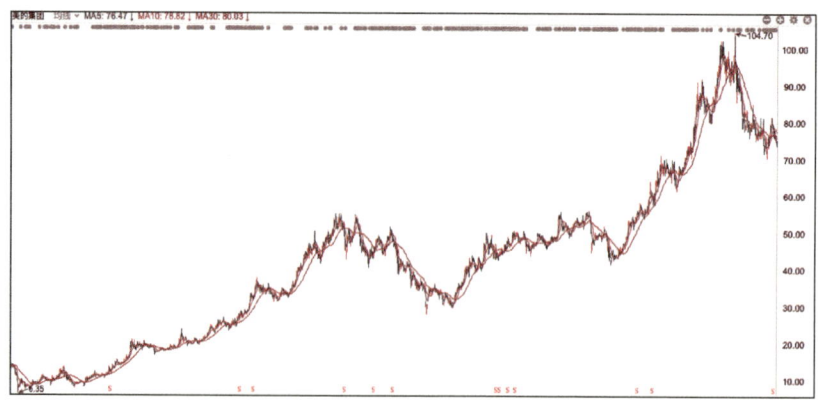

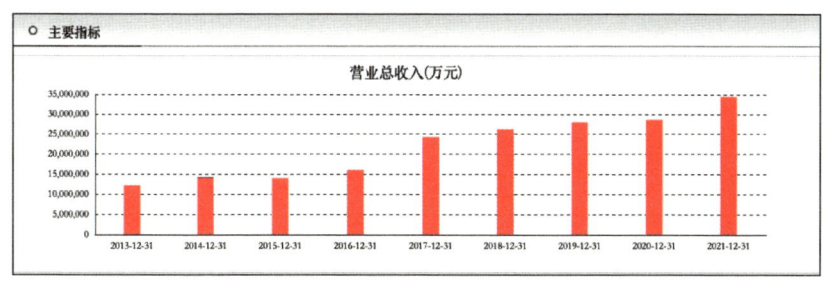

图 2-2 美的集团 2013—2021 年日线走势和营业收入情况

二、毛利率

营业收入逐渐增长且营业收入增长率长期为正,代表了公司能赚钱,这个上市公司就具备了投资的"价值"。但有很多时候公司股价并不因为营业收入增长而上涨,2022 年最典型的例子就是宁德时代。

宁德时代 2022 年一季报显示,一季度营收为 486.8 亿元,同比增长 153.97%;但与此同时,归母净利润为 14.9 亿元,同比下降 23.62%。股价随净利润增速回落而出现明显回落(如图 2-3 所示)。

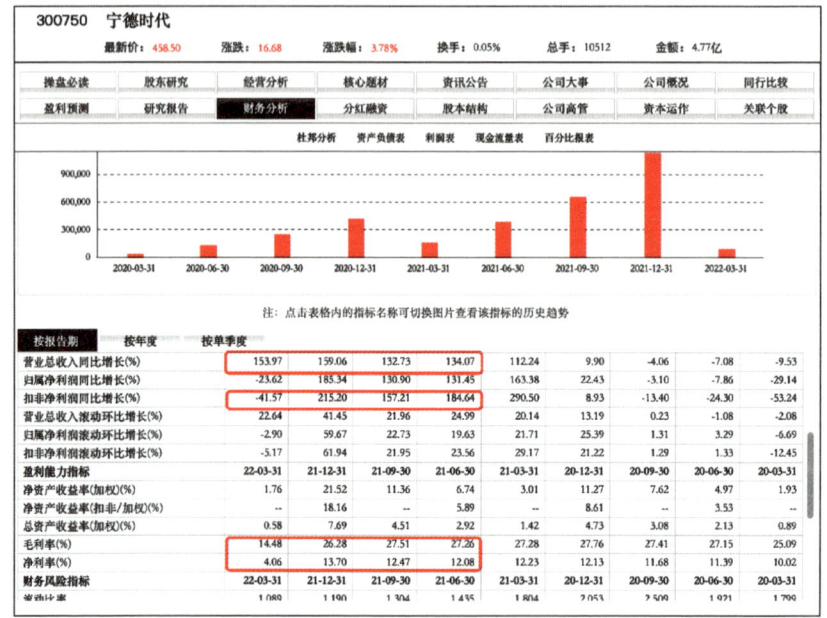

图2—3 宁德时代2020—2022年日线图及其营业总收入情况及其毛利率

为什么会出现这种情况呢？大部分情况下，因为公司获得的收入并没有能真正转化为利润，反而是被高昂的成本所吞噬。根据宁德时代季报中描述，成本上涨的主要原因还是上游锂矿的大幅上涨，吞噬了下游电池组件的利润。所以公司能在项目或业务中获取的利润大小，也会直接影响市场对于公司赚钱能力的判断。用指标来反映，就是毛利率。

$$毛利率 = \frac{营业收入 - 营业成本}{营业收入}$$

毛利率不仅是一个反映公司赚钱能力的指标，也是一个衡量公司在行业甚至产业中竞争地位高低的指标。毛利率高的公司，不仅反映了公司利润率高，也反映出公司在行业中的竞争地位较强，议价能力高，对下游客户黏性强，对上游客户重要性高，而股票市场往往愿意给龙头企业更高的估值，实现强者恒强。

同样是原材料价格高涨，新亚电子在2021年就表现强势。新亚电子是跨国经营公司，在精细电子线材行业排名全球第二（第一是美国百通），中国第一。2021年上半年上游铜价上涨凶猛,下游消费电子又不算很景气,但是公司业绩几乎没有影响,并且增长良好,意味着公司产品基本把铜价的影响传递到了下游,议价能力极强(如图2-4所示)。

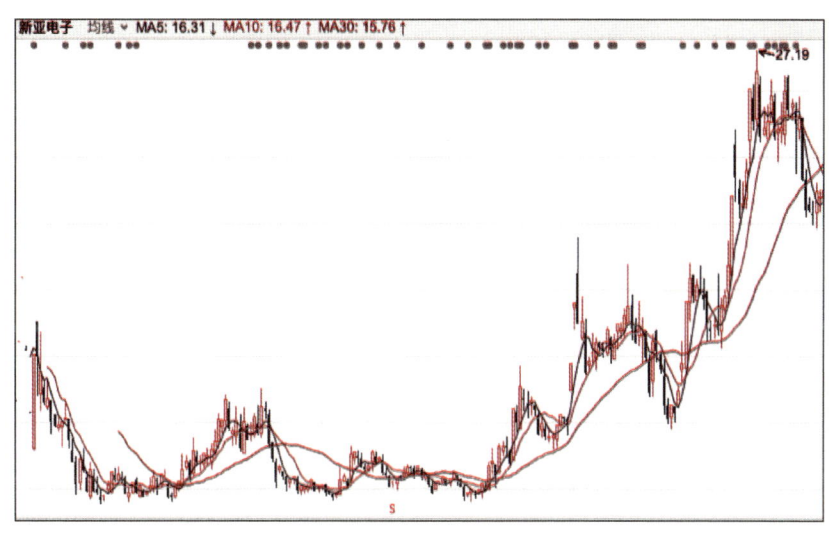

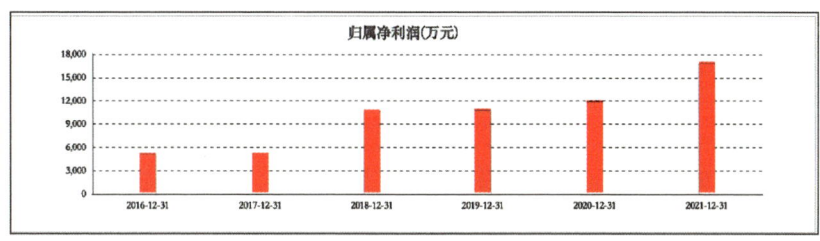

图2-4 新亚电子2016—2021年日线图及营业收入情况

毛利率的横向比较很重要。比如同一个行业,毛利率都是30%,那某一家公司的毛利率却是25%,你就可以打个问号。再一个,你还可以看看费用占比,销售费用、管理费用、财务费用、研发费用,这里面管理费用可以看看一家公司花了多少钱在人力和管理上,如果比例比较大,这种就不是投资人喜欢的公司;研发费用不太好研究,但是你可以横向对比在同等研发费用比例的情况下,哪个公司盈利能力更强。此外,你可以考察公司的流动资产和非流动资产占比,判断一下公司是不是重资产企业;还有就是考察公司的负债,有息负债比也可以同类公司横向比较一下是高了还是低了。这些都可以作为快速筛选公司的标准。

三、经营性净利润（扣非净利润）

从净利润和毛利率已经可以对一个公司的赚钱能力进行比较好的描画。那么营业收入增长率和毛利率都好的公司股价一定上涨吗？

也不绝对。有时即便一家公司营业收入、净利率毛利率都好，公司是不是很赚钱仍是不一定的。比如我们看一个人是不是有赚钱能力，主要看他有没有稳定的工作，能不能持续地用劳动换取财富，而不是他家里有多少可以变卖的资产，或者是不是炒股票赚钱了。因为投资赚钱本身有不确定性，而靠变卖资产的更惨，可能是一个败家子。

同理，公司的赚钱能力主要看的是经营性利润，指的是企业日常生产所产生的销售收入，是企业的主营业务带来的销售收入。而非经营性净利润，就是类似公司接受补贴、买卖股票、出售厂房产生的利润。而这些行为之所以被称为非经营性利润，是因为这些收入或是偶发的或是不可持续的。财务报表上的经营性净利润，常用扣非净利润表达，顾名思义就是净利润扣除非经营性利润，得到经营性利润。

三安光电就是一个扣非利润下滑的案例。从图2-5我们可以清晰看到，三安光电的扣非利润在这两年下滑明显，和营业收入状态并不匹配，相比净利润也有大幅收窄。公司发布2021年半年度报告显示，2021年上半年公司实现营业收入61.14亿元，同比增长71.38%。同期，归母净利润同比增长39.18%，明显低于营收增速。而公司归母净利润的增长很大程度上来源于政府补助的增加。报告期内，公司计入当期损益的政府补助为5.84亿元，同比增加超过七成。财报显示，三安光电上半年扣非归母净利润同比增长仅2.14%，远低于同期营收和归母净利润增速。而从三安光电半年报公布之后，股价就进入了下行通道，时至今日仍未见明显起色。

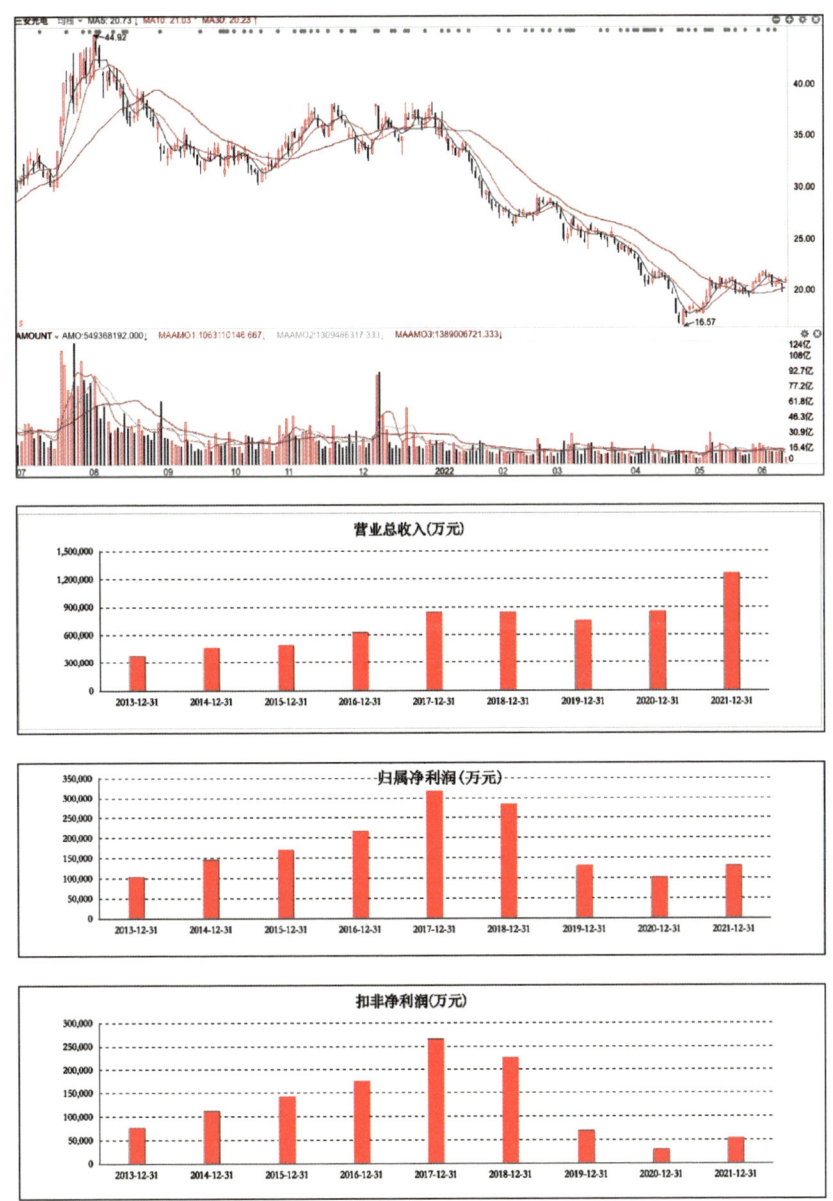

图 2-5 三安光电 2021—2022 年日线图和利润表

还有很多上市公司,主业经营面临困难,只能靠卖出资产获得现金,这样的公司,利润再好,市场也是不认的。最有名的就是之前传言靠卖阿里巴巴活着的苏宁易购了。

如果仅从年报的营收和净利润来看，苏宁易购2017—2018表现优秀。年报显示，2015—2017年苏宁易购的营业收入分别为1355.48亿元、1485.85亿元和1879.28亿元；同期归属母公司的净利润分别为8.73亿、7.04亿和42.13亿。但是再看苏宁易购的这三年的扣非净利润分别为 −14.65亿元、−11.08亿元和 −0.88亿元。再仔细看，2017年12月12日，苏宁易购完成了首次出售持有的部分阿里巴巴的股票，约为550万股，占其持有阿里股份的0.22%，获净利润约32.5亿元。2018年5月，苏宁易购再次卖出阿里巴巴0.3%的股权，实现出售金融资产利得56.01亿元。这样的利润，怎么能让市场买单呢？

反过来说，为什么贵州茅台是中国最赚钱的公司？因为他几乎所有的利润都来自主营业务收入。在聚焦主营的同时，营业收入、利润增速完全匹配，毛利率更是常年保持在90%以上（如图2-6所示），看贵州茅台的财务报表，就知道什么是标准的好学生了。

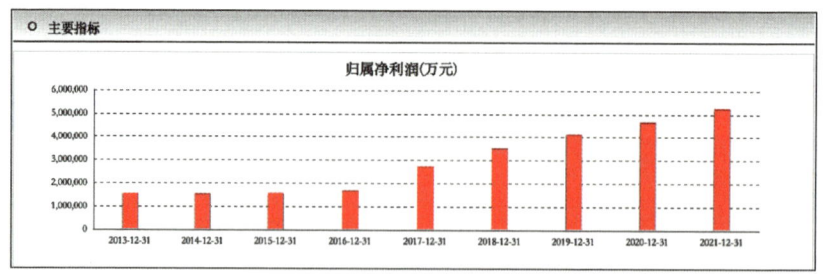

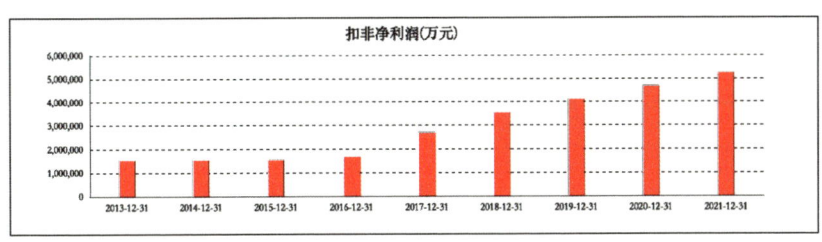

图 2-6 贵州茅台近年主要财务指标趋势

第二节 公司财务是否康健

找到赚钱的公司之后,我们还要进行一些常规扫雷工作。比如找对象的时候,你除了要关心对象的工作能力,还要关心身体健康。对于上市公司来说,财务健康是第一要求,就如同要求一个人遵纪守法一样,这最基本的东西。

在不考虑财报作假的前提下,通过财报判断一家公司财务是否健康有以下几个参考维度。

一、现金流量表:经营净额、投资净额、筹资净额

如果说上市公司是一个人的话,那么现金就是血液。如今我们去医院检查身体,做的第一件事情就是验血,公司也一样,一个好的现金流的质量和结构,是一个公司财务健康的第一标准。

现金流量表主要汇总几个最基本的现金指标:经营净额、投资净额、筹资净额。

经营净额是公司经营活动产生的现金流量净额,反映在公司的现金流

量表上。经营净额反映的就是公司主营业务是否能进入一个比较健康的循环。比如有位卖早点的摊主,等他卖完收摊的时候,他的经营净额就是早上所有的营业收入减去他所有备料的成本。如果他的经营净额始终为正,说明这门生意是赚钱的并且有很好的自循环系统,至少可以养家糊口。

投资净额顾名思义就是从事投资活动所产生的现金流净额。还是刚刚那位摊主,他卖完早点后去炒股票了,如果今天赚了钱,那今天的现金流净额就是正的,明天把今天的钱亏回去了,明天的现金流净额就是负。因为投资活动所产生收益具有不确定性,所以这个净额只反映过去,不能推测未来。而且能炒股赚钱做补充当然很好,但如果沉迷于炒股,导致早餐店都不开了,那就有问题了。投资本身就具有一定的周期属性,很多时候投资收益越高,市场反而会担心你下一个周期的业绩是否会出现明显下滑,因此,投资净额有时候非但不能带来很好的市场价格反馈,反而会因为引起业绩下滑的担忧而产生抛售。

筹资净额反映公司筹资活动所产生的现金流量,也就是一个公司对外借钱融资或偿还负债而产生的现金流。筹资净额不能单纯地看正负,需要结合筹资用途来看。对那个早餐店老板来说,如果他今天是为了要把早餐生意做大做强而借的钱,且借的钱按正常早餐店的经营状态能偿还,那么这样的筹资既说明了他融资能力强、社会资源好,又能快速扩展生意规模,是有利于富的快速积累的,但如果他借钱是为了买车买表充大款,那这人和他的早餐店都危险了。

二、应收账款

现金流量表的三个指标中,经营净额无疑是最重要的指标。因为他能告诉我们,企业的净利润是真实兑现了,还是仅仅只是一场纸面富贵。

打个比方,如果早餐店老板一个上午的营业额是1000元,成本是500元,那么老板的净利润就是500元。但如果今天早上有个老顾客赊账买了500元的早餐,但是一直没来付钱,那么老板今天的经营净额其实是0元,如果这个老顾客跑路了,那么他的这个利润也就无法兑现。这个钱去哪儿了呢?这就是另一个会计科目:应收账款反映的内容。

应收账款也是一个能反映企业财务健康程度的非常重要的指标。所谓应收账款就是应该收到的钱,既然叫做应该,就代表不是必然。是客户承诺会给,但不代表必然能到。因此,应收账款的堆积,本身就代表了财务的一种风险:坏账风险。如果客户出现倒闭、跑路,不守信用的问题,就会造成企业账款回收的困难,严重情况下,危及企业现金流的健康。其实现在,应收账款居高不下已成为扼制众多通信企业发展的重要原因,部分企业面临居高不下的应收账款,现金流难以回暖,导致经营举步维艰等多方面的危境。

2019年10月14日,航天通信发布的一则《关于公司股份被冻结相关事项监管工作函的回复公告》,将航天通信及其子公司智慧海派送上舆论风口,公告中披露其子公司智慧海派出现应收款项大额逾期、银行债务违约、资金链断裂等重大风险事项,甚至财务造假等情况。公告中详细提到,智慧海派因为其存在巨额应收账款逾期,导致资金链断裂,继而引起银行贷款、供应商款项出现逾期。其中智慧海派应收账款余额57.04亿元,逾期金额高达44.59亿元,占应收账款总额78.17%。同时,由于资金的影响,生产订单大幅减少,收入同比大幅下降,营业收入等主要财务指标出现大幅下滑。而航天通信也因此出现股价连续跌停(如图2—7所示)。

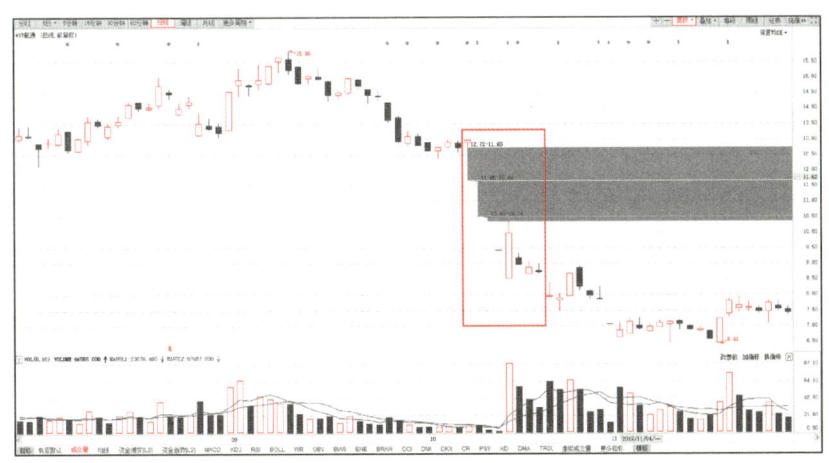

图2—7 航天通信日线图

同时,应收账款还是一个企业在产业链中综合实力的一种反映。比如我们作为消费者在日常消费中,很少出现赊账行为,因为相对于店家来讲,消费者处于相对弱势地位,很难要求赊账权力,企业行为也同样如此。如果这个企业在产业链中地位强势，产品服务供不应求，产销两旺，对于要求赊账的客户他完全可以不予理会，因为他根本不缺客户，甚至客户为了确定产品份额还会支付一定定金（预收账款）。所以，如果一个企业预收账款多，而没有应收账款，说明公司的议价能力强，营业收入和利润是真是且有增长保证的，反过来，如果企业有大量应收，而没有预收，说明公司的产业竞争地位较弱，投资潜力也相对较弱。

当然，在市场中真正预收款项会长期小于应收的公司并不多，也就是说绝对处于卖方市场的强势公司很少，也因此，这类公司大多是市场的绝对龙头，比如白酒里的贵州茅台（如图 2—8 所示）。

600519 贵州茅台 最新价：1724.01 涨跌：49.06 涨跌幅：2.93% 换手：0.47% 总手：59041 金额：102.40亿

操盘必读 | 股东研究 | 经营分析 | 核心题材 | 资讯公告 | 公司大事 | 公司概况 | 同行比较

盈利预测 | 研究报告 | 财务分析 | 分红融资 | 股本结构 | 公司高管 | 资本运作 | 关联个股

主要指标 | 杜邦分析 | 资产负债表 | 利润表 | 现金流量表 | 百分比报表

流动资产					
货币资金	360.9亿	132.5亿	1121亿	878.7亿	668.5亿
拆出资金	1182亿	1174亿	—	—	3.900亿
应收票据及应收账款	15.33亿	14.63亿	5.637亿	12.22亿	8.176亿
其中：应收票据	15.33亿	14.63亿	5.637亿	12.22亿	8.176亿
预付款项	8.984亿	15.49亿	11.82亿	7.908亿	10.46亿
其他应收款合计	3449万	7654万	3.939亿	2.728亿	2.181亿
其中：应收利息	—	—	3.439亿	2.415亿	1.409亿
其他应收款	—	—	—	3132万	7723万
存货	288.7亿	252.8亿	235.1亿	220.6亿	206.2亿
其他流动资产	2674万	2090万	1.401亿	3754万	2.315亿
流动资产合计	1857亿	1590亿	1379亿	1122亿	901.8亿
非流动资产					
发放贷款及垫款	29.53亿	4875万	3608万	3315万	6083万
债权投资	2014万	—	—	—	—
可供出售金融资产	—	—	2900万	2900万	2900万
其他非流动金融资产	983.0万	3.198亿	—	—	—
固定资产	162.3亿	151.4亿	152.5亿	152.4亿	144.5亿
在建工程	24.47亿	25.19亿	19.54亿	20.16亿	27.46亿
无形资产	48.17亿	47.28亿	34.99亿	34.59亿	35.32亿
长期待摊费用	1.477亿	1.583亿	1.684亿	1.779亿	1.881亿
递延所得税资产	11.23亿	11.00亿	10.49亿	14.02亿	17.46亿
非流动资产合计	277.4亿	240.2亿	219.8亿	223.6亿	227.5亿
资产总计	2134亿	1830亿	1598亿	1346亿	1129亿
流动负债					
应付票据及应付账款	13.42亿	15.14亿	11.78亿	9.921亿	10.41亿
其中：应付账款	13.42亿	15.14亿	11.78亿	9.921亿	10.41亿
预收款项	—	137.4亿	135.8亿	144.3亿	175.4亿
合同负债	133.2亿	—	—	—	—
应付职工薪酬	29.81亿	24.45亿	20.35亿	19.02亿	16.29亿
应交税费	89.20亿	87.56亿	107.7亿	77.26亿	42.72亿
其他应付款合计	32.57亿	35.90亿	34.05亿	30.63亿	17.59亿
其中：应付利息	—	1.108万	4277万	2341万	3448万

图 2—8 贵州茅台的应收财税与预收账款

但因为这样的公司比较少见，因此在分析应收账款的时候，我们通常以比较应收账款的增长、应收账款能否在一个会计年份有效收回来进行应收账款科目健康性分析。

案例2-1 威奥股份的应收账款分析

从应收账款科目来看,在2016年到2020年,威奥公司应收账款出现了明显逐年增加的情况,2020年对应的应收账款已经接近2016年的3倍。因此,公司上市后,股价很快破发,随后一路下跌(见图2-9、图2-10)。

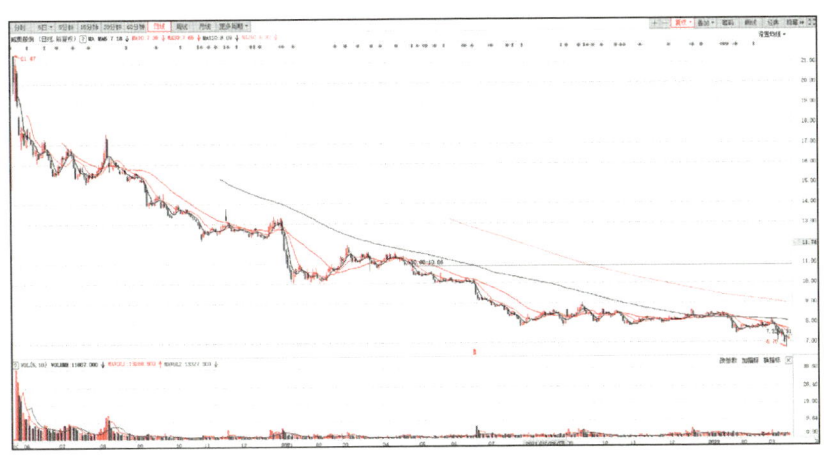

图2-9 威奥股份应收账款情况

图2-10 威奥股份2020—2022年日线图

如果说应收账款的绝对值还仅仅只是一个静态的结果,企业的快速扩张通常也会带来应收账款规模的快速扩大。但是应收账款能否及时回收就是一个躲避不过的问题了。因此,我们通常都会通过观察应收账款的周转率或周转天数来观察应收账款的健康程度。

应收账款周转率=营业收入/应收账款

应收账款周转天数=365/应收账款周转率

应收账款周转天数表示在一个会计年度内,应收账款从发生到收回周转一次的平均天数(平均收款期),应收账款周转天数越短越好。应收账款的周转次数越多,则周转天数越短;周转次数越少,则周转天数越长。所以,应收账款周转天数越短越好。案例中的威奥股份,在应收账款大幅增加的同时,应收账款周转天数也大幅增加,这也是股价"跌跌不休"的重要原因(见图 2—11)。

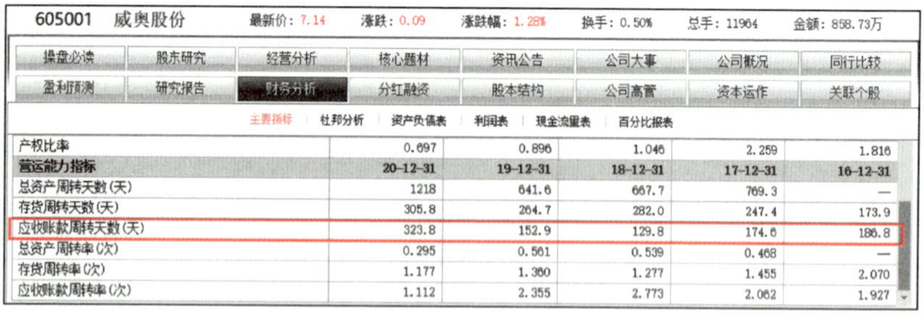
605001 威奥股份 最新价:7.14 涨跌:0.09 涨跌幅:1.28% 换手:0.50% 总手:11964 金额:858.73万

操盘必读 | 股东研究 | 经营分析 | 核心题材 | 资讯公告 | 公司大事 | 公司概况 | 同行比较
盈利预测 | 研究报告 | 财务分析 | 分红融资 | 股本结构 | 公司高管 | 资本运作 | 关联个股

主要指标 | 杜邦分析 | 资产负债表 | 利润表 | 现金流量表 | 百分比报表

产权比率	0.697	0.896	1.046	2.259	1.816
营运能力指标	20-12-31	19-12-31	18-12-31	17-12-31	16-12-31
总资产周转天数(天)	1218	641.6	667.7	769.3	—
存货周转天数(天)	305.8	264.7	282.0	247.4	173.9
应收账款周转天数(天)	323.8	152.9	129.8	174.6	186.8
总资产周转率(次)	0.295	0.561	0.539	0.468	—
存货周转率(次)	1.177	1.360	1.277	1.455	2.070
应收账款周转率(次)	1.112	2.355	2.773	2.062	1.927

图 2—11 威奥股份应收账款周转天数

三、公司负债

如果说应收账款危机大多是由于客户和市场经营风险带来的,公司自己债务带来的财务问题更多是在上市公司本身发展和经营过程中产生的。

债务危机从 2008 年"金融海啸"以后就广为人知了。中国近年来最著名的债务危机引发的市场动荡就是房地产企业的债务危机了。中国房地产企业一直以来都是高负债运营模式,几乎所有的上市公司都是把杠杆放大到不能再放大的模式,光恒大一家,最高债务规模就接近 2 万亿元,其中有息负债 8 000 亿元。2 万亿元是什么概念,世界上 70%国家一年的 GDP 都达不到这个金额! 2019 年年底,恒大集团 12 个月内到期债务的规模,较现金超出 1 140 亿元人民币,债务违约已经无法回避。而房地产企业一旦发生债务违约,上游的建筑建材供应商、下游的期房购房者,都会遭受巨大损失,严重的可能造成社会危机。所以虽然很多房企一时业绩貌似不错,但这种高负债运营模式给中国经济的发展和金融的稳定带来巨大的隐患。

2020年8月20日,央行和住建部会同相关部门出台了重点房地产资金监管和融资管理规则,设置"三条红线":剔除预收款后的资产负债率大于70%、净负债率大于100%、现金短债比小于1.0倍。根据"三条红线"触线情况不同,将所有的房企分为"红、橙、黄、绿"四档。一旦踩线,继续融资扩张的渠道就会受到不同程度的影响。这对于依赖不断扩大债务规模来饮鸩止渴的房企来说无疑是当头一棒,因此,三条红线全踩的红档上市房企全面遭到债务危机影响,股价进入崩溃模式(如图2-12、图2-13所示)。

图2-12　华夏幸福日线图

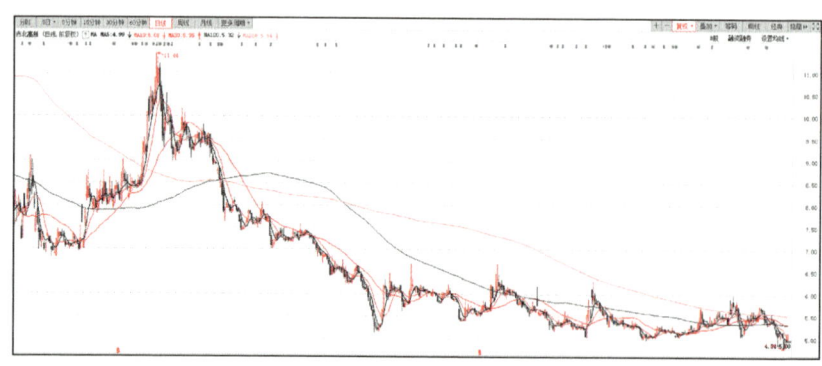

图 2—13　市北高新日线图

所以,当债务规模超过了企业的清偿能力的时候,无论企业增速如何,都要警惕债务危机可能产生的核爆效应。

在研究财报的时候,每个行业侧重点都不一样,也不能一概而论。比如2021年上半年火爆的半导体、新能源行业,要看公司重大项目的进展情况,公司产能释放得怎么样。宁德时代之所以能被称为宁王,就是因为公司的项目推进非常快,产能释放得也很快。

再比如消费行业,特别像茅台、海天这些,重点要看毛利率以及渠道能力。还有,家居、建材这类行业,重点看现金流和存货周转。银行重点要看不良贷款率、非利息收入等。

总的来说,看财报这个就跟看人一样,因人而异,比较复杂,有时候你喜欢的公司的业绩并不好,但是并不代表这家公司就不行。你得看公司的战略布局有没有变化,公司战略没有如期推进,这才是决定公司有没有未来的关键。千人千面,分清重点是财务分析的关键。

第三节　公司估值是否合理

我们之前已经从公司基本面的角度来分析了如何才能找到赚钱的公司,找到这样的公司,然后陪伴他一起成长是投资股票的基本理念。但是好公司是不是意味着任何时机都适合投资呢?

有一句话把这个逻辑讲得很清楚:好公司+好价格=好机会。

也就是说,再好的公司,我们也要等到一个好的价格,才是理想的买入时机。这个好价格,指的就是合理的估值。最常用的两个股票估值的指标就是市净率和市盈率。

一、市净率PB

$$市净率PB=\frac{总市值}{股东权益}=\frac{每股价格}{每股净资产}$$

从公式可以看出,市净率就是每一块钱的股票中含有多少公司的净资产,所以市净率越低的股票,股价公司净资产的支撑越多,相对而言就更有投资价值,反之,市净率越高的股票对应的支撑越少,越没有投资价值。如果市净率低于1,也就是常说的"破净",是最有投资价值的时候。比如当一个公司的市净率只有0.5的时候,意味着公司净资产已经远远大于股价,这个时候买入公司股票,等于用50块钱买了100块钱的东西。当市场环境很弱,以至于出现大面积破净股的时候,我们就不应该再过分地看空市场。比如2022年4月底的时候,A股市场在连续下跌后,破净股比例一度超过10%,这个时候,市场自然是跌无可跌的见底了。

其中,很多的破净股也在全市场反弹过程中冲高。比如光大证券。根据公开信息,光大证券2022年第一季度的每股净资产价格11.61元,光大证券在4月底的时候最低价格10.5元,比净资产价格低10%左右。这时候,行业的平均PB大约1.25倍,明显低估。但光大证券本身利润并不差,且保持在正增长过程之中(见图2—14)。

但是大家都知道,市场中破净的股票其实不少,是不是这些股票都具备投资价值呢?显然不是,如果说市净率比较的是市值和净资产的关系,那首先净资产就要是真实有效的。

净资产的质量主要是看资产到底是实物资产还是虚拟资产,比如很多商誉、专利权、无形资产等这些虚拟资产占比大的时候,一般PB很难估值,如果设备、厂房、存货等实体资产占比很多时候,还要考虑存货是不是有很大的贬值风险,设备会不会老化、淘汰等。像光大证券属于的券商行业,其

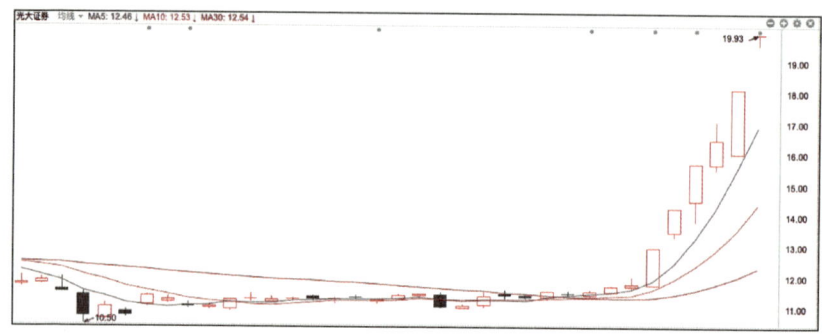
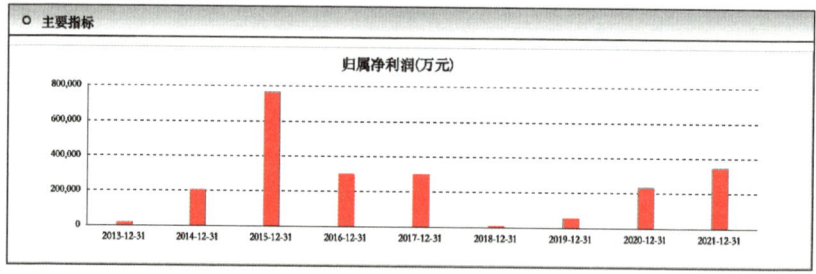

图 2-14 光大证券日图及归属净利润

资产大多由金融资产构成,真金白银,水分相对较少。股东权益大部分集中在盈余公积和未分配利润之中。所以券商行业也是常用市净率去估值的行业之一。一般实际交易过程中,市净率比较适合重资产的制造业,或产品具有保值增值能力的房地产、白酒等行业,而科技、媒体、通信(TMT)之类的轻资产行业则很难用市净率进行合理估值。

股东权益一般由股本、其他权益工具、资本公积、未分配利润、一般风险准备、盈余公积、专项储备、其他综合收益等组成。其中一般风险准备、专项储备、其他综合收益等都是不可持续的,同时其他综合收益和其他权益工具大部分是"纸面富贵",如果这几个项目占比很大,那么这个公司股东权益是没有质量的,市净率低是合理的。所以股东权益这块主要应该看公司的盈余公积和未分配利润,这是由净利润转化而来的,真正公司挣来的钱。

当我们用是市净率来判断股价是否低估的时候,最需要考虑的是股东资产是否有质量保证。如果股东资产真实有效且有收益性,那么市净率低是最有价值的指标,但如果股东资产质量较低或水分很大,那么市净率低本身就是合理的。

二、市盈率 PE

$$市盈率\ PE = \frac{总市值}{总盈利} = \frac{每股股价}{每股收益}$$

市盈率是最常用来评估股价水平是否合理的指标之一，反映投资者对公司盈利愿意支付的对价，或者理解为投资者按当前价格买入股票后，靠利润回报要多少年可以收回成本。

从市盈率的定义可以看出，股票应该在市盈率低的时候买入，在市盈率高的时候卖出，这也是市场对于市盈率的常规用法，我们经常可以看到媒体上某股票只有 5 倍的市盈率，进入绝对低估状态等的描述。

白马股是最常用市盈率估值的。因为白马之所以称之为白马，就是因为它已经进入到一个相对稳定成熟的状态，因此，利润与估值之间的状态也应该相对稳定。那么，一些相对明显的低估和高估都能比较清晰地看出来。

2015 下半年到 2016 年，被称为价值投资的元年。那个时候，沪深股通开始放开，外资借道北上进入 A 股市场。那个时候北上资金疯狂扫货的，就是常年在市场中表现温平的白马股，代表就是白酒。当时，白酒已经基本走出了前一轮塑化剂风波带来的行情调整周期，盈利能力和现金流状态全面好转，但行情上市盈率还达不到 20 倍的白马股平均水平。在北上资金的加持下，白酒行业走出了长牛趋势，一大批白酒股走出了 10 倍空间，至此，低市盈率成为市场比较喜爱的一个估值标准。

但是，同市净率一样，并不是所有低市盈率的股票都会上涨的，也不是所有市盈率高的股票都涨不动了，我们在实际情况中经常看到几倍市盈率的股票趴在地上"躺尸"，而几百上千倍市盈率的股票天天涨个不停，比比皆是。所以对于不同行情，简单地用市盈率做估值也不甚准确，对于不同行情，市盈率的标准往往也是不一样的。为什么有些股票 100 倍的市盈率我们还认为它有空间，有些股票 40 倍的市盈率就算高估了。因为市盈率并不是一个静态的标准，用市盈率去估值的时候，还需要考虑一个利润增速的概念。

曾经和白酒一起被认为是白马标杆的还有家电股。老板电器就是家电股龙头之一。作为国内灶具市场的龙头，老板电器的营业收入一直比较稳定，时至今日营业总收入仍在扩张过程中，品牌价值、公司财务健康性也一直是标准的白马状态,无可指摘。但为什么在 2018 年及以后出现了大幅下跌呢?这就跟它的利润增速明显放缓有关(如图 2－15 所示)。

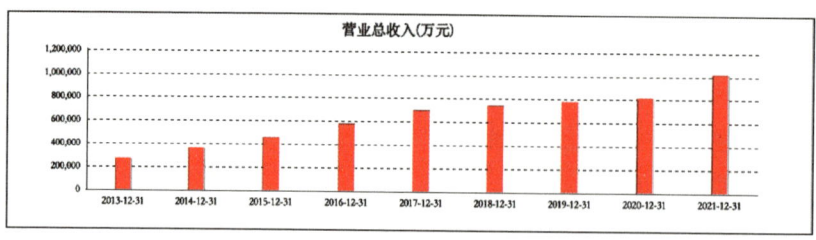

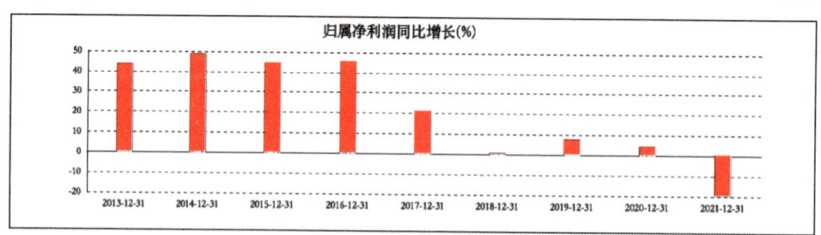

图 2－15　老板电器的营收及利润情况

在 2018 年以前,老板电器的净利润增速一直保持在 40%～50% 区间,所以市场当时给出的市盈率水平 30 倍左右也一直都是比较合理的。股价也能在这种合理市盈率的支撑下一路走高。但是,当 2018 年利润增速开始变脸的时候,那么净利润的下滑可能会使未来的市盈率被动走高,进入到一个高估状态。因此,考虑市盈率估值的时候,利润增速是一个必须考虑的问题。

假设一个公司股价 100 块钱,当年每股收益是 1 块,这个时候,他的市盈率应该就是 100 倍。那么很多人可能觉得估值高了。但是,如果第二年这个公司收益翻番,每股收益变成 2 块,那么市盈率就下降到 50 倍,如果第三年继续翻番,第三年的市盈率就只有 25 倍了,那可能就非常便宜了。这是很多成长股的状态,当行业增速非常快、利润增速很大的情况下,市盈率的波动也会很大,如果单一理解你可能一直会觉得估值太高而难以下手。反过来,即便现在这个公司的市盈率很低,只有个位数,但是它未来的业绩如果持续下滑,那么市盈率也会出现增长。很多周期股就是如此。因此更多的时候,动态市盈率能更真实反映市场的估值水平:

$$动态市盈率 PE = \frac{静态市盈率}{(1+每股收益增长率)^N}$$

其中,N 为收益可持续增长的年份数。一个股票股价为 10 元,当期的每股收益为 0.5 元,那它的市盈率水平大概是 20 倍,但如果这家公司未来 5 年每股收益能保持 20% 的年均增长,那么它的动态市盈率 = $20/(1+0.2)^5$,算下来就只有 8 倍了。

第四节 公司信用是否良好

俗话说一次不忠,百次不用。

A 股市场素有"爆雷"一说,上市公司诚信问题已经成为 A 股的固有疑难杂症之一了(见图 2—16)。虽然一棒子打死感觉不是很人道,但是不得不说,有些公司的不诚信几乎成了文化,这样的基因,不可能成为一家对投资者负责的公司,更不用说给投资者带来持续的回报了。所以投资之前,我们也会常规地对公司的信用历史做一个关注。

公司信用是否良好,简单来说,就像我们看一个人是否诚信一样。

一、公司信息披露

上市公司信息披露本来是上市公司的基本义务之一,应当真实地反映企业的实际运营情况,同时也预示和反映企业的发展前景,是投资者对公司经营情况和估值的重要依据,也是投资者进行投资决策的基础。

但遗憾的是,上市公司会计信息披露违规的案例频频被爆出,财务数据造假、资本市场欺诈发行等形式更是多种多样,这一现象造成了上市公司会

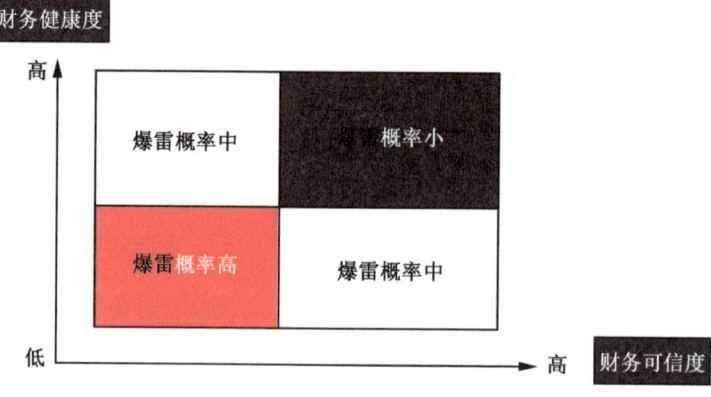

图 2－16　公司爆雷矩阵

计信息严重失真,使投资者蒙受重大损失。

随着市场发展的脚步,对于信息披露的监管其实已经非常规范和严格。证监会近年常常对一些不合理的信披做出进一步的质询,甚至调查。很多财务违规、违法的手段频频露出水面。

对于主动、故意进行财务造假、违规信息披露的公司,我们就应当留有一定的警觉。首先,公司的信用一定会因此受到打击,其次,过去产生过违规信息披露甚至违法记录的公司,常常会产生相关的法律纠纷甚至已经进入法律责任的承担程序,而这些,都会对公司的经营情况、未来发展形成制约。

2024 年 8 月 21 日,深圳证券交易所披露,对江苏中利集团股份有限公司(﹡ST 中利)及其相关当事人作出纪律处分决定(见图 2－17)。

经查明,﹡ST 中利在 2016 年至 2020 年期间虚增营业收入和利润总额,涉及金额巨大,且存在违规资金占用、对外担保和控股股东违规减持等行为。

2024 年 7 月 5 日,国务院办公厅转发中国证监会等六部委《关于进一步做好资本市场财务造假综合惩防工作的意见》。针对资本市场各方深恶痛绝的财务造假,意见提出 17 项具体举措,释放"惩防并重"政策信号。其中,最重要的就是极大幅度地提高了财务造假的违法成本。以后如果再有财务造假的情况,很有可能直接罚到公司退市,直接责任人入刑。对于普通投资者而言,这

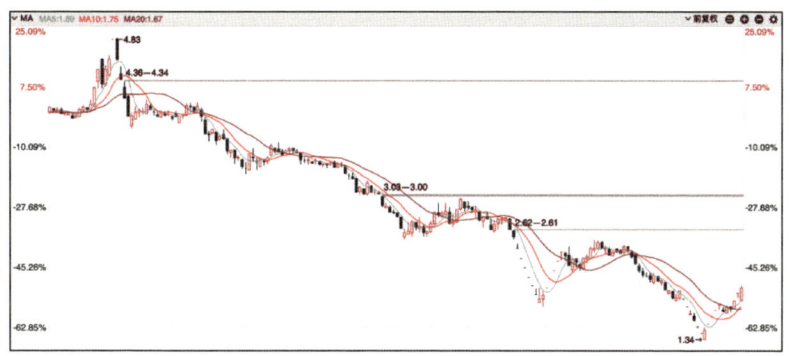

图 2－17　ST 中利日线图

既是好事,规范市场的行为从长远来看绝对是功在当代的,但是,也给我们投资者带来了巨大的风险,这种雷一旦爆了,就不会再有翻身的机会了。

二、公司所涉纠纷

除了信息披露上的不良纪律,上市公司通常还有一个信用雷区就是公司目前所涉及的担保债务甚至法律纠纷。

2019 年 11 月 2 日,飞乐音响发布《关于收到证监会上海监管局行政处罚决定书的公告》。上海监管局查明,飞乐音响存在以下主要违法事实:"智慧沿河""智慧台江"项目确认收入不符合条件,导致飞乐音响 2017 年半年度报告合并财务报表虚增营业收入 18 018 万元、虚增利润总额 3 784 万元;导致 2017 年三季报合并财务报表虚增营业收入 72 072 万元,虚增利润总额 15 135 万元。在处罚决定公布后,陆续有投资者以证券虚假陈述为由,向上海金融法院起诉飞乐音响索赔(见图 2－18)。

2021 年 3 月 30 日,315 名投资者起诉被告飞乐音响案开庭,要求法庭认定飞乐音响存在虚假陈述,要求赔偿投资损失总金额 1.46 亿余元。根据最新的一审判决结果,上海金融法院经审理认为,被告飞乐音响在发布的财务报表中虚增营业收入、虚增利润总额的行为构成证券虚假陈述侵权,应当承担民事赔偿责任。315 名原告均于涉案虚假陈述实施日至揭露日期间买入飞乐音响股票,并在揭露日后因卖出或继续持有产生亏损,应当推定其交易与虚假陈述之间存在因果关系。时至今日,仍有股民陆续参与飞乐音响的

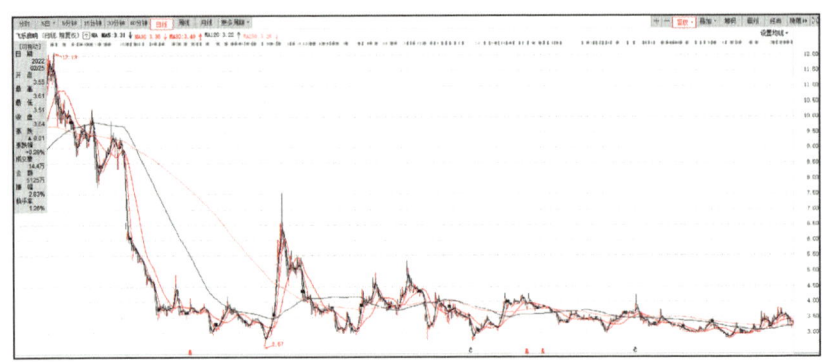

图 2－18　飞乐音响日线图

诉讼纠纷，飞乐股价也迟迟没有起色。

因此在投资之前，我们要对公司的基本面情况去做一个排查，如果公司牵涉到一些诉讼，且诉讼结果可能对公司经营产生不利影响的，都应该做排雷处理。

本章小结

就如我们前文说的，对于一个公司基本面的判断，其实是投资路上最无法穷尽的学问。本书中介绍的基本是皮毛中的皮毛。但是对于基础交易而言，基本面分析最重要的作用还是"排雷"。随着注册制的落地和市场上越来越多的上市公司，投资者必须学会——取舍。

A股市场上有长期的题材炒作逻辑，比如2023年底炒的"龙"字辈行情，2024年年底炒的"蛇"字辈概念，有很多的炒作明显大幅偏离了个股的基本面范畴，在这个过程中，如何更好地控制自己的欲望，不被这种跟风盲目炒作蒙蔽双眼，就取决于大家对于基本面的理解厚度。

只有对一个公司的基本面足够了解，才能让投资者在市场极度悲观的时候不至于放弃筹码和信心，也能够让投资者在市场极度疯狂的时候不至于行差踏错，陷自己的账户于万劫不复之地。

中 篇

寻找最大确定性——跟主力做主升

基本面选股,技术面择时。

在我从事投资顾问的这十数年的时间里,平时更多讲的都是技术面的内容。虽然在我的认知里,技术面并不比基本面靠谱。我始终认为基本面的研究和掌握才是投资之道,技术只是术而已。只是基本面的内容和内涵很难一蹴而就,如果刚刚接触这个市场,就直接从基本面内涵去理解市场的话,你会需要相当长的一段时间和相当多的精力。当然,一旦你进入了这个悟的门道,基本面是很少会错的,行业结构、产业内容、公司价值,这些都是客观而稳健的,未来前景好股价就是会涨,没有例外。

技术分析就不同了。市场经验、经济知识这些东西是无法速成,但是技术分析可以,没有门槛,谁都可以理解和上手。技术分析可以把一个对市场陌生的人快速武装起来,这就是它的好处。如果说投资有捷径的话,在我看来,就是技术分析。

如果说基本面是难学而易用的话,那技术面就是易学而难用,知道不代表你就能正确应用。技术分析发展了100多年到今天,

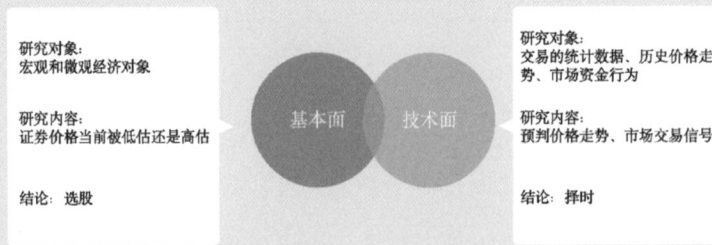

基本面与技术面的不同

各种理论指标非常多。你可以用几分钟就理解一个技术指标的使用方法,但同一个位置,用不同的技术指标甚至同一个指标用不同的时间周期去看,都可能是完全不同的结论,到底信哪个？凭什么做判断？经验,还是感觉？

所以首先,我们必须对使用的技术分析方法的针对性、优缺点有一个初步的认识和概念。其次,通过这些方法互相之间的互补性构建一个完整的交易系统,利用系统的力量,形成稳定的交易策略,通过提高成功的概率,来获取长期重复操作之下资产复利性的增长。这就是构建技术系统的出发点和原则。

有了这个基本原则之后,就是方法选择的问题了。技术分析方法千千万,我们从何入手,选择用以构建技术分析系统的方法呢？

大家要知道,技术分析,也叫图形分析,但是我们分析图形的时候,绝对不能刻舟求剑、呆板教条。技术分析的目的,是通过图形的演绎,看清资金动向,跟踪资金的动向。所以,所有的技术分析,最终都是要落实到对资金逻辑的判断上,从而找到市场主力资金,然后跟随市场主力资金趋势,把握市场主力资金转折,简单来说,就是跟主力,做主升。

主力:主力就是能影响、控制甚至决定股价的资金力量。

主升:主力经过建仓洗盘后,集中拉升的过程。

所以本篇内容，就是通过几个最简单的技术方法的使用，和基础技术体系的构建，来帮助大家从图形上看到主力资金动向，判断主力成本，从而明确主力的操盘逻辑，跟上主力主升的节奏。

第三章

筹码结构找主力

市场上左右的资金行为都在分笔成交中显示出来,但是那么多的交易,如何判断什么样的交易是主力做的,主力的成本大概在什么位置?这个就是筹码分析的目的和意义。

第一节 筹码基础

我们知道股票交易其实就是资金博弈,因此才有把股票当做筹码的叫法。那么既然是筹码,那么有没有一种方法能够把"牌桌"上的筹码分布情况显示出来?哪里多,哪里少?这就需要我们对筹码结构有简单认知。

一般的股票软件上每个个股都有筹码分布图,打开筹码分布图,我们就能看到图3—1所示的筹码状态。

筹码分布像是一个个的小山,仔细观看,它实际上由多个横着的小柱子构成,每一个小柱子代表一个价格对应的筹码数量,意思是在这个价格上成交后处在持仓状态的筹码。红色的筹码代表当前赚钱的筹码,而绿色的则代表浮亏的筹码。蓝色线代表平均筹码成本。

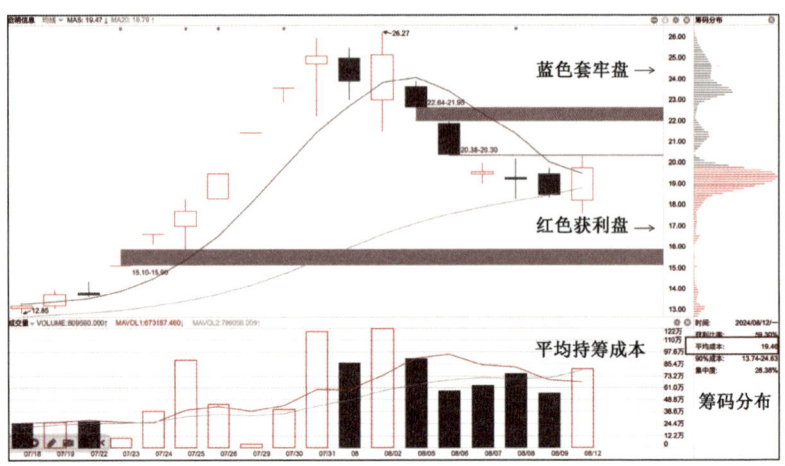

图 3-1　筹码分布图

我们先定义几个重要的筹码概念：

(1)平均持筹成本：当前统计区间所有持筹投资者的平均成本。平均持筹成本在现价之上，形成压力；平均成本在现价之下，形成支撑。

(2)最长筹码线(顶格筹码峰)：所有筹码中最长的一根筹码线，代表在这个价格的筹码持有量最大。

(3)最高筹码峰(顶格筹码峰)：所有筹码峰中最高的一座山峰，代表市场筹码最集中的区域。

(4)筹码集中度：大部分持筹筹码所在股价区间占股价总区间的比例。90%的筹码集中度(90%成本)意味着90%的持筹者所持筹的股价区间占总区间的比例，比如一只股票在统计区间内，最高价10元最低价0元，而90%的人都在8~9元钱持有这只股票，则90%的筹码集中度就是(9-8)/(10-0)=10%。所以筹码集中度越小，代表筹码越集中。

在筹码分布中，主要就是观察上方的套牢盘压力和筹码是否集中。在筹码分散的情况下，主力资金通常就会需要更长的震荡整理的时间来完成筹码的集中，从而做好拉升的准备(见图3-2)。

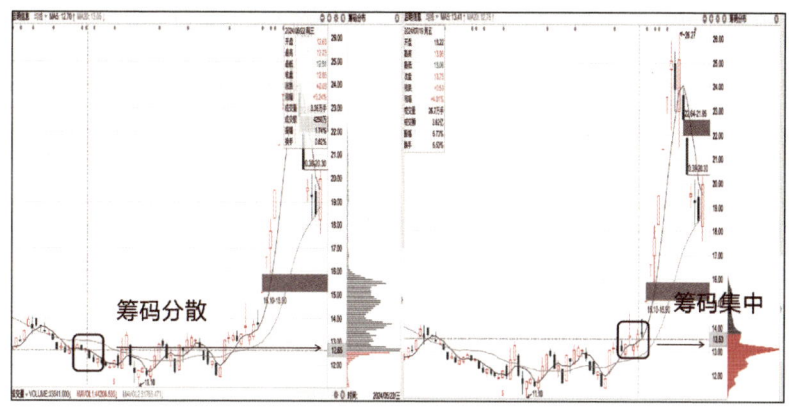

图 3-2 筹码的分散与集中

如果股价在最高筹码峰的下方运行,意味着最高筹码峰位置就有大量的套牢盘和抛压,股价就很难真正展开突破上行(见图 3-3)。

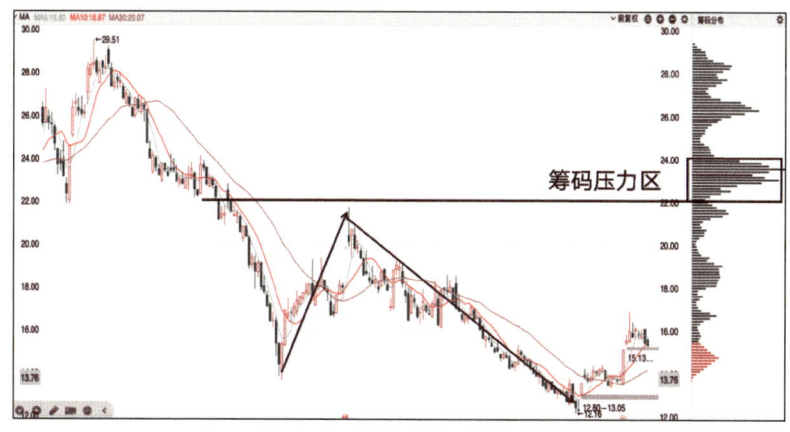

图 3-3 筹码压力区

即便最高筹码峰在股价下方,但是筹码集中度不够,筹码形态呈多峰分布,资金的合力也会比较散,股价的进一步上行就会受收到很大的制约(见图 3-4)。

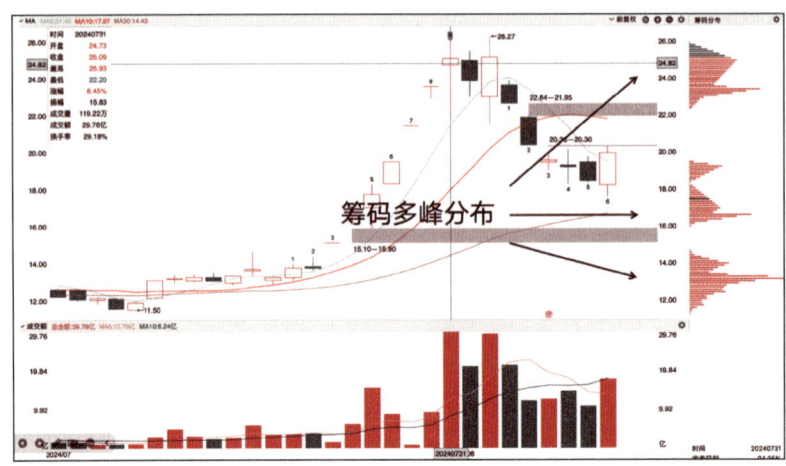

图 3-4 筹码多峰分布

第二节 特殊筹码结构

在了解了筹码的一般使用之后,我们来看看如何通过筹码的分布,确定主力的位置,从而更好地跟踪主力的动向。

一、主力的建仓与成本

主力建仓的意思就是主力吸收了大量的筹码,把筹码牢牢地掌握在手里。在这个逻辑下,最长筹码线一定是主力筹码,否则这个主力何谈筹码锁定。同时,因为主力锁仓度足够高,市场筹码应该比较集中,形成筹码峰的单峰聚集,且最长筹码线一定落在最大筹码峰之上。另外,因为主力吸收了大部分的筹码,所以,市场上所有投资者的平均成本应该与最高筹码位置的主力成本非常接近(见图 3-5)。

因此,这个时候,我们就能看到最高筹码峰的位置、最长筹码线的位置与平均持筹成本基本聚合,换言之,当最高筹码峰、最长筹码线和平均持筹成本在基本同一个位置的时候,我们就可以认为这个位置具备主力建仓的

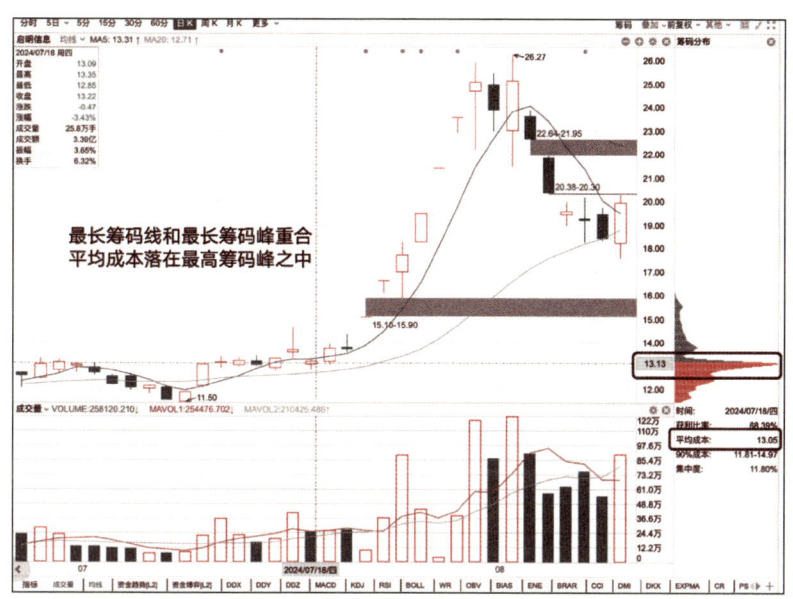

图 3-5 主力建仓的判定

可能,且平均持筹成本就约等于主力的建仓成本。

二、主力的锁仓与派发

当主力在某一位置区间吸收了大量筹码,形成筹码锁定之后,其会开始尝试进行向上拉升。股价上升过程中,主力在低位的筹码是主力最大的获利来源,就是最珍贵的底部筹码。在股价没有达到主力满意的位置前,主力一般不会轻易出货,这种情况,就叫做锁仓拉升,是主升行情中最理想的一种筹码形态,只要低位筹码持续锁定,股价就会有持续上行的机会。

当股价到达一定高度以后,主力开始出货,底部筹码会一下子转移消失,形成高位派发,这种情况也叫主力破仓,一旦主力高位派发,则一定要注意及时离场,防止出现股价的快速回落。

如图 3-6 显示,股价在低位拉升前,低位筹码集中度很高,实现单峰聚合,随后股价开始强势拉升,在整个拉升过程中,低位筹码始终保持稳定,这就叫做主力锁仓拉升。然后股价高位震荡回落,在再次反包的过程中,低位筹码快速上移,这就有很强的主力派发的嫌疑,这就叫做主力的破仓。一旦主力破仓,高位派发,就认为是短线的卖出信号。尤其在一些短线强势股中,这个方法特别好用。

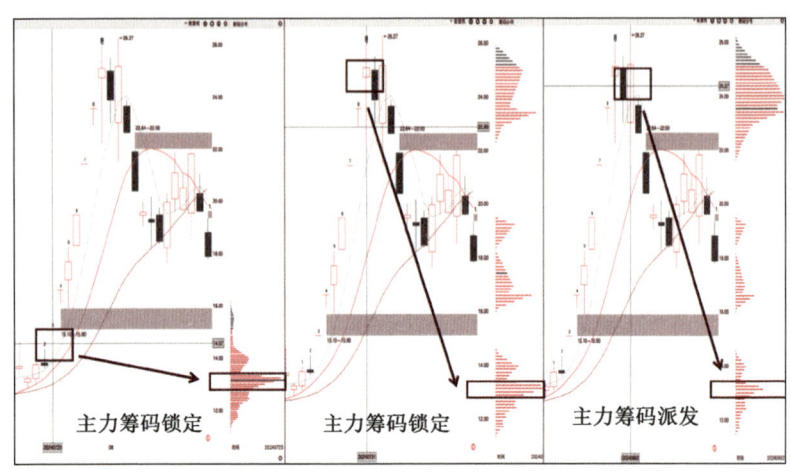

图3-6 主力的锁仓与派发

有时候,也会出现主力派发之后,筹码快速再次集中,股价再次上行的情况,这种就叫做换庄。常见于大龙头或者妖股之中,因此卖出也需要结合均线结构和趋势状态,以及个股对市场的带动性来判断。特别提醒大家,不要每一次筹码松动都认为有换庄的可能,凭什么市场主力要在个股已经拉出一段空间,别人都已经要出货的时候来接盘呢?所以换庄的可能性和成功率都比较小,十个换庄九个垮,如果对于短线的市场地位和交易节奏不太熟悉,宁愿错过不要做错。

通过筹码分析,我们可以大致确定这个股票有没有主力参与,主力参与的成本大概在什么区间,从而判断这个股票持续上涨的能力。大部分牛股在低位启动的时候都必然会有筹码集中的过程,但并不是所有的个股在筹码集中之后都能成为大牛股,还要结合趋势结构去看,个股有没有真正地进入主升状态。所以,在筹码分析及格后,就要去判断趋势有没有成立了。

本章小结

对于股价来说,筹码集中稳定,意味着可能有主力介入、锁仓准备上行,当股价快速上行,进入上涨阶段,筹码的松动和分散,则意味着主力可能开始派发,或者失去对于个股的控制,那更多意味着需要进入兑现阶段。

因此,筹码是判断个股趋势稳定的一个重要前提。筹码稳定集中是趋势个股上涨的必要前提,但是要注意,不是筹码稳定集中一定能带来个股的持续上涨。因为通常筹码衡量的其实是一段时间内个股的换手区间。换言之,只要个股在一段时间内股价始终在一个小波段内震荡,无论有没有主力介入,筹码分布一定会趋于集中。所以,我们更多只是利用筹码来判断股价是否稳定,而股价是否启动,则需要通过更多的趋势条件来判定,比如均线。

第四章

均线分布看趋势

技术分析选股择时，归根到底就是要顺趋势，抓顶底。趋势永远是第一位的。趋势的最好指标，就是均线。几乎所有的趋势指标都是由均线演化而来，理解均线，就是理解趋势，均线系统就是整个技术体系最核心的内容。尤其是对奉行右侧交易原则的中长期交易者来说，看懂均线、严格按照均线交易就已经可以让自己立于不败之地。

我们说的均线，全称叫移动平均线（MA）。它是将某一段时间的收盘价之和除以周期数，比如5日均线就是把5天内的收盘价之和除以5。

均线体现的是市场参与者周期内平均成本的概念。当K线始终运行于均线上方的时候，显示的是大家的成本都在当前价格以下，大家都是处于获利状态，上方没有套牢盘抛压，价格上涨的压力就比较小；反之，当K线始终运行于均线下方的时候，显示市场大部分参与者都处于浮亏状态，一旦价格反弹接近均线，就会有解套盘的压力出现，从而对价格产生阻力，这就是均线阻力支撑作用产生的根本原因。而在这个阻力支撑的判断上，时间周期就是一个前提概念。

日线级别上的均线称为日均线，如果以5日为周期就叫作5日线或者MA5，10日为周期称为10日线或者MA10，以此类推。同样，周级别上的叫作周线，以5周为期限叫作5周线，以此类推。大多数行情软件都可以设置并看到均线价格(如图 4-1 所示)。

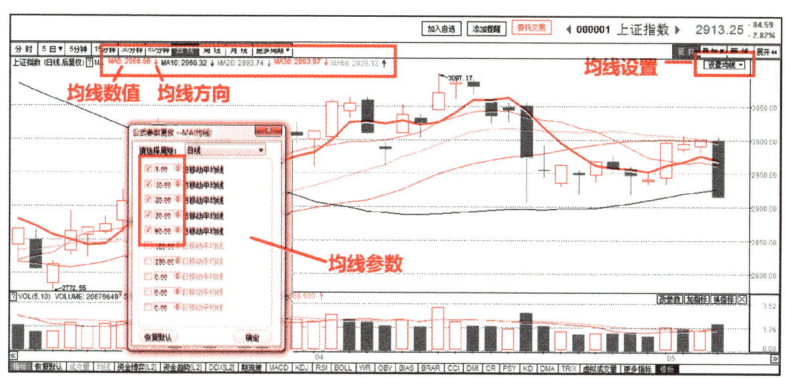

图 4-1 均线的设置

均线作为最基础的技术指标,最大的优点就是客观,相对于波浪理论,它不需要你去判断和规划;相对于技术指标,它没有钝化和极限,完全根据市场价格波动。当然,也正因为它极度客观与写实,常常会有迟滞的反应,尤其是对于转折行情。因此,均线系统也需要依托波浪规划和 K 线形态来提高自己的反应速度。

均线系统的特性决定了它在趋势上极大的稳定性,而趋势,是交易的基础。不同定性的行情趋势决定着我们不同的操作手法,要学操作,先学甄别。必须先知道现在行情的状态,才知道用哪种思路去操作。所以首先我们要学习的是如何用均线为行情定性,利用均线组合判断趋势是均线系统的核心。

在判断行情之前,我们要先明确两个均线最基本的要素。
(1)描绘行情力度的均线斜率——均线的倾斜角度。
(2)描绘行情趋势的均线排列——均线的分布情况。

第一节　强不强 看角度

一、均线斜率决定行情力度

均线的斜率，其实就是均线的倾斜角度，在图形上直观的反映就是均线与水平线之间的夹角（如图 4－2 所示）。

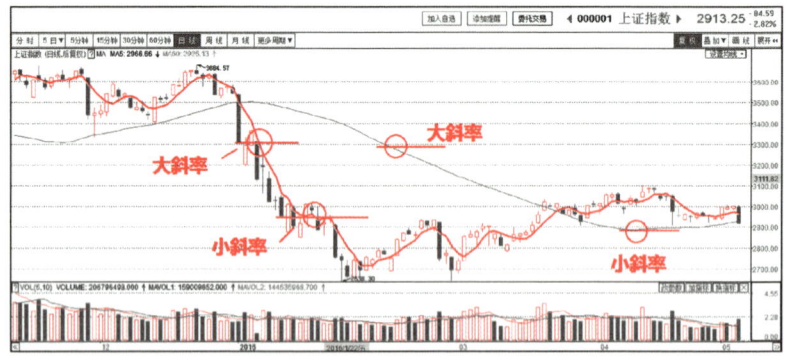

图 4－2　均线斜率的大小

每条均线都有自己的斜率。均线的斜率反映行情 K 线的运行力度。没有斜率的行情没有力度，行情就容易进入震荡而没有趋势，均线的阻力支撑作用也会弱化。

所以均线斜率越大，均线对行情产生的助涨助跌作用也就越大；反之，均线斜率越小，均线对行情的助涨助跌作用就越小。

均线斜率越大，均线本身的阻力支撑力度就越大；反之，均线斜率越小，均线本身的阻力支撑作用就越小。

在实际操作过程中，一般斜率大于 30°的时候，认为斜率偏大，行情力度大，单边行情容易形成或者说是大概率事件；而当均线斜率比较小的时候（小于 30°），一般认为行情比较犹豫，震荡行情是大概率事件。当然，这个只是对大盘走势的一个感性认识,一般我们对于均线的斜率目测就可以,并不需要大家去严格量化。

 案例 4－1　均线斜率大小与阻力支撑的关系

图 4－3 是上证指数在 2015 年 8 月 12 日到 10 月 14 日的日线走势。从斜率的角度,非常明显形成了大斜率下跌和小斜率止跌两段行情。在大斜率行情中,指数始终被 5 日均线压制,但 8 月 26 日止跌之后,5 日均线开始走平,从此 5 日均线不再成为阻力支撑,价格开始围绕均线波动,形成震荡。

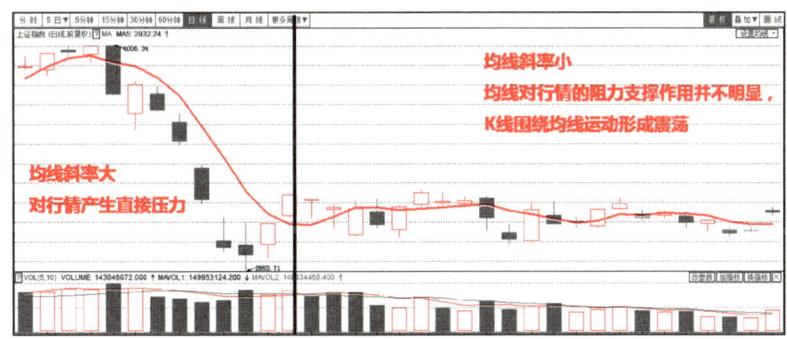

图 4－3　均线斜率大小与阻力支撑的关系

(1)当均线斜率大的时候,行情更多表现为单边行情,均线直接对行情产生阻力或者支撑的作用,因此,均线的位置就形成比较好的买卖点,单边行情的交易原则就是选取尽量靠近均线的位置进行交易。

(2)当均线斜率小的时候,行情更多表现为震荡行情,均线对行情产生的阻力支撑作用并不明显,K 线围绕均线运动,因此此时均线对 K 线的作用不是阻力支撑而是成为行情的中心和牵引。这个时候,K 线距离均线越远越容易发挥均线的牵引作用,从而引起 K 线的回落或者反弹。因此,在均线斜率小的时候,买卖点的选择原则应当是以越远离均线越好,也就是 K 线与均线的背离最大的位置。

(3)当 K 线斜率由大变小或者由小变大的时候,往往就是波段行情的转折点,是中线波段操作最需要关注的买卖信号。

二、均线斜率的变化和预判

均线斜率大的时候支撑阻力更大,行情更容易接近单边趋势行情;斜率小的时候均线阻力支撑作用变小,行情更容易接近震荡性行情。这是均线斜率的性质。但均线斜率是一个动态的元素,随着价格的变化而变化。因此在斜率的使用上,除了直观的以斜率大小作为行情判断的依据之外,更重要的是,观察斜率的变化。

斜率的变化分为两种:一是斜率本身的变化;二是均线方向的变化。

(一)均线斜率的变化

前文说到,均线斜率体现的是行情的力度,斜率的变化,就是行情力度的变化。当斜率由小到大的时候,显示行情由弱转强;而斜率由大到小的时候,显示行情由强转弱。这就是斜率变化最基本的概念。

在使用中,我们主要关注的是一段行情内斜率的变化以及相邻行情间斜率的比较。

1. 一段行情内斜率的变化

一般一段上涨行情,斜率都有小—大—小的过程,通常就是买入—持有—卖出的过程。

 案例4-2 均线斜率大小与买卖点

图4-4是岷江水电(600131)2016年上半年的走势。很明显,在3月17日之前,行情都处于小斜率的震荡中,K线围绕均线运动,但是3月17日的增量阳线带领短期均线斜率迅速放大,形成买点;之后,大斜率的短期均线对行情产生明显的支撑作用而一路走高。在行情没有跌破短期均线之前都可以放心持有,一直到4月20日的大阴线让5日均线快速下弯,10日均线走平,短期均线斜率改变,视为卖点。

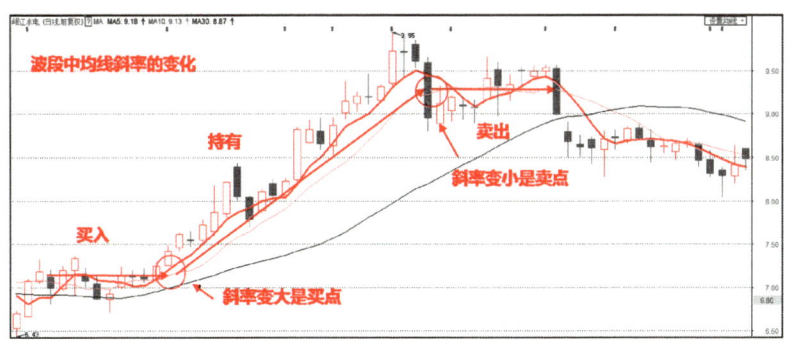

图 4—4 均线斜率大小与买卖点

2. 行情与行情之间斜率的对比

斜率大的行情通常为主趋势,而斜率小的行情通常为次级趋势(逆趋势)。

同时,主趋势的波段行情,随着斜率的变小,趋势力度也变小。

 案例 4—3 均线斜率大小与行情趋势

图 4—5 是九洲电气(300040)2015 年 9 月到 2016 年 4 月的日线走势。我们看到,均线的斜率大致可以分成 10 个阶段。

从第 1 段到第 10 段,1、3、5、7、9 为上涨,2、4、6、8、10 为下跌。

这是一个非常典型的案例,我们可以通过斜率变化来看待波段行情的趋势变化以及不同阶段的策略变化:

(1)第 1 段:均线底部金叉,短期斜率放大,行情有望反弹,可适当买入。

(2)第 2 段:下跌,但均线斜率小于第 1 段,说明第 1 段上涨力度更强,是主趋势,因此趋势仍然看多,策略是持股或逢低买入。

(3)第 3 段:均线斜率再次拉大,大于第 2 段,说明上涨仍然是主趋势,且第 3 段斜率大于第 1 段,说明多头力度变强,策略是持股或加仓。

(4)第 4 段:下跌,但均线斜率小于第 3 段,说明第 3 段上涨力度更强,是主趋势,因此趋势仍然看多,策略是持股或逢低买入。

(5)第 5 段:均线斜率再次拉大,大于第 4 段,说明上涨仍然是主趋势,但第 5 段斜率略小于第 3 段,维持时间也短于第 3 段,说明多头力度开始变弱,策略是中线逢高减持,并设置止盈保护。

(6)第6段:下跌,但均线斜率小于第5段,说明第5段是主趋势,多头仍有力度,策略是主要以观望为主,观察第7段走势。

(7)第7段:上涨,斜率与第6段相当,但已经明显小于第5段,说明多空力度发生转变,策略是中线逢高减持,并设置止盈止损。

(8)第8段:下跌,斜率大于第7段,说明第8段为主趋势,空头力度加大,策略是应该积极离场,严格止损,不参与反弹。

(9)第9段:上涨,但斜率小于第8段,说明第8段仍为主趋势,趋势看空,策略是观望,不参与反弹。

(10)第10段:下跌,斜率大于第9段,说明空头仍为主趋势,但斜率略小于第8段,说明空头趋势开始减弱,策略是观望,但深套者不再继续杀跌。

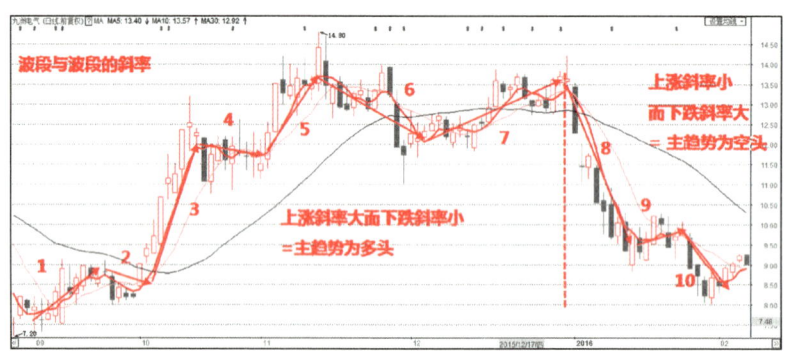

图4—5　均线斜率大小与行情趋势

这样的分解动作,可以通过段与段之间的趋势比较,帮助我们看出主趋势的持续性和变化,从而一方面可以通过对多头趋势的观察有效地扩大利润,另一方面可以通过对趋势变化的观察有效地保护利润,虽然很难买在最低点而卖在最高点,但是可以通过波段持有掌握趋势的大部分利润。

(二)均线方向的变化

行情由波段组成,而波段与波段的循环由转折行情连接。这样的转折,反映在均线上就是均线方向的变化。

一般来说,均线向下时对行情产生阻力,而均线向上时,对行情产生支撑。向下趋势中我们主要关注均线的阻力,而向上趋势中,我们关注均线支撑。均线这种方向上的转变,很多时候都伴随着趋势的改变。因此,均线的方向其实是我们在看均线的时候第一要注意的内容,而在实际使用中,提前预判和测量均线方向的变化也非常重要。

最常用的计算均线方向变化的方法就是均线扣底。

均线的价格就是根据在一定时间内 K 线的收盘价格之和除以 K 线根数来计算得知的这一段时间的平均价格。均线扣底的计算就是利用均线的这个最基本公式得来的。最简单的运用就是比较 K 线收盘价的价格,然后看均线有没有上弯或者下折的机会;如果能运用成熟,结合 K 线形态和波段趋势,还可以估算均线跟上的时间计算变盘点。

以 5 日均线的扣底计算为例:只要明天的 MA5(5 日均线数值)>今天的 MA5,均线方向向上(对行情产生支撑)。

今天的 MA5=(今天收盘价+前 1 天收盘价+前 2 天收盘价
　　　　　+前 3 天收盘价+前 4 天收盘价)/5

明天的 MA5=(明天收盘价+今天收盘价+前 1 天收盘价
　　　　　+前 2 天收盘价+前 3 天收盘价)/5

换句话说,如果预估均线明天是否转向,只要明天的收盘价>4 天前的收盘价,表示均线就上翻;同理,要看 30 日均线是否转强,只要明天的收盘价>29 天前的收盘价,均线就上翻;依次类推。

 案例 4-4　均线扣底计算行情变化时点

图 4-6 是上证指数 2016 年 2 月到 3 月的日线走势。以图中方框标示行情为例,在第 6 天的时候,均线仍然向上,因为第 6 天的收盘价远高于第 1 天的收盘价,而要维持 5 日均线继续向上,第 7 日的收盘价必须同样高于第 2 日的收盘价。但此时 4、5、6 的 K 线形态已经连续 3 天出现停滞,且第 1 天和第 2 天的收盘价出现大幅度增长,因此第 7 天的行情就是变盘的关键点,如果不能出现相当幅度的增长,均线的斜率就要开始变缓,甚至若第 7 天的收盘价低于第 2 天的收盘价,则 5 日均线就将掉头。最终第 7 日的收盘价几乎与第二天收平,5 日均线开始走平,形成行情的拐点。

在计算均线扣底的时候,把均线周期拉长,可以推测中期行情的转折,

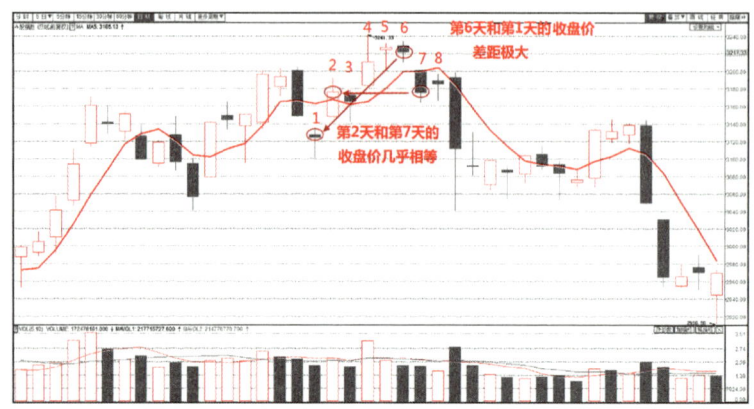

图 4-6 均线扣底计算行情变化时点

对于中期行情的布局和把握,尤其关键。

 案例 4-5 均线扣底推算中期行情

图 4-7 是上证指数在 2016 年 4 月到 7 月的日线走势。在经历了 5 月的下跌后,行情出现震荡整理,但 30 日均线始终向下对行情产生中期压力,而 30 日均线重新拐头对行情产生支撑的时间就非常重要。在 6 月 17 日的时候,也就是图示的第 1 天,指数价格已经明显高于前期的震荡底部,此时 30 日均线仍然向下,仍然对行情承压。但同时,行情扣底位置已经接近前期快速下跌的行情段,哪怕行情继续维持同位震荡,因扣底价格马上就会快速下跌,30 日均线已经离拐头不远。在图示的第 4 天,行情的收盘位置就已经高于扣底位置,30 日均线开始拐头对行情产生支撑,而行情扣底位置也到了前期连续震荡的平台。也就是说,此时只要之后的行情不跌破前期的震荡平台,30 日均线至少走平而不产生压力。这是行情技术面上中期看涨的一大理由,理解了这一点,就可以在图示的几天内大胆买入和持股,止损位置前方平台即可。

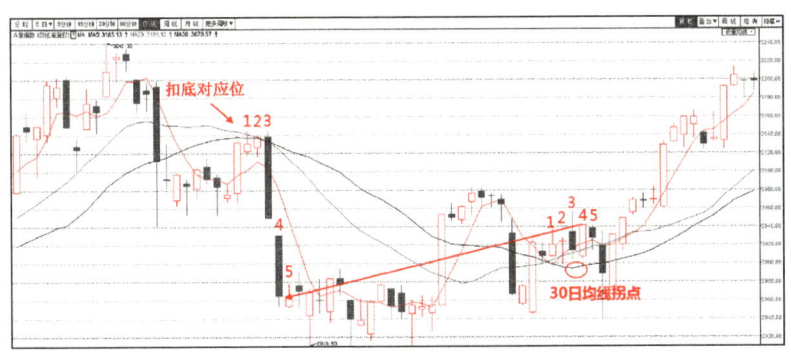

图 4—7　均线扣底计算行情变化时点

第二节　多或空 看排列

前文提到,均线一个最大的缺点在于它的相对滞后性。这一点,除了利用互补的技术方法予以完善之外,在均线参数构建的时候,同样可以通过不同的均线周期加以完善。

周期短的均线对行情的反应可能很快,但是指向性就弱;长周期的均线对行情的趋势把握更准,但是滞后的情况明显。所以我们需要有几根不同的均线组成一个系统,更准确地把握行情节奏。一般的均线交易系统都会由 3 根以上的不同时间周期的均线组成,复杂一些的可以有 5~7 根。

有很多所谓独门的均线体系,利用一些非常复杂的均线参数设计,花哨得很。看了一圈,我认为最实用的还是根据时间周期的放大来设置。

比如,在日线以上级别,我们用的均线设置是(5、10、30),都是 5 的倍数,5、10 日均线可以视为周、半月均价,等于在日线级别上看到周、月线等中期趋势的平均价格,另外 60、120 日均线通常作为季线和半年线来成为长线趋势参考,因此一般的日线级别,我们以 5、10 作为短期均线,30、60 作为中期均线,120 作为长期均线做分析基础。

而在更短周期的一些技术图上,数值也会不同,通常以周期的倍数计算，比如 4 小时图上（黄金、外汇等连续交易商品通常采用的时间周期），就可以采用 6 的倍数（6、12、36），代表日、双日等的平均价格，也是放大一个周期。

小时图以下的级别，因为行情的速度过快，均线的趋势的指导意义会变弱，所以更多以 K 线形态为主，均线只作参考，我一般只留 MA5 观察行情力度。

综合来说，除了 4 小时图我认为 6、12、36 更准确以外，其他都可以用 5、10、30 的均线参数（如图 4－8 所示）。

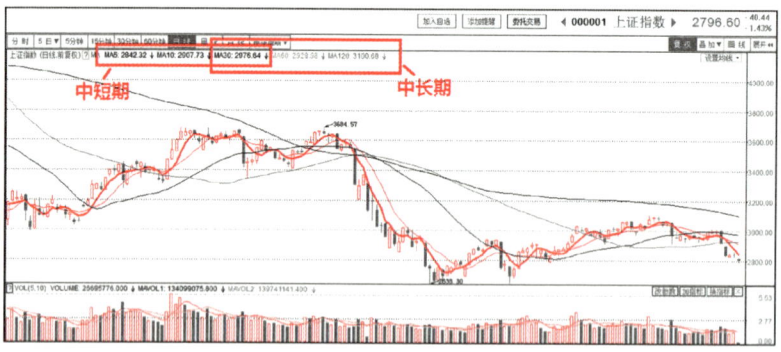

图 4－8　均线的排列的参数显示

有了不同参数的均线，在 K 线图上，就形成了不同的均线排列。我们以日线级别 5、10、30、60 的参数来作说明。

一、完美排列

均线方向一致，依次排列的形态。

（一）完美多头排列

均线方向全部向上，短周期均线在最上，长周期均线在最下的时候称为完美多头排列（如图 4－9 所示）。

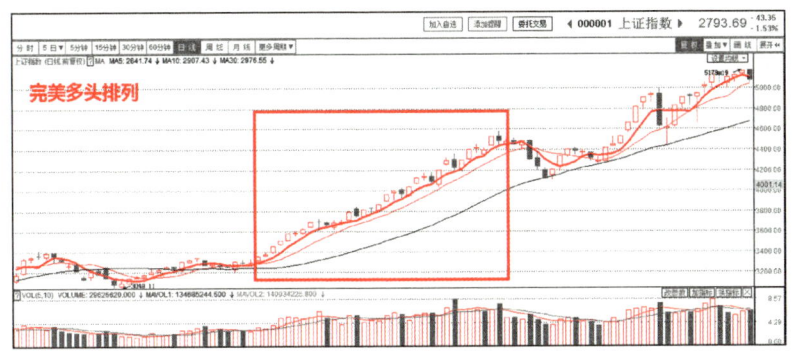

图 4—9　均线完美多头排列

(二)完美空头排列

均线方向全部向下,短周期均线在最下,长周期均线在最上的时候称为完美空头排列(如图 4—10 所示)。

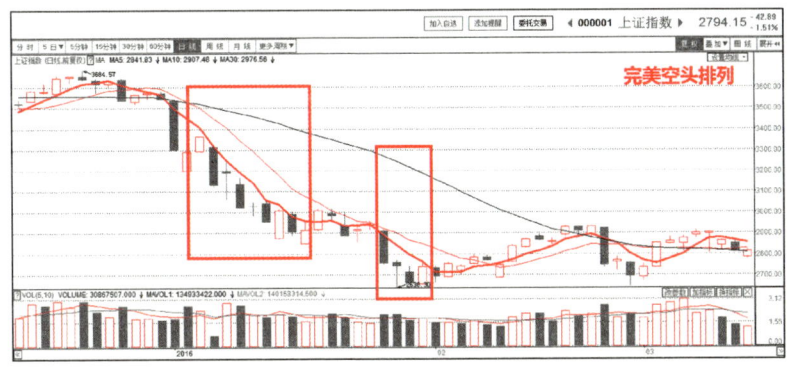

图 4—10　均线完美空头排列

在均线完美排列的时候,是趋势最明确的时候,这个时候,操作也是最简单的,排除一切逆向操作就对了。多头排列的时候不要总是因担心回调而卖出,很容易造成下了车就再也上不去的情况,而空头排列的时候,更不要老想着抢反弹,一不小心就会被挂在半山腰上。

二、不完美排列

当短期均线形成多头或空头排列但中期均线与短期均线的方向不同的

时候,为不完美排列。这个时候,通常中期与短期方向出现分歧,也是波段操作和短线操作出现分歧的信号,主要有两种可能。

(一)短多中空

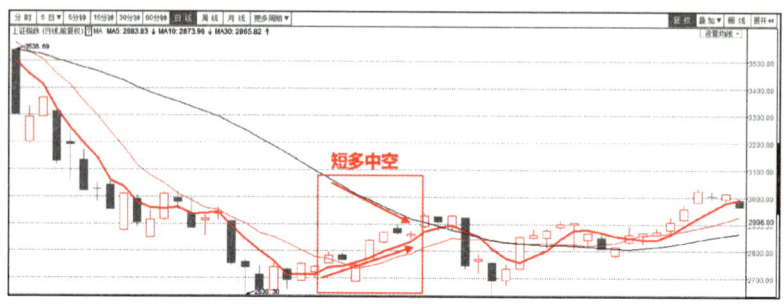

图 4-11　短多中空

下跌趋势的反弹行情,短线反弹具有操作空间,但应该严格注意止损,控制系统风险;而对波段操作者来说,没有出现波段转多信号,仍然以观望或者逢反弹离场为主。

(二)短空中多

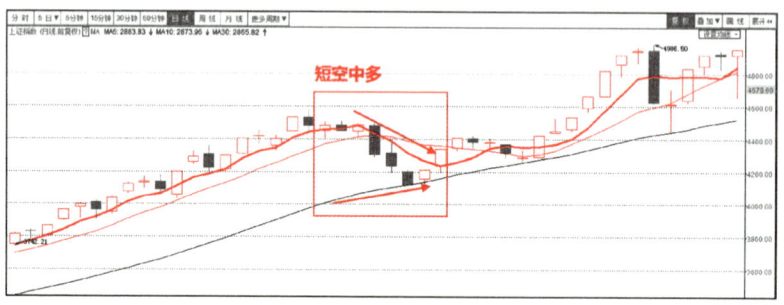

图 4-12　短空中多

上升趋势中的回调行情,短线投资者可以积极高抛低吸寻得价差,但是也有卖了买不回来的风险;而对于波段操作者而言,行情的回撤幅度和均线仍然对行情产生支撑,可以忽略这样的行情继续持股,但也要注意,一旦 30 日均线被跌破,就要做好减仓离场准备。

三、均线粘连

为了简化我们对行情的定义,除了完美排列和不完美排列情况以外的均线格局均定义为均线粘连而无排列。均线粘连度越高,粘连的均线越多,后市的行情力度就越大。

 案例4-6　均线粘连度越高,后市行情越可观

图4-13是上证指数2014年3月到12月的日线走势。特别注意到2014年7月的行情,窄幅非常小的震荡,但是在经历了长达5年的漫漫熊市,5、10、20、30、60、120、180、250这些分别代表日、周、月、季、半年、年的市场成本的均线,都汇聚到了一起,实现了短期—中期—长期—超长期均线的统一聚合。2014年7月24日的放量上涨,使这些均线同时发散产生巨大的多头行情,形成2014—2015年"疯牛行情"的技术基础和最大支撑。

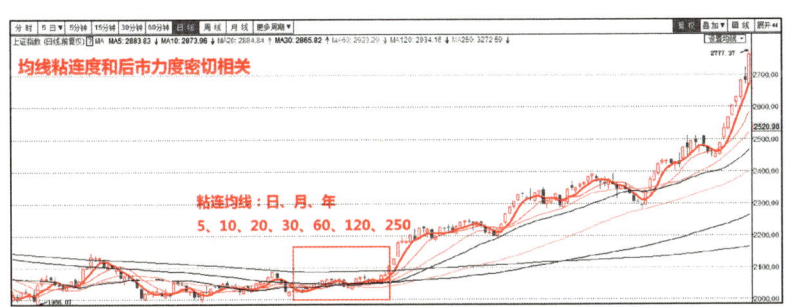

图4-13　均线粘连度和后市力度密切相关

在观察均线系统分布的时候,还有一个小概念需要注意,就是均线与均线之间的离散程度。

细心的朋友可能注意到,在日线级别,我们提到的主要参数是5、10、30,如果说5、10日均线代表的是周、半月的平均价格,那么其中应该还有一根均线是MA20——代表月线均价。为什么在我们的这个均线系统中我会淡化20日均线的概念呢?

这就牵涉到均线的另一个要素——均线的离散。

均线系统,合久必分,分久必合。当均线系统极度发散,均线与均线之间的距离非常远的时候，也就是说均线系统离散度非常大的时候，均线与均线之间的互相牵引力就会对行情产生反作用，从而引起修复性的行情。反之，当均线系统长时间的聚合，短、中、长、超长期均线完全缠绕并拢，均线系统就会形成非常强大的趋势酝酿作用，聚合的时间越长，对未来趋势性行情的推动力也越强，就是我们平时说的横有多长、竖有多高。

均线与均线之间的乖离程度量化比较难，很难说当短期均线和中期均线到达一个什么样的分离程度之后就会出现转折，所以我们还需要结合 K 线形态、量价结构等做具体分析。但当均线系统的离散程度快速扩大的时候，正是我们对一个趋势性行情产生警惕的时候。日线级别上，5、10 日的短期均线和 30 日的中期均线，会在离散程度上更好地反映短、中期均线的分歧，从而帮助我们更好地观察均线的离散程度。

 案例 4－7　均线的乖离

图 4－14 是上证指数 2015—2016 年的日线走势。非常明显，当行情的快速运行以至于短期均线（5、10 日）与中期均线（30 日）的距离明显拉大的时候，行情的短线动能减弱，这个时候，行情就形成了回调或反弹的需要和可能。这种均线与均线之间的乖离之后有两种消化方式：一种是利用横盘的震荡消化，另一种则是主动的反弹或回调消化。但不管怎么样，当均线与均线乖离产生的时候，行情的短线不确定性增加，若继续追涨杀跌就会面临较大的短线风险。

图 4—14　均线的乖离

均线排列的概念总体来说比较简单,但常常能在波段行情中帮助我们把握大利润。运用的关键是明确自己的操作级别,短线操作者最关键的当然就是 5、10 日均线,波段操作者盯 30、60 日均线,买入和卖出的时候运用的均线应该保持一致。不能买入的时候参考的是短期均线,卖出就看中长期均线,这样容易产生止损过大的问题。反过来,如果买入参考中期均线,而卖出参考短期均线的时候,又会带来没有办法拿稳筹码、过早止盈的问题。因此,在明确均线的斜率和排列的作用之后,我们要建立一套自己的操作规范,从而根据均线的格局决定自己的操作。

第三节　判格局 定操作

明确了均线的一些元素和概念之后,我们就可以非常简单地利用均线的斜率和均线的排列对行情进行定性。通过行情的不同定性,决定不同行情状态下我们的操作准则。一般股票市场的操作,我们以日线级别来作为行情判断的基础。

首先,我们把元素简单和明确化。

一、均线斜率结合均线排列——对行情定性

1. 斜率——5 日均线的斜率

每一条均线都有自己的斜率,但从行情力度的反映来看,最重要的还是 5 日均线的斜率。这是所有不同天期的均线中,最能贴近波段涨、跌、盘整等惯性的均线,周期时间缩短则变化转折会过多;反之,周期延长则趋势转折的反应会太慢。所以,在整个系统中最重要、最核心有时候甚至是唯一的均线就是 5 日均线。

当 5 日均线斜率大的时候($>30°$),一般认为行情力度大,容易产生或者大概率是单边行情;

而当 5 日均线斜率比较小的时候($<30°$),一般认为行情比较犹豫,震荡行情是大概率事件。

当然,这只是一个感性的认识,一般我们对于均线的斜率目测就可以,并不需要大家去严格量化。

2. 排列——5、10、30日均线的排列

均线的排列反映的就是均线的趋势,我们同样在这里归为最简单的两种:单边排列(完美排列)和粘连(无排列)。

当5、10、30日均线完美多头或空头排列的时候,认为行情有清晰趋势,或者说单边行情是大概率事件。

当5、10、30日均线没有呈现完美的多空排列的时候,认为行情趋势不明确,或者说震荡行情是大概率事件。

把这两个最基础的要素量化之后,把它们结合起来看,就可以得到当前均线的格局状态,从而对行情定性(如表4-1所示)。

表4-1　　　　　　均线系统对行情趋势的定性作用

均线斜率	均线排列	行情判断
小	无排列粘连	窄幅整理
小	多空排列	震荡蓄势
大	多空排列	单边行情
大	无排列粘连	宽幅震荡

在几乎所有的市场中,只要交易量够大,这个行情判断就一样适用。尤其是在一些外汇、黄金这样的市场体量巨大的连续交易市场,只要灵活运用均线系统发现交易信号就可以进行交易。

(1)股市

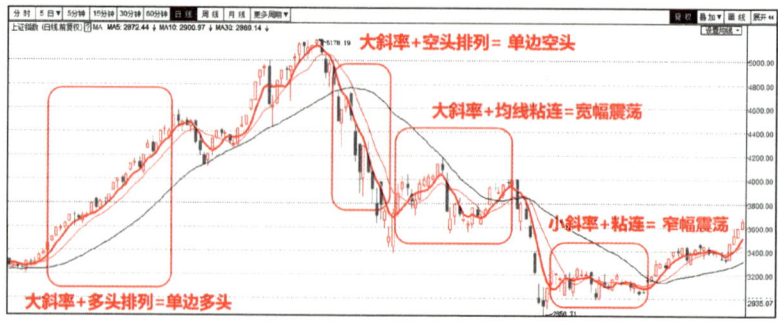

图4-15　股市中的均线系统

(2)国际黄金

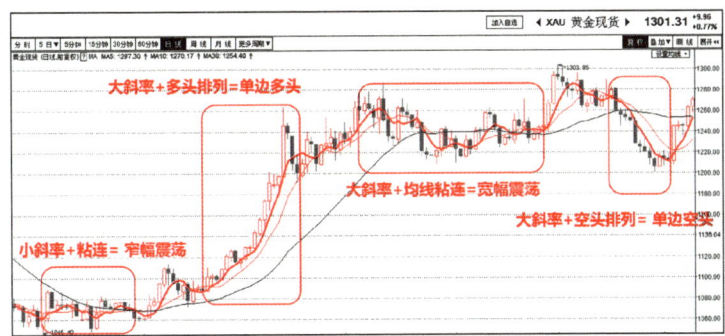

图4-16 黄金期货市场中的均线系统

(3)国际原油

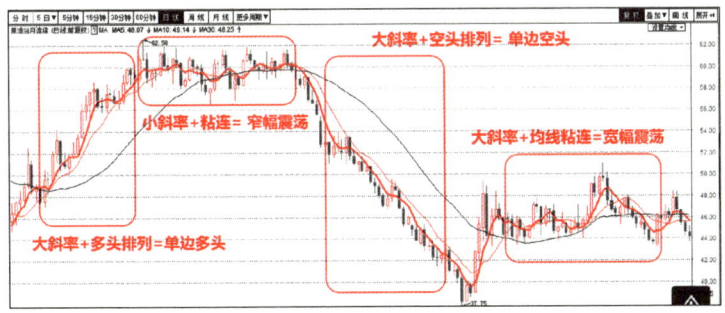

图4-17 原油期货市场中的均线系统

(4)美元指数

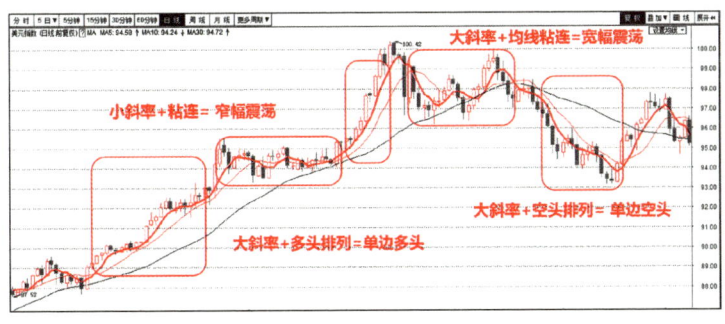

图4-18 美元外汇期货市场中的均线系统

均线格局的判定能够比较明确地对行情进行定性和甄别。而我们对行情进行甄别,最终是为了确定操作手法。学会了行情的判断,操作其实就非常简单了。针对不同的行情,我们采用不同的操作思路,对号入座就可以了。

二、斜率小,无排列——窄幅震荡行情

窄幅震荡行情,就是我们俗称的鸡肋行情。这个时候,一般市场成交也比较清淡,短线交易没有机会,大部分市场参与者会选择观望的态度,等待行情方向的进一步明确。

这样的行情一般出现在下跌周期的末端与上涨周期的起点的衔接过程中,此时机会慢慢出现。这个时候,从卖方的角度,既然已经到了下跌的末端,杀跌动能已经不足。如果已经出现了深套,那也不必在这个阶段再割肉了,只能等待时间来换空间。

但从买方角度来说,虽然已经到了下跌的末端,下方的空间比上方空间小很多,风险较低,但是这种行情往往会磨一段比较长的时间,时间成本很难控制,所以买入只能做长期规划而不是从事短期交易。

 案例4-8　窄幅震荡

图4-19是新湖中宝(600208)2013年12月至2014年12月的日线走势。很明显在2014年7月3日之前,它都长期处于一种波澜不惊的底部震荡状态。在这个阶段,均线斜率都非常小,而且密集度很高,大部分时间是缠绕和重合在一起,谈不上什么排列布局。虽然从价格角度已经进入低估值区域,但是如果在2014年初甚至更早就进行介入,就要花费半年左右的时间等待,这段时间几乎看不到任何投资回报,也不知道什么时候行情会启动,对于持股耐心是一个打击;另一方面,在行情启动前可能出现的主力挖坑震仓动作会影响中线判断。一样是要等启动,持股等不如持币等,掌握主动。即使强烈看好个股,也应该注意分批入场,逢低吸纳。

图 4—19 窄幅震荡行情

总结来说，操作上，面对这样的行情，只有一个字口诀，就是"等"。但如果这样的行情出现在指数 C 浪的尾声，中长线来看，就已经进入布局区域，可以寻找一些打底扎实的个股进行分批吸入。

三、斜率小，均线完美排列——蓄势行情

行情不可能永远窄幅震荡，随着第一种行情的推进，行情不断地整理筹码、梳理均线。一直到混乱而复杂的均线被理顺，重新形成排列格局。

当这样的行情出现在相对低位的时候，市场的平均成本会不断下降，也就是均线由向下到走平，然后再到多头排列的过程。此时，虽然均线斜率仍然较小，但是行情已经具备上涨的技术条件，只是在等待市场增量资金的进入拉开行情力度而已。

因此这个时候，只要出现放量的突破，短期均线斜率很快拉开，已经理顺的均线格局和拉大的均线斜率就会立刻形成单边多头行情。之后，漫长的整理浪就将结束，用时间换来的空间会相当巨大。因此，这是一个寻找买点积极参与的时候。通常能够在这一阶段进行布局的投资者，会在未来的过程中获得最大的收益。但就是因为这个阶段的黄金性质，往往时间也会比较短暂，如果没有持续的关注和精准的把握，5 日均线的拉开速度一旦加快，往往就容易产生踏空行情。

案例4-9　蓄势行情

图4-20仍然是新湖中宝(600208)2013年12月至2014年12月的日线走势。在经历了前期小斜率、密集粘连的窄幅震荡行情之后,在2014年7月3日,行情出现了第一次放量拉升,均线由粘连转向多头排列,而在之后的15个交易日中,行情虽然没有出现明显的拉升,但是均线的多头排列愈加清晰,5日均线斜率逐渐放大,整理底部不断抬高,非常明显地走出了多头的蓄势行情。这时候,从时间成本和未来空间来看,都是最理想的介入机会。

图4-20　蓄势行情

四、斜率大,均线完美排列——单边趋势行情

当行情出现启动信号,拉开短期均线斜率,均线在下方呈现多头排列的时候,整理结束。市场资金出现回流,市场价格迅速走高,短中期均线斜率依次拉开,真正的趋势行情由此展开。

这种行情力度很大且趋势明确的行情,就是单边行情。在单边行情的操作中,就是沿5日均线做多、实体跌破10日均线离场的操作原则,绝不允许自己逆向操作。

在波段操作中,最理想的状态就是把一只股票的主升段单边行情能从头吃到尾。而要实现这个目标,首先就需要知道哪里可能是头,哪里可能是尾,以尽最大可能把握住整个波段的利润。这个头尾,不能也不需要依靠猜测,行情自会告诉我们信号,而我们要做的,是对信号的密切跟踪和及时确认。

从均线运动的角度看,单边上涨行情的启动和结束的信号都非常简单。

1. 单边上涨行情启动信号

(1)均线整齐排列,5日均线斜率放大。

(2)连续3根日K线在5日均线上方,且有高点刷新。

(3)有明显的增量信号。

2. 单边上涨行情结束信号

(1)连续3日无新高。

(2)K线实体跌破5日均线,隔天仍在线上运行。

(3)大阳线直接跌破3日以内的低点,或直接使5日均线走平甚至拐头向下。

 案例4-10　单边行情的启动与结束

图4-21是岷江水电(600131)在2016年2月到6月的日线走势。通过对单边行情启动和结束信号的把握,虽然不一定能买在最低卖在最高,但波段的主要价差空间都能把握。同时,还可以配合K线形态量价关系等短线信号,提高对信号的确认速度,使买卖点更接近拐点以扩大利润。

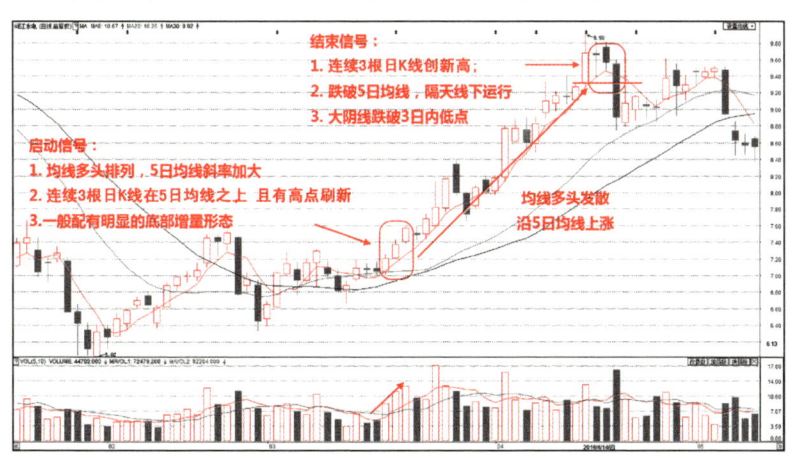

图4-21　单边行情的启动与结束

五、斜率大,均线无排列——宽幅震荡行情

市场不可能永远单边上涨或者下跌,延续一段时间的上涨或下跌之后,波段行情结束。这个时候,市场冲击的力量渐渐消退,多空分歧加大,市场会出现比较大的震荡行情。虽然也是震荡,但是因为市场力度仍然没有消退,交投依然活跃,指数和个股的波动性仍然存在,短线交易机会会非常多。

因此,在很多单边上涨的个股,第一次出现比较大幅度的拉回的时候,都不用太过恐慌,一般等待缩量企稳之后,还会产生一波震荡行情,而这个震荡的空间,因为行情的力度仍在,所以是有足够的交易空间可以操作的。

震荡行情的操作要点在于:

第一,不追涨,不杀跌,这是震荡行情的大忌。追涨杀跌是大部分普通投资者的一个交易习惯,是被价格表象所迷惑的结果。但是在震荡行情中,这样的操作手法最容易打乱节奏产生浮亏;震荡行情在实际行情的过程中至少占据 2/3 的时间,因此,这也是很多散户长期亏损的根本原因。

第二,行情围绕均线波动,均线虽然不对行情产生直接的阻力支撑,但却对行情形成牵引。如果说在单边行情中,买卖点应越靠近均线越好,以利用均线的阻力支撑作用,那么在震荡行情中,买卖点则应更远离均线越好,利用的则是均线的牵引和中心作用。

案例 4-11 宽幅震荡行情——均线支撑

图 4-22 是云铝股份(000807)2016 年 2 月至 6 月的日线走势。在前期的单边上涨行情结束后,行情出现快速下跌,但在 30 日均线附近形成止跌信号,完成短空中多行情。回测中线支撑不破之后,行情继续上涨。这段短空行情产生的空间,形成了宽幅震荡的格局,就是后市可以操作的空间。

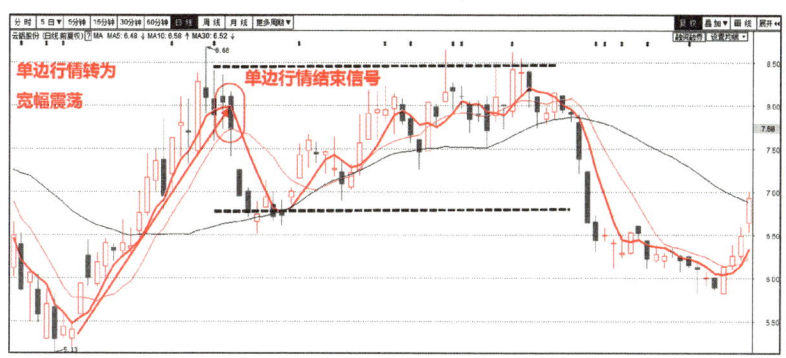

图 4—22　单边转宽幅震荡行情——均线支撑

 案例 4－12　宽幅震荡行情——K 线支撑

图 4—23 是岷江水电(600131)2016 年 3 月至 6 月的日线走势。同样在前期的单边上涨行情结束后，行情出现快速下跌，最后，在 3 月 28 日的高点支撑附近形成止跌信号，重新整理均线之后再次上涨。因此，在前期单边行情结束之后，观察行情止跌的支撑，是确定宽幅震荡操作区间的重点。

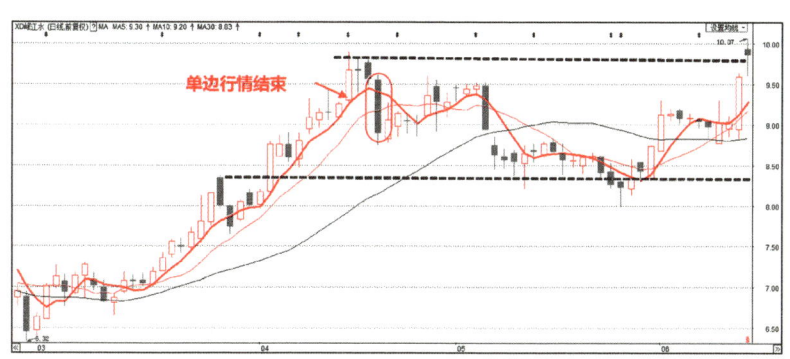

图 4—23　单边转宽幅震荡行情——K 线支撑

这里需要特别指出的是，虽然我们知道，在单边行情结束以后，行情先进入宽幅震荡会是大概率事件，仍然可以产生短线的交易机会。但是，这不是我们第一波行情不止损的理由。宽幅震荡行情的止跌支撑，同样不能依靠猜测或者幻想，是行情自己走出来的，而且在一些极端的行情中，震荡反弹的幅度有限且速度极快,难以把握。因此在单边行情结束的时候,我们不能确定回测支撑的幅度和深度,因此单边行情结束后应该及时做获利了结,止盈止损,而不能因为指望后面还有震荡反弹而拖延自己的止损时间。

案例 4－13　宽幅震荡行情——及时止损

图 4－24 是岷江水电(600131)2015 年 5 月至 7 月的日线走势。从图中可以看到,在前期单边行情结束之后,行情开始转弱。虽然在 10 日均线和 30 日均线附近仍然有支撑反弹,但是都没有形成足够的空间和气势。如果我们仍然以宽幅震荡的操作手法,在 30 日均线附近抢入反弹,跌破 30 日均线止损,那么损失仍然有限和可控。但是如果在高点开始下跌的时候就期望以 30 日均线的反弹来解套,等跌破 30 日均线的时候,亏损幅度已经很大。因此,短线的震荡操作和波段的操作应该严格分开、区别对待。

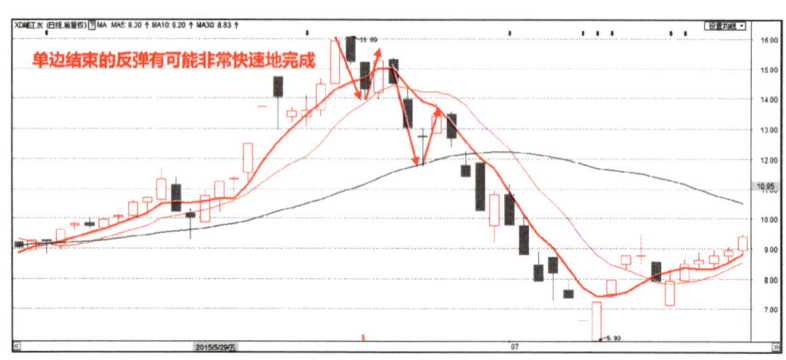

图 4－24　宽幅震荡操作不能影响止损的设置

至此,均线格局已经基本清晰了。通过均线不同状态的排列组合,我们可以得到行情不同的定性准则,同时,配合以不同的操作思路和手法(如表 4－2 所示)。不同的操作思路,对应不同的行情,交易就变得非常简单了。进退有据,就不会乱,大行情要拿得住,小行情也能抓得到。

表 4－2　　　　　　　　　均线格局决定操作手法

均线斜率	均线分布	行情判断	操作重点
小	粘连	震荡整理	耐心等待、分批买入

续表

均线斜率	均线分布	行情判断	操作重点
小	排列	震荡蓄势	积极介入、寻找买点
大	排列	单边	坚定持有、逢低加仓
大	粘连	宽幅震荡	区间操作、短线为主

六、均线格局的循环

在实际操作中,行情不是静态的、割裂的,而是运动的、连贯的。所以,无论是斜率的大小还是排列的整齐程度,都不会也不可能是一个定值。当这些因素全部动态化的时候,就形成了行情的循环象限图(如图4-25所示)。

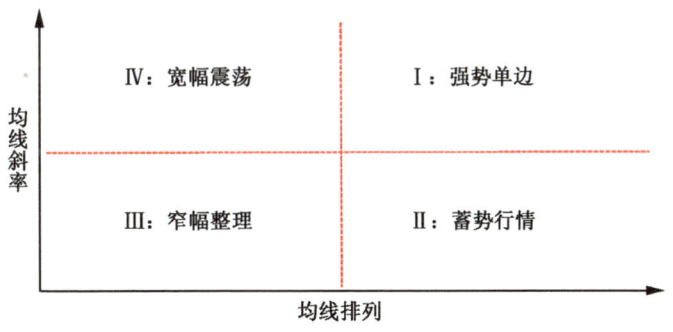

图4-25 均线格局的循环象限图

在多头启动的阶段,通常都是均线排列刚刚捋顺,但均线斜率还比较小的时候,然后,随着市场资金的回暖,行情启动,均线斜率慢慢被拉开,开始行情的主升段,随着多头力度的释放,均线斜率开始变小甚至拐头,行情再次进入宽幅震荡的状态;直到多头力量耗尽,均线由多头排列成空头排列,行情开始进入单边空头行情,最后是空头调整结束,回到一个相对底部位置,行情再次开始底部整理,调整均线直到多头的下一次出发。

均线的这四种形态的循环,若能与波浪理论有效衔接(如图4-26所示),还可以避免短期均线过度敏感的问题,从而使投资者扩大利润。

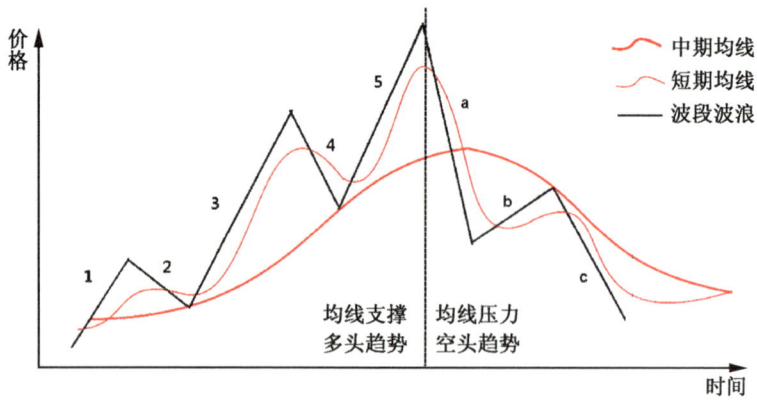

图 4-26 均线与波浪

1. 第一浪的均线格局

基本以第三(小斜率+粘连)、第四象限(均线多头排列+小斜率)小斜率行情为主,也会出现第一象限(均线多头排列+大斜率)的单边行情,但是往往持续时间有限。

2. 第二浪的均线格局

整理浪通常以第三(大斜率+粘连)、第二象限(小斜率+粘连)的粘连行情为主,第二象限的出现频率更高;如果第一浪行情力度比较大,第二浪中可能会出现短空中多的均线排列,此时,应以中期均线或第一浪起点为止损位置,防止第二浪震仓过程中以短期均线为止损点以造成提早离场的问题。

3. 第三浪的均线格局

主升浪,以第一象限(大斜率+多头排列)为主,只要行情守稳与短期均线之上,都以持股为主,在相对低位的时候可以逢 5 日均线位置加仓;在累计一定的涨幅之后,跌破 5 日均线时可以适量减仓。

4. 第四浪的均线格局

整理浪,通常以第二、第三象限均线粘连的状态为主,第四浪的震荡区间下轨仍是买点,但已经进入短线操作模式,并严格止损,止损位置一般不超过第三浪 38.2% 的回调位置。

5. 第五浪的均线格局

末升浪,仍以第一象限格局为主,也会出现第四象限格局。中线上这一阶段准备随时止盈,严格以跌破短期均线为波段止盈位置。

 案例 4－14　指数中的波浪与均线

图 4－27 是上证指数 2014—2015 年的"超级牛市"行情。前文说过,这段行情可以用波浪理论很好地描述其运行轨迹,而均线系统可以在每一个波段帮助判断主趋势与转折点。

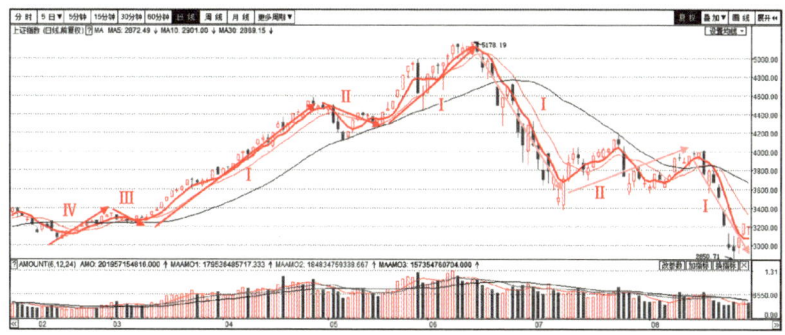

图 4－27　指数均线与波浪的结合

本章小结

技术分析的手段有很多,有预测性很强的,就像波浪理论,可以在时间空间上提前规划行情波动的方向和规律,但这种规划,往往也是会带有个人明显的主观意识和多空倾向的,因此这些技术方法,对于个人的素质和专业要求相对较高。千人千浪,每个人对于浪型的理解不同,在行情走出来前谁也不知道对错。所以我们用波浪理论去复盘,准确率非常高,对加深行情理解有很大的帮助。但是,真的要用于预测,就大大增加了不确定性,对于新手,其实很难把握。

我们说过，一个好的系统就是要兼顾互补性和完整性。要弥补波浪和波段的弱点即这种主观性和不确定性，就需要依靠另一个客观的确定的技术工具来共同协作，比如均线。

根据均线结构制定交易方法、确定交易方向是制定策略的核心。均线的客观性和平衡性使它成为最理性的行情规划工具。很多人都知道做交易要顺势而为，但是在实际的交易过程中，往往会被个人的主观情绪、市场的噪声影响而左右自己的判断。均线的存在和使用，就是帮助大家明确和坚定趋势的方向。尤其是对于指数而言。相比于个股，指数的走势更综合也更技术，因此均线对于指数的意义会更大一些，对于环境的描绘更为准确。

当然，均线也的确存在滞后和缓慢的问题。因此，在实际运用的过程中，行情与行情之间的转化，在利用均线确定趋势方向和交易手法之后，也需要结合更多其他的技术方法，对买卖进行更精准的定位。

第五章

转折信号抓顶底

看清趋势之后,下一步就是看转折。在趋势之上出现转折信号,就要开始谨慎,甚至考虑卖出兑现,在趋势之下出现转折,那就是买入机会,至少不能再割肉了。

顶底结构就是最大级别的转折结构。要抓顶底,就是要抓市场在趋势起点或终端的转折结构。这就是本章的核心内容,通过一些基础的技术工具,看如何在时空维度更精准地定位转折机会,从而找到核心买卖点。

第一节　正常的量价关系

常言道新手做价高手做量。股票市场是一个充满假象的市场,技术分析也好基本分析也好,就是让投资者能更多地透过现象观察本质。价格更多只是表象,价格会说谎,但是成交量就好得多。成交量直接反映市场的人气和原动力,是短线交易的核心,没有成交量配合的股价就是虚有其表而已。

无量上涨涨不高,无量下跌跌不深,

量为价先,天量之后有天价,地量之后见地价,
量增价不动,股价将封顶。

因此,当成交量和价格无法匹配的时候,往往就是主力图穷匕见的时候。这个信号,就是量价背离。

一、量价关系基础

成交量的分析包括成交股数、成交金额、换手率甚至融资融券的分析(如图5-1所示)。在指数分析上,更侧重于成交金额的分析,在软件上是以成交金额指标(AMOUNT)显示,关注的是市场中总体资金的增减情况;而在个股上,更注重成交手数的分析,在软件上以成交量指标(VOL)显示,关注的是交投的活跃度。成交量有时候也可以用换手率来衡量。

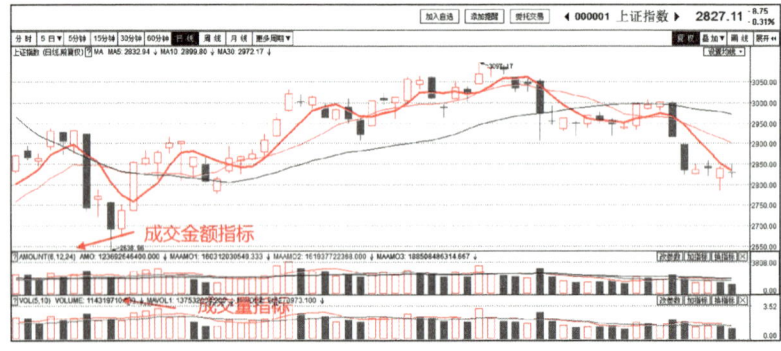

图5-1 成交量的显示

成交量需要市场买卖的合意才能产生,本身的形态往往就能代表一种趋势,我们先明确几个量能的基本形态。

(一)缩量

缩量市场成交清淡,图形上表现为量能的持续走低(如图5-2所示),大多数情况下发生在趋势的中期。在多头趋势进行中,大家都更愿意持有筹码而不愿抛出,只有人买而没有人卖;或者在空头趋势中,大家都不愿意介入而选择持币观望,这个时候只有人卖而没有人买。这种情况下,当量能突然释放的时候,就是趋势结束的时候。

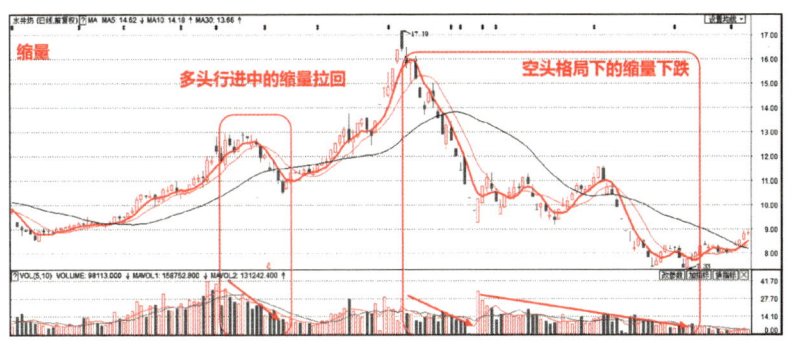

图 5-2 缩量形态

(二)堆量

堆量市场量能缓慢释放,在图像上表现出平滑的增长(如图 5-3 所示)。如果这样的形态出现在底部,一般都是主力资金逐渐介入的迹象。此时,个股股价会随量上升。但在此时介入仍要注意此后主力洗筹的风险。在股价温和上扬之后会出现连续的调整,越是强大的主力和有潜力的个股调整的时间可能越长,甚至以月为单位计算。如果发现这样的个股,需要注意的是分批介入以及耐心持有。

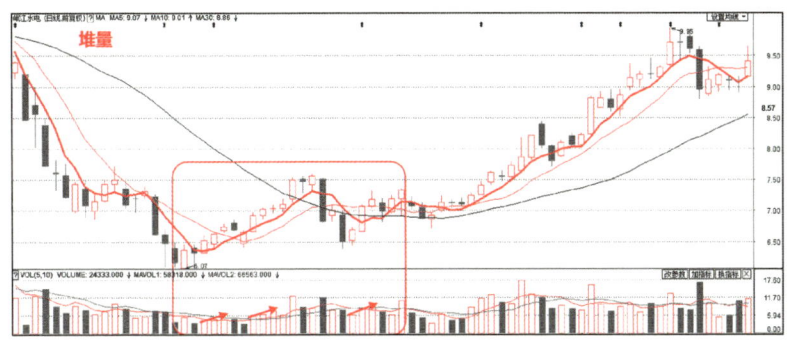

图 5-3 堆量形态

(三)放量

相对于缩量和堆量市场,放量市场的时间往往很短,一般在图形上表现为快速而明显的量能增长(如图 5-4 所示)。放量一般发生在市场趋势的转折,在一个趋势进行的中后段,市场对后市的分歧加大,一部分人积极吸筹的同时另一部分人积极抛售,是交易中尤其需要注意的信号。但是相对于缩量而言,放量可以通过主力对敲来制造假象,需要慎重对待。

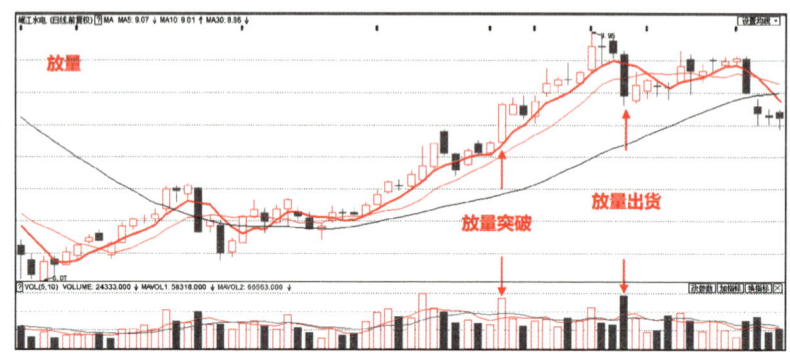

图 5—4　放量形态

量价关系的本质是供求关系。在这个市场上,筹码少而想要买入的人多,价格就会越涨越高;如果筹码很多却没有人要买入,价格就会一落千丈。很多人考虑市盈率的问题。为什么在创业板中,那么多几千倍市盈率的股票还能涨? 就是这个道理。所以,从短期来看,市场行为常常背离基本面的定价基础,这当中的价差空间就是短线交易空间。所以,也不是说这些基本面不好的股票就一定没有交易机会,从技术角度来看,最重要的还是趋势的形成和持续。

一个趋势的形成和持续,必须要得到资金有序进入或者退出的支持。从成交额的角度,1 元的股票交易一次成交量就是 1,10 元的股票交易一次成交量就是 10。在同样成交一次的情况下,价格越高时需要的成交金额越高,同样的活跃程度,市场 3 000 点时的成交量就应该比市场 2 000 点时的成交量增长 1.5 倍。同样,市场 1 000 点时的成交量应该只有 2 000 点时的一半。

这就是价涨量跌和价跌量缩的由来,也是最普通的资金运行逻辑,显示市场资金有序地进入或者退出,支持市场的价格趋势平稳进行。这就是趋势型的量价关系。一般来说,趋势型的量价关系是行情筹码是否稳定的观察重点,多头趋势中价涨量增推动市场走高,价跌量缩做整理;空头过冲中价跌量缩持续下跌,价涨量增做反弹,都不形成趋势的改变,因此趋势型的量价关系通常不形成直接的买卖点。这个时候,操作上的重点就是顺势而为,在多头行进的过程中以持有为主,在空头行进的过程中以观望为主,波段趋势操作的核心就是摒弃任何逆势想法,多头就是多头,不参与回调操作,空头就是空头,不参与反弹操作。

二、正常的上涨——量增价涨

量增价涨主要是指个股或指数在成交量增加的同时价格也同步上涨的一种量价形态。股价走势能够出现量增价涨,就代表股价在上涨过程中,市场具有持续的追价意愿,因此量能才可能随之增加,多头气势不断被延续,股票的筹码通过良性换手后,股价继续走高。这是一种多头趋势延续必须且健康的量价形态,称为"量增价涨"或"量价齐扬"。

 案例5-1　指数的量增价涨

图5-5是上证指数2015年2月到7月的日线走势。指数从2015年2月起一路维持上涨,且量能一直持续增加,指数状态非常健康。但是在2015年4月20日之后,市场虽然仍维持价格上涨,但是量能开始出现萎缩,8个交易日后上证指数开始出现比较大的拉回;之后的第二段上涨仍然是这样。从一开始的量价齐扬到之后的量能不继,最终结束牛市。

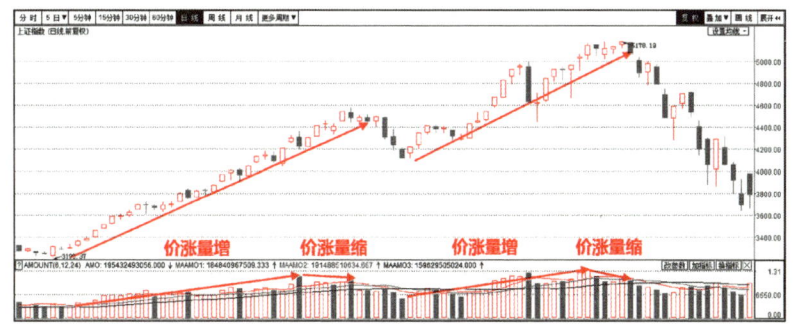

图5-5　指数的量增价涨

同时也特别注意:在量增价涨的结构中,增量幅度不宜突然、过度放大,只能以适当的比率合理而温和地增加。突然冲出大量,就需要确定量能结构是否已经产生变化。尤其是在个股的操作中,因为市场筹码可能非常集中,突然冲出大量虽然有可能是换手,但更有可能是主力出货。

量增价涨是典型的多头运行量价形态,在所有多头运行格局中都会出现,比较重要的位置是在多头运行的初升段、末升段以及空头整理段中。

(一)多头的初升段

市场表现:股价完成底部,从空头行情转为多头,价涨量增是必须出现的形态,成交量的温和放大,股价底部的不断抬高,最终会形成底部区间的放量突破,如果突破有效,多头行情就此确立。

主力心理:由于主力急需筹码而大部分散户仍处于不看好或观望状态,底部价格出现上涨之后,就会有浮动筹码出现,一旦主力建仓完毕,多头的主升浪就由此展开。

交易策略:逢低积极买入,在主力建仓期一定要保持耐心,等待主力拉升段的到来。

案例 5-2　多头初升段的量价齐扬

图 5-6 是建发股份(600153)2014 年 8 月到 12 月的走势。当行情在多头初升段的时候,连续出现价涨量增、底部抬高的技术形态时,显示资金进入,行情进入启动期。

图 5-6　多头初升段的量增价涨

(二)多头的末升段

市场表现:当股价整理后续上涨,在相对满足区出现成交量暴增,接着成交量迅速萎缩,价格却略创新高后便迅速拉回,暗示未来有机会进入强势修整的征兆。

主力心理:因为股价在高位或上涨已久的背景下,正是主力出货的最佳良机,所以量价关系会出现多头最后喷出现象,呈现"多头力竭"。因此在高位区,且疑为多头末升段的结构时,只要股价上涨而成交量异常大增,不论是否留有上影线,都暗示大户可能趁高出货。如果当时股价处于阶段性的顶部,价涨量增则往往是主力对敲出货的前兆。大量抛单才会造成大成交量,但高位的筹码往往集中在主力手中,大量的抛单只有主力可以提供,而散户又很难承接这些筹码,必然会导致股价下跌,可是现在股价却反而上涨,所以主力对敲拉升是合理的解释。否则就是市场当时过于狂热,买入者陷入了疯狂的境地,这往往会导致"天量天价"的极端现象。见此状况,交易者需要提高警惕。

交易策略:价涨量增始终是多头持续的状态,趋势持续状态不形成买卖点,关键是在后续转折信号的确认。

案例5-3 多头末升段的量价齐扬

图5-7是ST天首(000611)在上证指数2015年9月到2016年1月的日线走势。股价在末波段虽然出现价涨量增的技术形态,但是总体成交量并未达到前期放量点的成交量,显示前方放量点之后并没有增量进入以推高价格。此时,前方放量点K线的支撑非常重要,跌破后确认前方为出货量,后市看空。

(三)空头盘整反弹

市场表现:当股价趋势转空进行初跌段结束之后,会接着进行反弹的短期多头行情,反弹过程中也会出现价涨量增的走势。

主力心理:因为上位解套及低位短线买多的获利卖压会在反弹末端出笼,往往会出现短期大量,使走势呈现止涨,并恢复原始下跌走势,根据经验法则,这种反弹行情常受制于50%的反弹幅度。

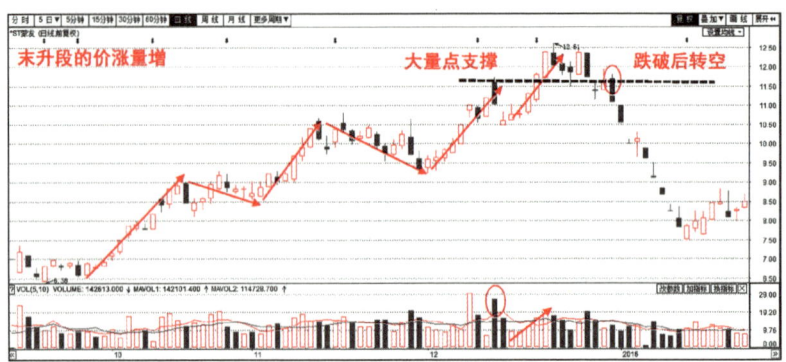

图 5-7　多头末升段的量增价涨

交易策略：逃命行情，不建议轻易抢反弹。

 案例 5-4　空头调整段的价涨量增

图 5-8 是焦作万方（000612）2015 年 2 月到 9 月的日线走势。股价自 2015 年 6 月 25 日开始下跌，在 9 个交易日内累计跌幅超过 42%。彻底转为空头趋势。但是快速下跌之后开启超跌反弹，在反弹过程中，抄底资金和出逃资金达成合意，形成价涨量增的技术形态。但是终究空头趋势已经形成，K 线在 50% 的反弹位置附近出现转折信号，价格继续下跌。

图 5-8　空头调整段的价涨量增

总结来说，价涨量增的形态就是多头启动和持续的最佳信号。只要市场仍然维持价涨量增的状态,至少短线级别处于安全状态,策略就主要应以持股观望、等待转折信号和形态为主。

三、正常的下跌——量缩价跌

与量增价涨相反,量缩价跌主要是指个股和指数在成交量逐渐减少的同时价格也同步下跌的一种量价形态,通常被视为空头趋势持续的现象,股价与量能同步下跌,市场资金持续退出,买进力道减弱且人气涣散,做多者暂时不宜介入,只能等待市场自然止跌或者出现最后杀跌、地量地价或者底爆大量等特殊量价转折信号,才能考虑入场抄底。

作为一种趋势型空头的量价形态,量缩价跌现象主要出现在下跌行情的主跌段,行情的持续下跌过程中,投资者再卖出后不愿意做"空头回补",对于后市持悲观态度,这个时候,最忌逆势操作。

 案例 5-5　量缩价跌呈现的空头市场量能特征

图 5-9 是上证指数 2015 年 6 月到 9 月的日线走势。波段上看,价格连续下跌,成交量也始终处于下降趋势。持续性的量缩价跌形成空头市场趋势,以持币观望为主,谨慎做反弹。

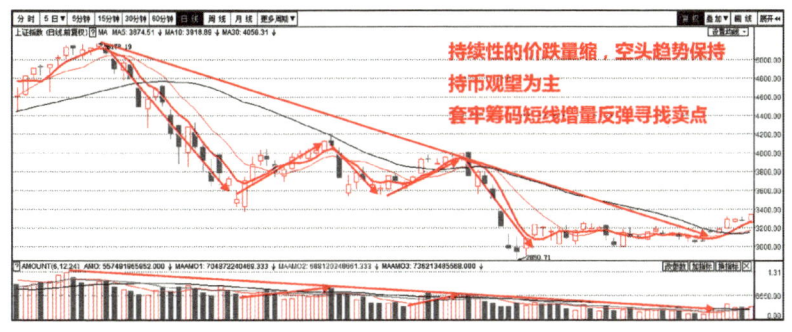

图 5-9　持续性的量缩价跌

量缩价跌的过程也可能出现在上涨行情的调整阶段。尤其是在多头上涨遭遇阻力或者强势突破之后,短线出现拉回,等待市场进一步力量的跟进。因此在这种状态下,当量价关系止稳后,只要出现量增走势股价就会持续上涨。

量缩价跌是典型的空头运行量价形态,在所有空头运行格局中都会出现,比较重要的位置是在空头运行的初跌段、主跌段以及多头的调整段。

(一)空头的初跌段

市场表现:如果价格刚从高位跌落,成交量却迅速大幅减少,代表多方承接力道减弱,后市可能转弱,开始下跌。此时应注意市场是否会出现量价背离或是放量滞涨的信号。

主力心理:若股价处于高位但主力高度控盘,则主力必须找人接盘以获利了结。此时介入的大多数都是散户,承接能力有限,但主力则是见买盘则卖,往往就会形成高位的量缩价跌。此时主力的唯一目的就是出货而不考虑价格。

交易策略:远离观望,切忌接盘。

 案例5-6 行情转空时的量缩价跌

图5-10是新华联(000620)在2015年9月到12月的日线走势。在行情创下第一个高点之后,量能出现了快速收缩,虽然没有跌破前期重要支撑。此时,最关键的转折信号出现在后面的放量滞涨线上,行情出现明显增量之后,价格却无力继续上涨,这个时候应该卖出股票而绝不是继续买入。

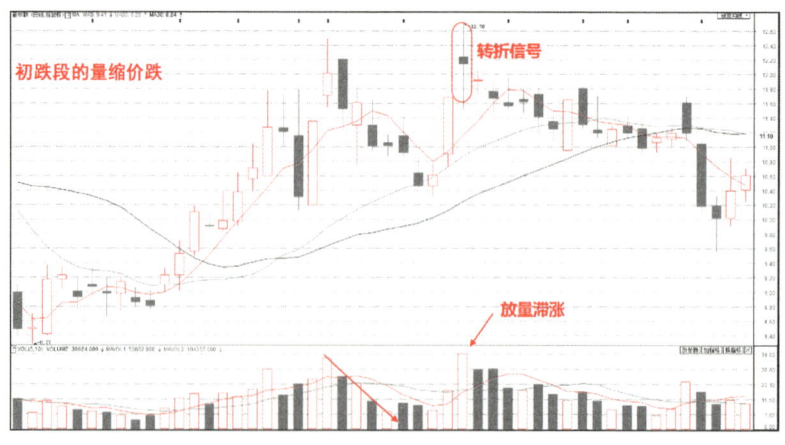

图5-10 空头初跌段的量缩价跌

(二)空头的主跌段

市场表现：股价持续下跌,买方意愿极弱,股价与量能的走势同步萎缩,直到地量的出现。

主力心理：后市持续看空,主力休息阶段,较少参与市场,只有长线持有。

交易策略：持币观望。

(三)多头盘整回调

市场表现：量缩价跌作为趋势性量价关系出现在多头趋势中仍然是多头趋势健康的表现,显示现在的顶部不是股价的顶部,只是阶段性的向下调整行为。当市场上的浮动筹码被新的买入者或主力承接后,股价往往又会持续上升。这一阶段是最容易和空头初跌段混淆的阶段,因此,必须结合波浪和均线加以确认。

主力心理：行情在出现拉升之后,多头动能有所减弱,但主力目标未至,大量控筹而不会释放筹码。因此无论价格涨跌,量能都不可能放大。

交易策略：逢低吸入,但同时要严格止损,防止把多头调整段和空头主跌段混淆产生策略失误。

 案例 5-7　多头趋势中的缩量整理

图 5-11 是海螺型材(000619)2015 年 9 月到 12 月的日线走势。在这段行情中,出现了两次量缩价跌的情况,分别是在阻力前的缩量调整和突破之后的缩量回踩。但不管哪一种,都没有跌破前期多头趋势的重要支撑,从波段性来看,始终都是在价涨量增的趋势之中,因此,此为多头趋势的调整行情,反而是低吸的机会。

四、正常的震荡——量平价平

趋势型的量价关系中还有一种比较特别的形态,就是量平价平。

所谓量平价平,顾名思义就是指个股和指数在成交量逐渐保持平稳的同时价格也保持平稳,并不一定是绝对相等,但大致相当。量平价平的幅度并没有一个精确的标准,参考幅度约在成交量比前一个交易日的成交量的

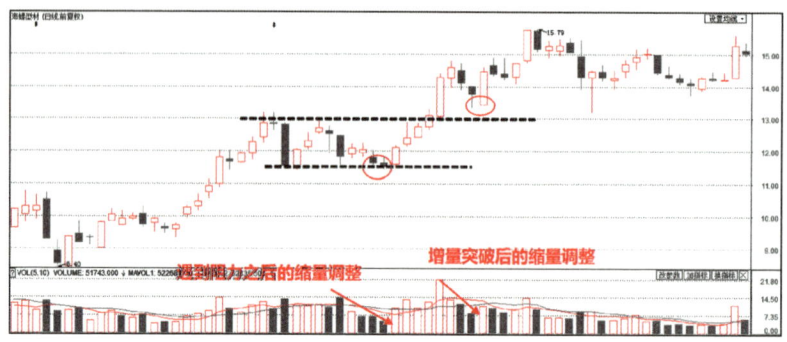

图 5—11　调整阶段的量缩价跌

波幅控制在 10% 以内，而价格较前一交易日的波幅在 3% 以内。

量平价平常常显示为震荡市的量价关系。可能表现为量增价涨、量缩价跌的正常量价形态，也可能表现为量价不同向波动的连续背离形态，但幅度必定都有限。

量平价平常常出现在窄幅震荡行情中，若维持超过一星期并形成一种常态，则代表目前的趋势将形成一定的持续性，因为量平价平是市场多空不明、参与极其清淡的表示，这样的情况通常出现在盘跌的走势中，投资者宜保守观望，等待量价结构出现变化。

 案例 5-8　量平价平的震荡形态

图 5—12 是上证指数在 2014 年 5 月到 7 月的走势。非常明显，在市场连续下跌了 5 年之后，人气已经清淡到了极点，指数没有任何变化。在 2 000～2 060 点这 60 个点的区间内，持续震荡超过 30 个交易日，其中，在图示 2 020～2 040 点区间内震荡，量能也非常稳定，显示出市场明显的窄幅震荡格局。这样的行情，仅从量能角度，只能得出震荡结论，而不能确定行情的启动时间和方向。但结合当时的位阶和均线格局，可以得出行情已经筑底完成即将与多头启动浪衔接的结论。

比较特殊的现象是指数或股价在连续急涨或连续急跌之后，突然出现量平价平的现象，则出现超跌反弹或快速回调的变盘概率变大，此时激进的投资者可以进行短线操作，抢入回调或者反弹。

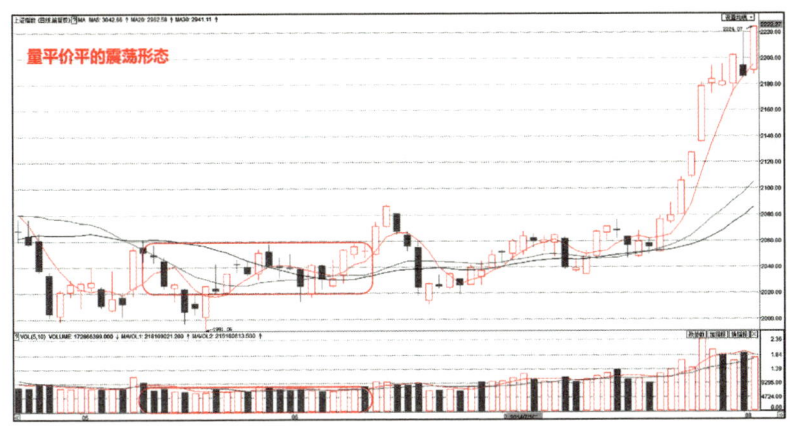

图 5-12　量平价平的震荡形态

 案例 5-9　快速下跌之后的止跌

图 5-13 是上证指数 2016 年 1 月到 3 月的日线走势。2016 年 1 月,是中国股市前所未有因"熔断"产生的"黑一月",指数在 20 个交易日内累计下跌 25%,跌至 2014 年牛市以来的低点 2 638 点之后价格不再创新低而转为震荡。在这个震荡中,量能开始趋于稳定,形成短线量平价平的形态,虽然没有明显的启动信号指向反弹,但至少完成止跌,激进者可以开始布局反弹。

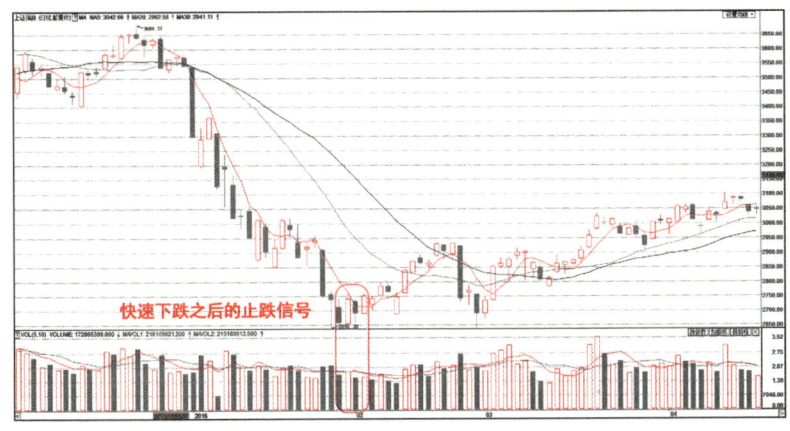

图 5-13　快速下跌之后的止跌信号

第五章　转折信号抓顶底 | 121

五、量能与波浪

在实际运行的过程中,量能的这几种形态随着行情的发展交替出现,循环推进。图5-14是上证指数月线图。从图5-14中可以很明显地看到,上证指数走的波浪形态。而随着指数的波浪循环,量能也进行着缩量-增量-放量-缩量的循环。因此,结合量能的形态可以有效地提高数浪的准确性以及对当前行情高低的判断。

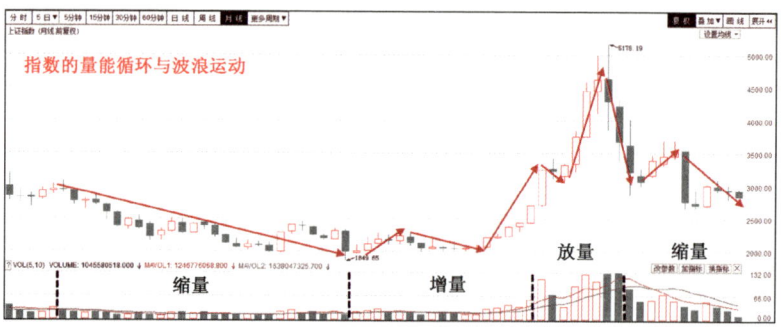

图5-14 量能形态的循环

(一)推动浪的量能基本形态

波浪理论告诉我们,一个完整上涨推动过程,通常会以五浪运行,包括3个上升趋势浪和2个震荡调整浪。而这些波浪的启动、推进、结束都可以通过量价关系的变化提前或及时发现与确认。

在股价上升初期,个股的成交量会开始温和放大,出现连续的堆量形态,说明市场主力开始埋伏布局,推升股价向上。有时,一些个股构筑历史性底部完成后,股价启动时会放一根标志性的巨量,此后股价一路缩量上涨,表明机构已经高度控盘,筹码锁定情况良好。此时,投资者就应该积极介入,把握低点。

第三上升浪一般都是股价上升过程中的主升浪,股价涨幅最大、运行时间长。这个阶段往往也是成交量最活跃的阶段。在趋势进行过程中,投资者应该守稳筹码,扩大利润。同时注意股价在第一浪和第三浪结束的高点处,往往因为获利盘和解套盘的兑现出现阶段性放量之后展开第二浪和第四浪的调整。在这两个调整阶段,成交量反映连续缩量的信号,才是市场清洗浮筹而非主力撤出，股价才有可能在新增买盘的推动下重新上涨。

第五浪是股价上升周期中的最后一个阶段，同样也常常是市场意识最为疯狂的一段。而市场主力最常用的手法则是在高位震荡中借机出货。在这一阶段股价会继续创出新高，短期成交量也会出现明显放大，但投资者应当开始增强风险意识，逢高减仓为主。

（二）调整浪的量能基本形态

当市场或个股的五浪上升结束后，市场将进入下跌趋势。

在下跌初期，由于大多数人对市场下跌的性质难以判断，所以市场观望气氛较浓，成交量可能快速萎缩，与第五浪形成鲜明对比。但若市场快速下跌，引起止损盘大量出现，也有可能形成放量下跌的形态。

B浪调整中，市场中仍然看多做多的投资者往往开始试图抄底；另一方面，有市场参与者开始陆续意识到下跌趋势的到来，趁反弹机会大量出货，因此，这一阶段的成交反而会比较活跃。

但当大部分活跃资金出逃后，市场趋势仍然向下，进入中期下跌阶段。此时，前期没有出逃的投资者已经出现大面积浮亏而不愿意继续割肉，场外资金看到了下跌趋势的风险也处于谨慎观望状态，市场交投开始趋于清淡。因此，在C浪或中期下跌的过程中成交量一般都不会很大。

反而在下跌末期，市场情绪极度悲观，或者投资者丧失耐心，部分套牢盘害怕市场继续深跌放弃离场，而此时，主力资金有开始悄悄介入，这个阶段的成交量与前期下跌过程中的成交量相比有明显放大迹象，与推动浪的第一浪形成衔接，主力建仓完毕后，市场将重新步入上升，开始新一轮的波段性循环。

以上就是在整个波浪推进过程中，量能形态反映出的市场心理变化。量价的分析，其实就是对市场交易心理的分析，尤其是对股票的分析，如果脱离了对市场心理的判断，就是形而上学。量价分析的核心，就是从市场的心理变化、行为表现观察市场筹码的稳定程度。

从散户的角度，我们要做的，就是尽可能分析当前量价结构下每一种市场行为可能，结合波段和趋势选出最大概率的可能，来找到并跟踪市场上力量更大甚至占据主导地位的一方，并通过跟随它们的操作而让自己获利。

第二节　转折型量价关系——量价背离

在上一节中，我们明确了，行情如果要有持续趋势，上升趋势就是价涨量增，下跌趋势就是价跌量涨，地量对地价，天量见天价。这是铁律，是规则。因此在趋势型的量价关系下，不管是多头还是空头，资金的行为都是正常的、有序的，因此量价关系都是健康的、合理的，显示的筹码状态是稳定的，所反映的市场心理都是正常的，这个时候我们强调的是顺势而为，关注更多的是趋势和波段。但是有合理的量价关系，就有不合理的量价关系，价跌而量涨，价涨而量缩，所谓的量价背离，这种时候，显示的都是资金行为的异常。

对于大盘指数的趋势，因为几乎没有一个市场力量能够完全大比率的控制市场筹码，因此指数分析中量价匹配尤其重要。当大盘的指数开始涨升时，成交量必须有一定配合性增加量，以推动指数的稳步上涨；当指数小幅上升时，成交量则需要维持涨升前的状况，或者是稍微增加量，以支持指数的涨升；当指数出现大涨时，成交量则必须要有放大程度的量度值配合，否则，指数则有可能因为上涨能量有限，而无力上行，形成转折型的量价关系——背离。

之前说过，量价关系的背后其实是供求关系，那么，为什么明明没有人买入价格却越涨越高，或者为什么大家都在买价格却越来越低？这种反常的市场行为预示着市场心理的变化，从而酝酿着市场趋势的转折与变化。

在交易过程中，我们所寻求的买点，其实就是在趋势由空转多的时候买入；所谓的卖点，其实就是在趋势由多转空之前卖出。所以，说到底，所谓的买卖点，就是趋势的转折点。从这个角度，转折型的量价关系，才是我们关注的重中之重，也是短线交易的核心所在。

一、异常的上涨——量缩价涨

量缩价涨主要是指个股（或大盘）在成交量减少的情况下个股股价反而

上涨的一种量价配合现象,量价背离的最典型形态。之前提过,价格下跌可以有量也可以无量,但是上涨必须有量。因此,价跌量缩的内涵是在没有买入的情况下价格的空涨,在上升过程的初期可能是主力锁仓力度大、筹码控制程度高,但这种情况下不建议追高,而且要防止主力拉高后突然出货。有价无量,就是有价无市,最终还是要回落的。

波浪理论中,一般第五浪的量能不会超过第三浪的量能,而第五浪是多头的最后一浪,随时衔接波段的转空。从量价关系的角度来解释,就是第五浪与第三浪出现了波段与波段之间的量价背离,从而引起较大幅度的拉回。这是中线的转折信号。

案例 5-10　波段与波段的量缩价涨

图 5-15 是上证指数 2015 年 9 月到 2016 年 1 月的走势。2015 年 8 月,在 2 850 点的位置,经过"国家队"的几轮救市,上证指数终于企稳,国庆假期之后开始反弹。从 2015 年 10 月到 2015 年 12 月,价格从 3 000 点附近涨到 3 684 点。尤其是在 2015 年 12 月中下旬,也就是图中的第五浪,市场回踩 60 日均线,拉出长阳之后连续上涨收复所有短期均线压力,市场信心恢复,大家都在等待 2016 年的"开门红",但等来的却是连续两次向下"测试熔断",上证指数在未来的 18 个交易日内累计下跌 22.8%,成为当时全球金融市场的"黑天鹅"。

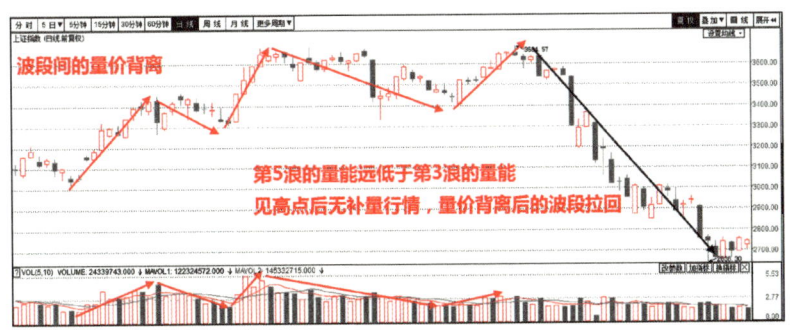

图 5-15　波段的量缩价涨

但是,如果我们能结合波段量价关系,就会发现,波段上讲,第 5 波段的上涨推动量与第3波段的上涨推动量相差很远,说明市场在12月底的第五浪中主力已经没有追价意愿。当这个信号出现之后,就应该提高警惕,至少不可能在这个位置继续追高,而应该为自己设置止盈或止损。在12月28日的大阴线跌破短线支撑的时候就应该看到行情转弱的信号进行减仓,防止波段的拉回。所以,虽然很多时候基本面情况和"黑天鹅"事件我们不能预知,但是技术上的转折信号可以让我们提高警惕。

短线运作上,量缩价涨更是最常见的转折信号,对于把握短线的买卖点有至关重要的作用。在行情出现高点、市场成交量却始终无法跟随的情况下,显示短线上市场追价意愿极弱,行情向上动力就会不足。此时,行情只能再次回测支撑确定下方筹码的稳定度,从而产生拉回的行情,形成短线的拐点。

只是在短线的波动中,量价波动规律的稳定性不如波段行情,背离形态常常连续出现或利用快速增量突破的形态化解,因此在短线的量价背离出现之后,还需结合当时行情的位阶和增量突破行情的可能来判定行情转折的概率和幅度。

  案例5-11 短线量缩价涨

图5-16是上证指数在2016年5月到7月的日线走势。图中标示的两段行情都出现了短线价格创新高而量能收缩的短线背离形态。第一段行情在短线量价背离后出现了较大幅度的拉回,而第二段行情却顺利突破,最大的不同在于第二段行情的均线格局比第一段行情更支持多头趋势的发展。第一段行情时,均线格局的指向是宽幅震荡,第二段行情则完全是多头发散,支持波段上涨,因此第二段行情之后出现增量突破的概率更高,即便行情拉回,幅度也会比较小。同时我们也需要注意,一般短线的量价背离的增量化解,在量价背离出现后的3个交易日内就应该完成,时间越长概率越小。第一段行情出现量价背离之后,一直高位震荡了5个交易日都没有出现明显的增量行情,以至于市场信心越等越弱,终究采用拉回取量的方式消化背离压力,而不是增量突破。

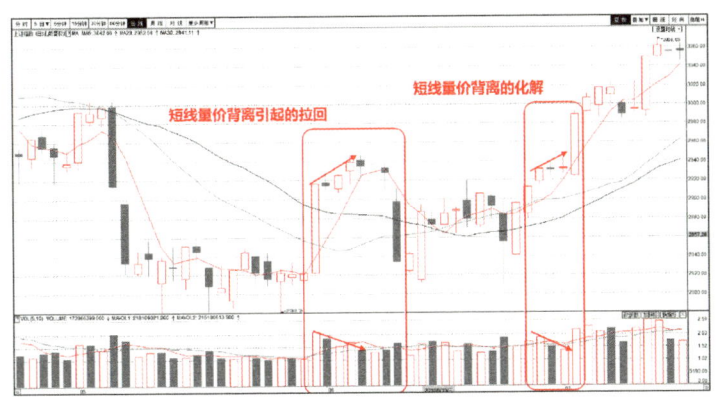

图 5-16 短线量缩价涨

大多数情况下,出现缩量上涨现象,就表明市场上的投资者在此阶段已经没有追价意愿,价格脱离资金运作上涨,是一种虚假的上涨,切忌在此阶段追价介入,可以考虑逢高减持以避免主力高位突然出货的风险。

个股操作中,量缩价涨的情况在多头的主升段和多头的末升段中有比较重要的意义。

(一)多头的主升段

市场表现:强势上涨过程中,市场量能保持稳定甚至略有收缩,一种极端的现象是在连续涨停下个股几乎没有成交量。

主力心理:筹码控制度相当高,大量流通筹码被主力锁定,价格还没有到主力目标位置。

交易策略:继续持有等待放量;激进者仍可追价介入,但要密切注意放量点。

 案例 5-12 筹码稳定的缩量上涨

图 5-17 是同花顺(300033)在 2015 年 1 月到 4 月的日线走势。在图中的两端多头主升段,都出现了放量突破之后的缩量上涨,放量位置全部成为支撑且逐级抬高,说明市场一直看好而在上升过程中不愿过早放弃筹码,后市仍然看多。在这种走势中,应采用坚定持有和积极追入的策略,同时关注放量位置的支撑,跟随逐级抬高移动止盈位置。

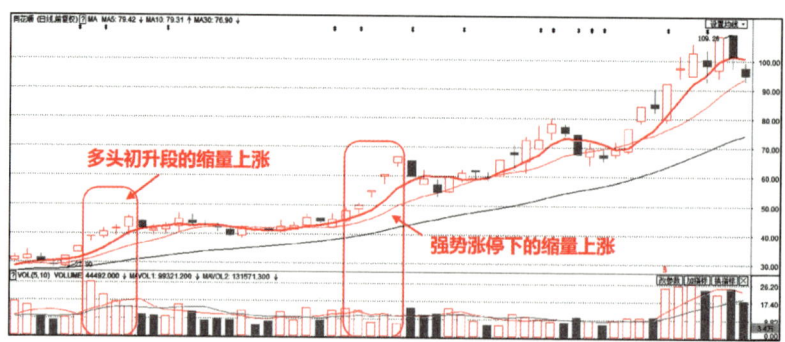

图 5-17 多头主升段中的缩量上涨

(二)多头的末升段

市场表现:市场在积累一定的涨幅之后,再次着力拉升但没有成交量配合,见波段高点之后出现明显量价背离,是最具欺骗性的行情。

主力心理:用价格的上涨麻痹市场投资者的风险意识,吸引跟风接盘,完美获利了结。

交易策略:逢高减仓,切忌追高。

 案例 5-13 量价背离后的转折形态

图 5-18 是中元股份(300018)在 2014 年 12 月到 2015 年 7 月的日线走势。在图中标示的高点位置,行情积累了相当大的波段涨幅之后,明显出现了价格创下新高但量能出现收缩的量价背离形态。绝不可以在此位置追高买入。另一方面,持股需要观察第一根放量阳线支撑的位置,一旦跌破,确认量价背离形态成立,转折信号出现,就止盈离场。

二、异常的下跌——量增价跌

在量价关系中,上涨的量价关系永远比下跌的量价关系简单,因为上涨只能增量;反而下跌,可以增量跌破转空,可以缩量跌破同样转空。因此,在下跌过程中的量价关系尤其需要结合均线和位阶加以判断。

量增价跌主要是指个股(或大盘)在成交量增加的情况下个股股价反而

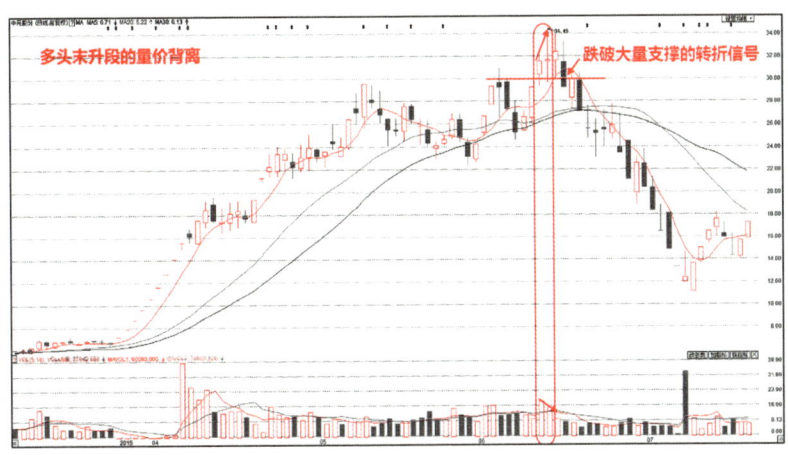

图 5－18　多头末升段中的缩量上涨

下跌的一种形态,也属于短线量价背离的一种,显示在这一位阶多空双方发生较大的分歧,但大多数情况是空头占据了上风,破位下跌往往会引起市场恐慌而引发止损盘,破位后迎来行情的加速下跌。

因此量增价跌现象大部分出现在下跌行情的初期,尤其是在股价经过一段时间的涨幅累积之后,获利盘寻求高位套现抛出股票,在卖压集中释放的压力下股价开始下跌,是一种明显的卖出信号。

　案例 5－14　增量的破位下跌

图 5－19 是上证指数在 2015 年 9 月到 2016 年 1 月的日线走势。在图中标示的位置,行情在高位连续横盘震荡了两周之后突然出现放量下跌,跌破前期震荡平台下方支撑,宣告了调整的开始。

另一方面,若行情出现在相对低位或启动阶段,量增价跌也有可能是控盘主力故意制造的骗局,在上升行情的初期,故意压低价格逼出散户筹码;或者主力确认支撑后趁一些基本面上的变动、市场利空等因素引起的价格下跌反而大量扫货,这就反而会成为行情由空转多的积极信号。

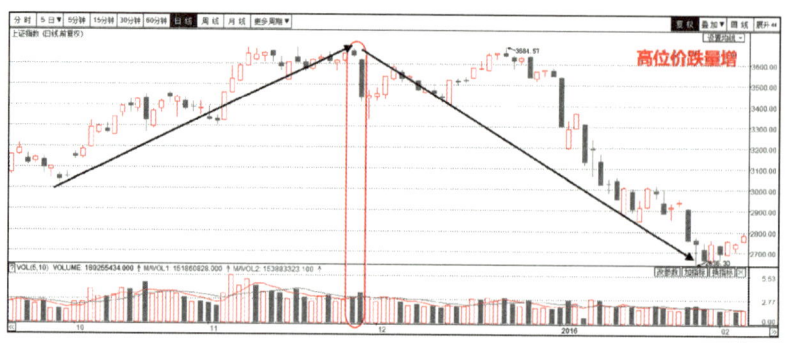

图 5－19　增量的破位下跌

案例 5－15　低位的价跌量增

图 5－20 的行情紧随图 5－19 发生，是上证指数在 2016 年 1 月到 2016 年 4 月的日线走势。在图中标示的位置，行情在快速的连续下跌之后，突然出现了再一次的放量下跌，并有明显收脚迹象。显示下方有人开始扫货，是一种行情的止跌信号。

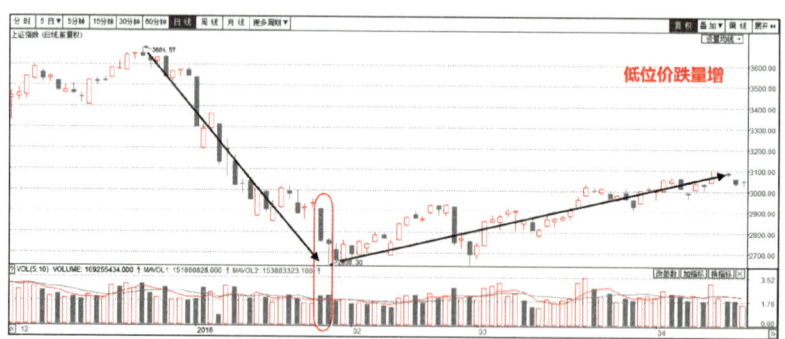

图 5－20　低位的价跌量增

个股操作中，价跌量增的情况在空头末波段连接多头初升段、主升段初期、多头末波段连接空头初跌段、空头主跌段中有比较重要的意义。

(一) 空头末波段连接多头初升段

市场表现：市场价格经过一段长期的下降或仍处于相对低位时，连续出现低位的价跌量增，常会出现连续的下影线或者一根长下影线信号。

主力心理：越跌越买的主力建仓过程，可能持续较长时间。

交易策略：关注个股，跟随主力，低吸布局。

 案例5-16　多头启动阶段的转折信号

图5-21是中国宝安(000009)在2016年1月到4月的日线走势。在图中标示的位置，与当时的上证指数一样，在连续的下跌后出现了低位的量价背离，价格下探的同时成交量不断放大，但是K线形态上出现了下跌抵抗的收脚形态，显示出有人在下方扫货而非持筹者恐慌性离场。这是一种主力开始介入，行情止跌并有转折可能的量价关系。

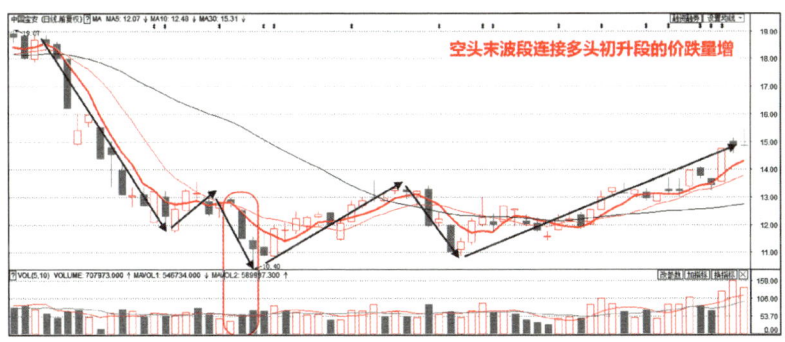

图5-21　多头启动阶段的转折信号

（二）主升段初期

市场表现：初升段之后的调整过程中，价格下探但成交量稳定或略有增加。

主力心理：进行最后的震仓吸筹所致，诱使不明真相的投资者在经过初升段已经有浮盈但相对仍然较低的价位时抛售自己手中所持有的筹码，从而达到筹码集中的目的。

交易策略：初升段大量点或起点不破，仍以持股、低吸为原则；或在突破信号后追加入场。

案例 5-17　多头主升段的价跌量增

图 5-22 是格林美(002340)在 2016 年 2 月到 5 月的日线走势。在图中标示的位置,行情在连续震荡之后突然出现了放量下跌的形态。这是一个最具有欺骗性和威胁性的震仓动作,是主力拉升前最后一次洗筹的行为。面对这样的 K 线,若考虑到风险控制而被骗离场则情有可原,但应在随后的放量突破平台高点的时候果断收回筹码,跟上多头主升段。

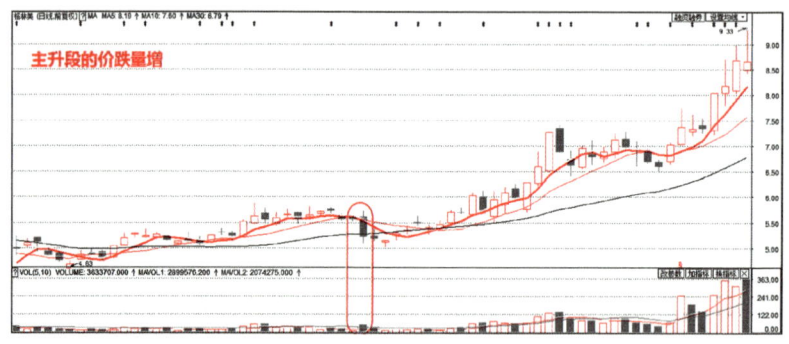

图 5-22　多头主升段的转折信号

(三)多头末波段连接空头初跌段

市场表现:指数或个股已经累积了一段波段涨幅,形态上出现滞涨信号,但成交量仍然维持高位或小幅增加,显示高位追价买盘的多方力量不抵高位卖盘的空方力量,或行情已经接近尾声、高位出现爆量收黑或者连续放量下跌,常会出现连续上影线或一根长上影线信号。

主力心理:在市场信心仍然充分、尚未意识到风险来临时,高位出货;尤其是高位爆量收黑,是标准的主力出货形态。

交易策略:设置移动止盈(均线位置)、逢高了结,尽快出清筹码,不可恋战。

 案例 5-18　多头末波段的价跌量增

图 5-23 是天齐锂业(002466)在 2015 年 8 月到 2016 年 1 月的日线走势。在图中标示的位置,行情在连续上涨之后突然出现爆量的大阴线,成交

量为波段最大。波段最大的成交量伴随着实体的阴线出现在行情的相对高位,这是一种最危险的量价形态,显示出高位主力获利了结的意图,是行情进入调整或结束上涨的标志。

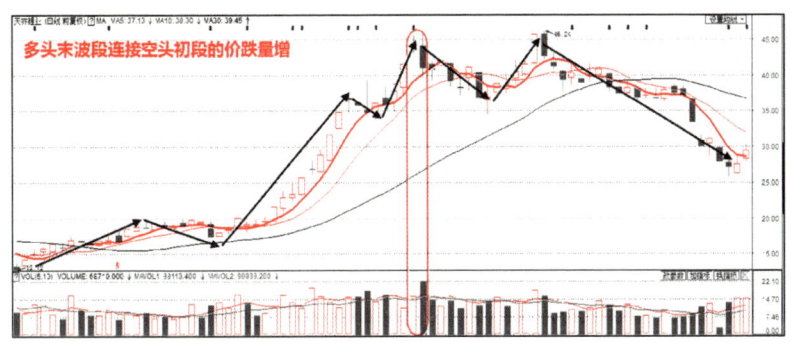

图 5—23　多头末波段的转折信号

(四)空头主跌段

市场表现:价格连续大幅下挫跌破关键阻力位置,成交量同步放大,也就是放量下跌形态。

主力心理:市场恐慌抛售现象,后市恐持续下跌。

交易策略:及时止损,在明显止跌信号前,不参与任何反弹操作。

 案例 5-19　空头主跌段的放量下跌

图 5—24 是中国宝安(000009)在 2015 年 12 月到 2016 年 1 月的日线走势。在图中标示的位置,行情在相对高位震荡整理之后突然放量下跌,收出实体阴线并使均线系统转为完美空头排列,成为波段性下跌行情的开始信号,面对这样的行情,只有严格止损,在均线没有拐头至少走平之前不要进行任何抢反弹或入场做多的策略。

三、量价关系的几种特殊形态

根据我们前面对于量价关系的介绍,明确了量价关系的几种典型形态的概念和内涵。但是,在实际行情中,首先不能把量价关系绝对化。事实上,任何一种技术方法都不能绝对化。要研究的,并不是成交量和价格之间

第五章　转折信号抓顶底 | 133

图 5－24 空头主跌段的放量下跌

的静态关系,而是根据成交量和价格的变化,来分析市场的买卖心理。

尤其需要注意,在指数关系上,因为参与的人数和资金众多,总量上可以熨平很多极端行为,也没有谁能真正完全地控制市场量能和指数,这就让整体的技术形态和量价关系更为真实地反映市场意志的总和。但是在个股中,当有人可以控制相对极大量的资金或筹码时,他甚至就有了影响和控制股价的绝对能力,在量价表现上就会出现很多极端的信号,而这些信号,往往成为个股操作最大的机会或风险。

下面,我们再来看几个最典型的极端量价形态,通常都形成直接的买卖信号。

(一) 放量滞涨,主力要逃?

前文已经详细分析过了,股价的上涨背后必须有成交量的推动和助力,所谓价涨需量增。但除了量价的正向联系,比例幅度也是我们观察的一个方向。所谓放量滞涨,是指股价上涨幅度不大,但成交量却快速放大,股价和成交量的涨幅不相匹配的一种量价形态。

股票市场即是撮合交易,成交量即是买卖双方行为。所以,当成交量能突然放大的时候,我们首先应该考虑的问题就是量能的激增到底是买方抢筹还是卖方抛售?这直接决定放量线到底应该成为买入还是卖出信号。这个问题我们通常很难从爆量的当日就得到答案,需要结合爆量之后的股价表现来确定。因此,爆量的当天既然不能形成关于市场行为的可靠结论,则爆量的 K 线首先就不能成为买点。

常言道,天量对天价,若在行情已经累积了相当涨幅之后出现突然的爆量,往往需要警惕主力高位出货的可能。高位"放量滞涨"是一种常见的高位转折形态,见信号应顺势逢高减仓,同时场外资金切忌追高买入,防止成为"接盘侠"。

 案例 5-20　放量滞涨,主力出货

图 5-25 是格林美(002340)在 2015 年 8 月到 2016 年 1 月的日线走势。图中标示的 2015 年 11 月 20 日成交量远远超过前高点的成交量,但价格却没有明显突破,则首先明确爆量点非突破点,不是买点;而此后的 K 线组合更明显出现阻力附近滞涨形态,持仓者也应开始考虑逢高减持。

图 5-25　高位放量滞涨

如果说高位放量的应对比较简单,总之就是一个字,卖;那么如何应对低位放量时的分歧就比较大了。低位放量滞涨虽然也是指股价的上涨幅度与成交量的增长幅度不相匹配的现象,但由于股价出现在低位,却往往代表了一种主力建仓的行为。这个逻辑其实很简单,主力资金在低位吸收筹码的同时,会控制好股价的上涨速度,既扩大建仓后的市场利润,同时可以避免引起市场的过多关注和跟风盘的介入,是一种股价即将重新启动的信号。

 案例 5-21　低位放量滞涨

图 5-26 是宝德股份(300023)在 2015 年 1 月到 5 月的日线走势。在前

第五章　转折信号抓顶底 | 135

期的底部位置,很明显看到在1月21日、2月13日和3月2日,个股成交量都出现了大幅增长,几乎都是倍量线。但是从价格上看,倍量线所对应的股价涨幅都有限,尤其是第一根倍量线只是收出十字星形态,价格涨幅远低于成交量的涨幅。就这三根放量线之后的走势来看,放量之后缩量的整理均不破位且出现了底部位置的抬高,说明主力资金流入之后并没有流出,仍在布局阶段志存高远。这样的形态,应选择坚定持股和积极买入,等待加速上涨。

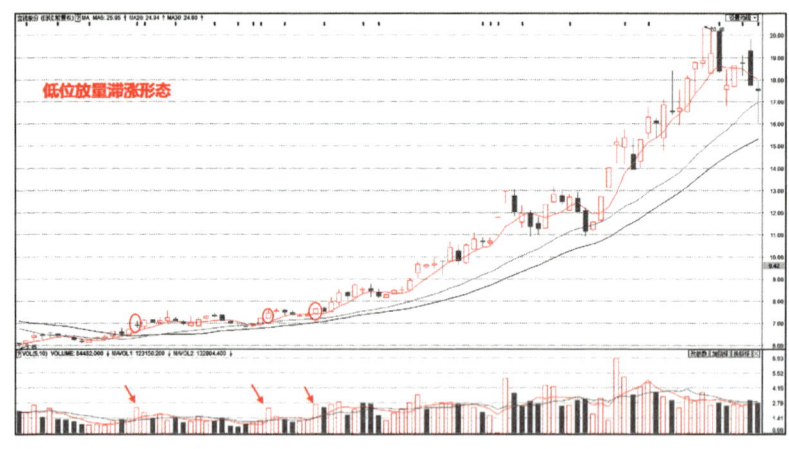

图 5—26 低位放量滞涨

但是,需要特别注意的是,低位放量也不是完全没有风险。有一些股票,主力经过长期操作和持有,涨幅累积已经走出足够空间,会选择把股价降至一个视觉上的相对低位放量出货。比较常见的是在送股后的除权期间实现,也会出现在中期下跌的中段。因此,对于低位放量的个股,需要结合更多的中长线因素加以判断,同时,只要是主力建仓行为,都不应该使价格连续运行于建仓区的下方来放大自己的风险并给予他人更好的建仓位置,因此,对于低位放量个股的买入,应以放量前的低点作为止损点以控制风险。

(二)地量地价,打死不卖!

有天量天价,也有地量地价。所谓"地量",是指股票或指数创下了直线下跌以来最少成交量。通过统计历史上股指处于高位、低位的成交量数据,一般衡量中长期下跌行情是否达到地量的标准是:底部成交量缩至顶部最高成交量的20%以内。如果成交量大于这个比例,说明股指仍有下跌空间;反之,则可望见底。

我们之前说过,相比成交量而言,价格可能出现虚假的成分太高;而就成交量本身而言,高的成交量要比低的成交量虚假得多。这个很好理解,在撮合交易状态下,一个人控制两个账户,A用1元把股票卖给B,B用1.5元把股票卖给A,对于控制人来说,他的实际资产没有变化,但是市场上我们却看到了价格和成交量同时增加的健康形态,这也是我们之前说为什么在个股分析中更注重成交手数而非成交金额的一个原因。

因此,高位大量可以是市场本身的热度,也可以是人为的炒作,相比之下,低位地量可靠性就高很多。真正的地量地价通常意味着趋势跌无可跌了,是市场行为的真实表现,也是主力在成交量中唯一不可做假的地方,因为主力可以虚增成交量,但却无法减少市场上的成交量。在市场上,形成超低的成交量只有一种原因,就是卖无可卖:持股待涨的一方牢牢地抓着筹码,深套的一方也不愿意在低位割肉全体卧倒,持币者对市场也失去信心,不敢入场。市场由此进入极度清冷的时期,地量便由此产生。

同时,市场的反转点也随之而来,这一时期往往就是中线进场时机,因此,就有了那句耳熟能详的"地量见地价"。一只股票长期下跌或盘整之后,这时成交量大幅萎缩,再出现连续放大或成交量温和递增而股价上扬,就好像是短跑之前的深蹲和助跑,一旦加速,则一马平川,追之晚矣。

案例5-22 地量地价

图5-27是亿纬锂能(300014)在2015年11月到2016年6月的走势。从2016年1月开始,亿纬锂能开始筑底。经过两个月的盘整,在3月初完成了双底的构筑。在第二个底部的末端,出现了地量的岛状反转。3月11日亿纬锂能的成交量为7.64万,是前波高点2015年11月20日85.4万的成交量的9%,是当时日成交均线13.5万的56%。而此后,这个地量位置成为亿纬锂能波段的起点,在此后的3个月内累计涨幅达到139.42%。这就是"底部地量出牛股"。

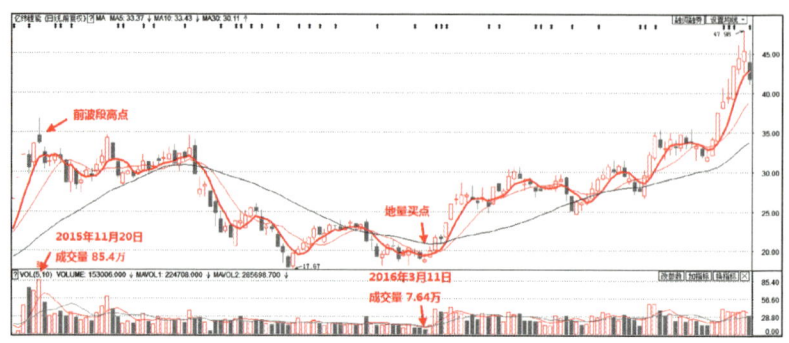

图 5-27 底部地量出牛股

但是,在地量的认定上也要注意,如果股价在直线下跌的过程中,没有出现过持续的带量下跌或阶段性的带量下跌过程,那么即使是出现了所谓的地量地价,也并不意味着市场已经出现了底部。因为空头的下跌能量还没有释放出来,市场后续下跌的可能性很大。所谓"多头不死,空头不止",最终往往都要跌到多头彻底死心,才会出现真正的机会,才是真正的地量地价。同时,从一般主力的控盘手法来说,都希望手中的筹码集中度越高越好,否则辛辛苦苦为他人作嫁衣也就算了,还极大地增加了自己在拉升途中的套利压力。于是会有反复震仓、清洗浮筹的动作,一直到没有人再愿意卖出手中的筹码或散户手上已经没有筹码的时候才会开始真正的拉抬行情。这个阶段时间可能很长,地量也会间歇性持续出现。因此,在低位地量的行情中,最好的策略就是分批逢低入场,做中长线持有的规划。

从时间成本的角度考虑,在地量信号的使用上,既要关注"地量"的出现,也要结合行情的启动信号,从而最小化时间成本而最大化利润,这个启动信号,往往会以突破量的形态出现。

(三)带量突破,追高也不怕

从主力的角度,如果想要拉升一只牛股,必然手上需要有足够的筹码,并且不被人非常明显地盯住。因此,在一只牛股出现之前,通常都会有一段相对隐蔽的主力建仓时间。也就是说,它可能在底部或者某一个平台位置盘桓相当长的时间。这就对想要捕捉牛股的交易者提出了两个要求。

第一,要注意底部资金进入的情况,这是盈利的前提,一只股票未来要有较大的涨幅空间,首先必须具备资金的关注度。

第二,关注行情启动的时间,这能帮助利润最大化。如果较早介入,则需要忍耐非常长的时间,就算后面真能赚钱,估计也会有大部分投资者因无法预知后面走势而产生信心动摇,导致本来盈利的操作仍然功亏一篑。市场中,所谓"一抛就涨"的经验也大多源于此。因此,选择合适的时间介入,越靠近主力拉升的时点,能获取的利润当然就越大。

很多人以为把握牛股的关键在于在主力启动之前就入场,其实未必如此。想要利润最大化并不在于提前,而在于"靠近"。行情什么时候启动,这个时点,猜是猜不出来的,所以,最重要的是对启动信号的确认和跟进速度。在实战当中,当注意到底部资金入场之后,我们还要判断多头是否攻击。而这个进攻点,就是最佳买点,就是量价的突破点。

 案例 5-23　突破型量价形态

图 5-28 是华海药业(600521)2015 年 1 月到 6 月的走势。从 2014 年年底开始就出现底部推量资金进入形态,此后,2015 年 1 月 6 日、2015 年 1 月 22 日、2015 年 2 月 2 日都有明显的资金流入。但是从走势上来讲,在 3 月 4 日之前,华海药业维持着非常窄幅的震荡收敛形态。但是在 2015 年 3 月 4 日,成交量突然放大到 43.2 万,接近当时 10 日成交均量 15 万的 3 倍,日涨幅接近 9%,有效地突破了前方长达 3 个月的收敛整理,并在此后的 2 个月内,完成了 127% 的涨幅空间。如果我们从 2014 年年底,或者第一次看到增量资金进入就直接入场,面临的可能是长达两个多月的窄幅震荡,很大可能在 3 月 4 日之前,甚至 3 月 4 日突破之后立刻获利了结,即便一直持股,也消耗了相当大的时间成本。因此,3 月 4 日突破量形成的买点,才是收益最大化的买点。追踪和确认这样的位置,可以有效地提高资金的使用效率。

一般所谓的量能突破,主要是指对于阻力位置的突破,最常见的就是平台阻力。最简单的一个平台阻力的计算,就是取近期量能最大一天的收盘价为平台线的标准,无论该天 K 线是阴线还是阳线,都是按当天的收盘价进行。

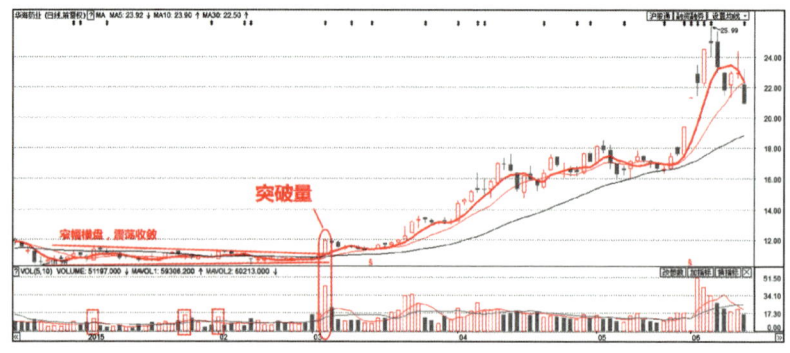

图 5-28　突破量

 案例 5-24　平台突破的量价形态

图 5-29 是暴风科技（300431）在 2015 年下半年的走势。2015 年 9 月 23 日当天，成交量能突然放出，而这个时候，暴风科技已经连续收了 7 根阳线创下波段新高。当日来看，这绝不可能是一个买点。后面几天行情出现明显缩量整理，但在缩量过程中始终没有有效跌破 9 月 23 日的 K 线，9 月 23 日入市资金仍然处于盈利并且持筹的状态，意在高远。这个时候，缩量拉回点就成为买点。因此，在量能突然放出之后，缩量拉回不破增量点时形成买点。

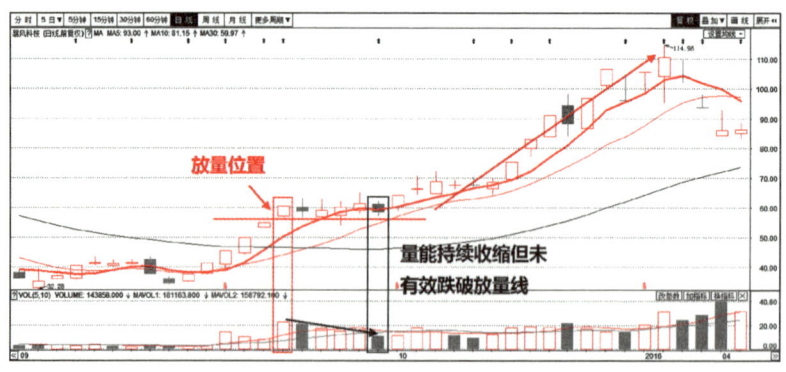

图 5-29　平台突破型量价形态

需要注意的是，量能平台是一个动态概念，如果后面成交量超过前期成交量，则按后面最大的成交量的收盘价来计算量能平台，此时就会出现量能平台的转移。每次的放量突破，其实都是一次较好的实战介入点。一般我们要求量能的放出应该是在建立平台的时候放出,而建立平台后应该以缩量方式运行,此时的量能平台突破就是有效和有力度的。一般情况下,这种平台不会超过三个,最佳的买入点当然就在最后一个量能平台的有效突破上,但是仍有变数,因此通常我们在第二次出现突破的时候就可以开始分批介入,只要前一平台不被放量跌破,都可以继续持股。

 案例 5－25　量能平台的变化

图 5－30 是格林美(002340)在 2016 年 3 月到 7 月的走势。图中的三个堆量点,其实就是三个量能的平台。我们可以清晰地看到后量超前量,导致量能平台上移,也就是价格重心上移。第一个推量启动点是在 2016 年 3 月 1 日到 3 月 3 日,此后行情滞涨后缩量拉回未破堆量点支撑,形成第一个平台阻力;然后出现了第二个推量突破点,在 2016 年 3 月 17 日到 21 日,堆量后突破 3 月 3 日的高点再次滞涨,缩量整理未破堆量点支撑,形成第二个平台阻力;第三个堆量突破出现在 2016 年 4 月 5 日~6 日,突破 3 月 21 日的高点后第三次做缩量拉回。这一次是比较明显的拉升前的吸筹,在缩量整理的末端出现了一次放量杀跌,跌破了 4 月 5 日的低点。这是主力拉升前最后的清洗,力度非常大,这样的杀跌很容易把技术派清洗出去。有两个地方可以帮助我们判断这是吸筹还是出货:第一,我们注意到虽然是放量但是量能并没有超过 4 月 6 日的量能;第二,杀跌位置在 60 日均线受到支撑。

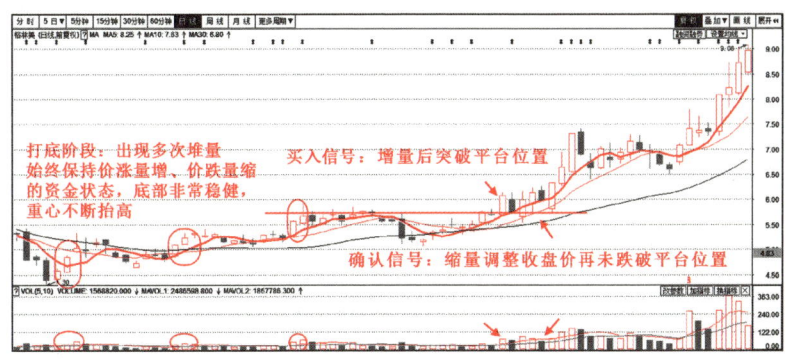

图 5－30　量能平台动态变化

最后一次洗筹后行情就非常的顺利和干脆,5月5日放量突破4月6日的高点位置,缩量整理后再也没有跌破,收在5月5日的开案位置之下,到本文截图点的24个交易日内涨幅累计达到54%,而同期上证指数非但没有上涨,反而从2 900点下跌到了2 800点。因此,个股底部筹码的稳定可以通过底部量能平台的稳定和抬高来显示,而这样的个股,才是有能力走出独立于大盘的强势行情的好股票。

总结来看,在实际行情的判断上,行情上涨过程中的量价关系比较简单,量能一般先行于价格而且对价格有极大的指导意义,天量见天价,地量见地价,尤其是在指数上,指向性更强大,可以说是短线多头持续能力最重要的指标。没有成交量的突破仅仅是价格的突破,必然是假突破,阻力有多强,回落幅度就有多大。

上涨的量价结构很简单,反正就是要增量就对了,下跌就比较复杂一些,因为放量也有可能下跌,缩量也会下跌,关键是看缩量的程度和位置。但是这个缩量和放量也没有一个明确的数值,关键还是要分辨阻力支撑的位置和市场资金的意图。我们对量价关系的研究,究其根本就是搞清楚所谓的主力到底是在买还是在卖,从而跟上其脚步。

第三节　技术指标中的转折信号

除了使用量价背离的背后代表的资金异常行为去判断转折之外,有时候技术指标的转折信号会更加简单直观。在我研究量化交易那会儿,一度非常热衷于技术指标的研究。技术指标本身就是对价格的一种量化,通过高精尖的金融工程把技术指标做整合和平衡来计算交易信号,是一种主流的量化模型设计方法。那个时候我也是各种参数来回倒腾,想做一个一劳永逸的模型。最终还是放弃了,不是说量化交易不靠谱,主要是以我们那点计算机水平来做量化交易不靠谱。市场虽然无形,但极其聪明,破解模型都是分分钟的事情。所以一个好的量化模型,需要大量的前期测试和调试,以及不断地调整和维护。

回到个人的交易系统之中,反而我倒没那么看重技术指标了。还是刚刚那个原因,除非你是程序高手懂得利用电脑的力量,否则,你很难快速地在技术指标中寻找到靠谱而及时的交易信号。大部分技术指标都在一个认定的范围内活动,比如1~100之类的,但市场价格是没有范围的。当价格达到一定的位置,超越技术指标的范围的时候,就会出现我们看到的钝化和失灵,甚至假信号。尤其是从趋势的角度来说,技术指标更容易产生连续的假信号。

技术指标也不同于均线系统和量价关系,它无法单独使用。虽然几乎没有任何一个技术指标可以单独成为一个交易准则,但作为辅助工具,在转折尤其是短线转折上,有它独特的灵敏性,因此在"波线量价"体系之内,技术指标的作用更多体现在短线上利用技术指标来印证从均线和形态中得到的结论,提高交易的安全和把握。最核心的使用,是短线技术指标背离。

技术指标大致分以下几种。

第一种:跟随K线运行的,在软件上一般就直接显示在K线主图中,包括均线、布林线等,这类指标大多没有极值,优点是能直观地跟随K线运动显示阻力支撑,对于行情趋势反映比较明显;缺点是灵敏度大多有限。

第二种:超买超卖指标,大多显示在软件的附图中,比如MACD、KDJ、RSI等。主要衡量K线运行动势能、市场买卖情况等指标。一旦界定为超买超卖,那么拐点也随之出现。与第一种指标相反,这样的指标对于转折的灵敏度较好,这类指标结合短线背离形态对于转折的敏感度是本章节讨论的重点;但这类指标也因为大多被规定上下极值而对趋势捕捉和预测性较弱。

下面介绍两种最典型的技术指标的转折信号。

一、MACD的顶底转折

指数平滑异同平均线(Moving Average Convergence Divergence,MACD)是由查拉尔·阿佩尔(Gerald Apple)发明的一种研判股票买卖时机、跟踪股价运行趋势的技术分析工具。用来研判买卖股票的时机,预测股票价格涨跌的技术分析指标。

MACD研究的是移动平均线的波动。在讲均线的时候我们讲过,移动平均线分久必合、合久必分，MACD就是利用快速(短期)和慢速(长期)移动平均线及其聚合与分离的大小来判断未来的趋势变化。因此，MACD在趋势判断中有非常突出的表现。原理很复杂，关键还在于运用。

MACD指标主要是通过DIF和MACD值及其所处的位置、DIF和MACD的交叉情况、红柱状的收缩情况和MACD图形的形态这四个大的方面研判来分析判断行情。其中，DIF是核心，DEA是辅助。DIF是快速平滑移动平均线(EMA1)和慢速平滑移动平均线(EMA2)的差。BAR柱状图在股市技术软件上是用红柱和绿柱的收缩来研判行情。

（一）MACD的基本使用原则

1. DIF与DEA的观察（如表5－1和图5－31所示）

表5－1　　　　　　　　　　DIF与DEA的行情研判

DIF与DEA	行情研判
当DIF和DEA均大于0并向上移动时	一般表示为股市处于多头行情中，可以买入或持股
当DIF和DEA均大于0但向下移动时	一般表示为股票行情处于退潮阶段，股票将下跌，可以卖出股票和观望
当DIF和DEA均小于0并向下移动时	一般表示为股市处于空头行情中，可以卖出股票或观望
当DIF和DEA均小于0但向上移动时	一般表示为行情即将启动，股票将上涨，可以买进股票或持股待涨

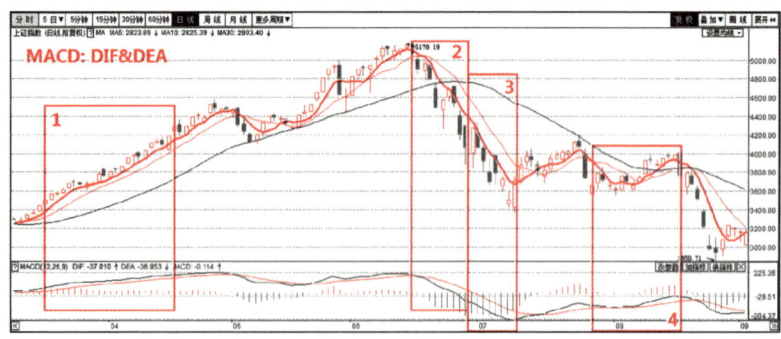

图5－31　DIF与DEA的观察

2. DIF 和 MACD 的交叉（如表 5－2 和图 5－32 所示）

表 5－2　　　　　　　　　DIF 与 MACD 的行情研判

黄金交叉：DIF 向上突破 DEA	当 DIF 与 DEA 都在零线以上，表明股市处于一种强势之中，股价将再次上涨，可以加码买进股票或持股待涨
	当 DIF 和 DEA 都在零线以下，表明股市即将转强，股价跌势已尽，将止跌朝上，可以开始买进股票或持股
死亡交叉：DIF 向下突破 DEA	当 DIF 与 DEA 都在零线以上，表明股市即将由强势转为弱势，股价将大跌，这时应卖出大部分股票而不能买股票
	当 DIF 和 DEA 都在零线以下，表明股市将再次进入极度弱市中，股价还将下跌，可以再卖出股票或观望

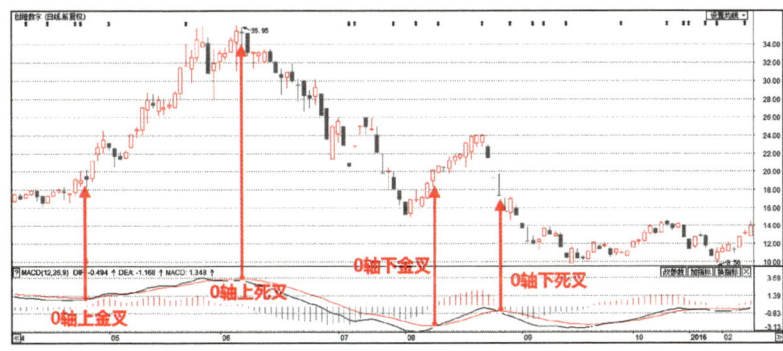

图 5－32　DIF 与 DEA 的交叉

3. MACD 观察

一般我们会用 DIF 值减 DEA 值绘制成柱状图，即 MACD，也称为 BAR，红柱表示正值，绿柱表示负值。从定义得知，MACD 衡量的其实是 DIF 线和 MACD 之间的距离大小，也就是短期均线与中期均线之间的分离性。

（1）红柱为做多信号，当红柱状持续放大时，说明短期均线持续加快领先中期趋势，表明股市处于强势多头中，股价仍将继续上涨，这时应持股待涨或短线买入股票，直到红柱无法再放大时才考虑卖出，如图 5－33 所示。

（2）绿柱为空头信号，当绿柱状持续放大时，说明短期均线持续加快下跌，表明股市强势的空头行情之中，股价仍将继续下跌，这时应持币观望或卖出股票，直到绿柱开始缩小时才可以考虑重新买入，如图 5－33 所示。

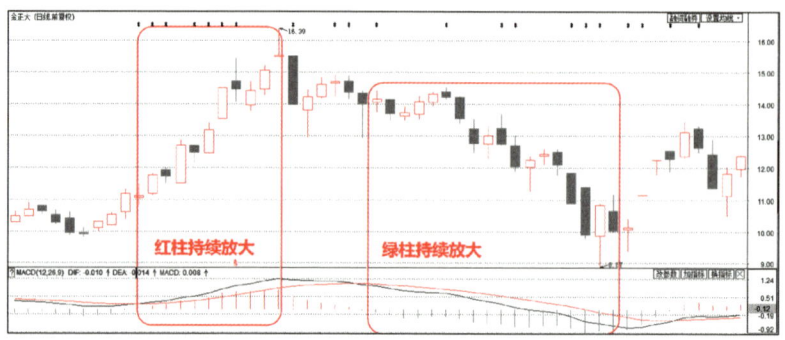

图 5－33 红绿柱的观察

（3）当红柱开始缩小时，表明快速均线开始向中期均线靠拢，显示市场做多力量的衰减，此时，多头波段面临结束或调整，股价有回调的压力，最好选择减仓或出清手中个股而不是买入股票，如图 5－34 左框所示。

（4）当绿柱开始缩小时，同样显示快速均线开始向中期均线靠拢，但反映的是市场做空力量的衰减，此时，空头波段面临结束或反弹，股价有重新回暖的可能，这时可以开始考虑买入股票而不是再次杀跌，如图 5－34 右框所示。

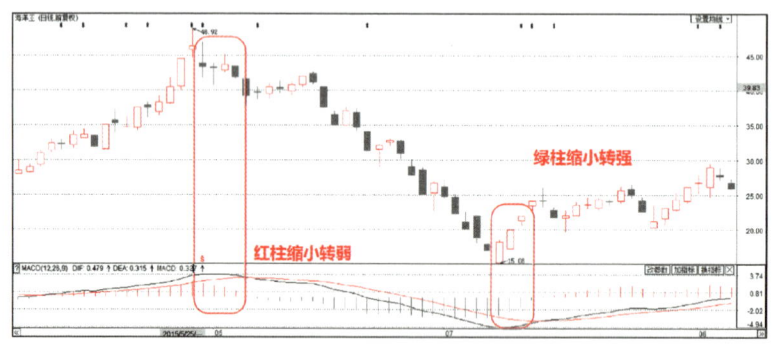

图 5－34 红绿柱的变化

（5）当红柱面临消失、绿柱开始放出时，显示快速均线即将跌破慢速均线，这是股市中期转弱的信号，股价将有加速下跌的可能，这时应选择减仓或离场，信号通常伴随对阻力位置的突破，如图 5－35 左侧所示。

（6）当绿柱开始消失、红柱开始放出时，显示快速均线即将上穿慢速均线，这是股市中期转强的信号，股价未来可能出现加速上涨，可以选择买入或加仓,信号通常伴随对支撑位置的跌破,如图 5－35 右侧所示。

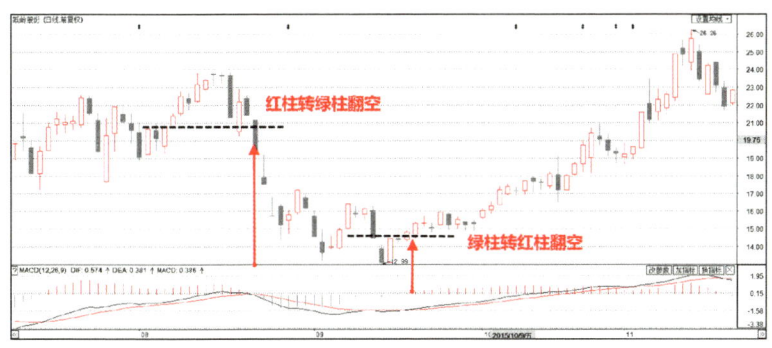

图 5－35　红绿柱的更替

(二)MACD 的背离

MACD 指标的图形形态也可以用来观察行情的转折,包括双头双底等常规顶底形态,其中最重要的是背离形态的观察。指标背离和量价背离一样,就是指价格和指标之间的走势分化。

1. 顶背离

当股价 K 线图上的股票走势一峰比一峰高,股价一直在向上涨,而 MACD 指标图形上的由红柱构成的图形的走势是一峰比一峰低,即当股价的高点比前一次的高点高、而 MACD 指标的高点比指标的前一次高点低,这叫作顶背离现象。顶背离现象一般是股价在高位即将反转转势的信号,表明股价短期内即将下跌,是卖出股票的信号,如图 5－36 所示。

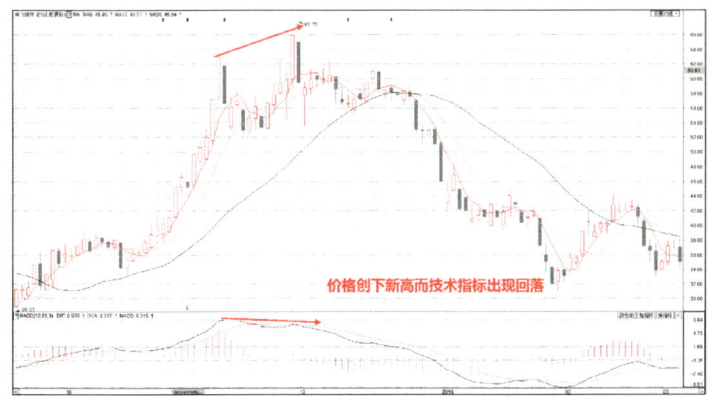

图 5－36　MACD 顶背离

2. 底背离

一般出现在股价的低位区。当股价K线图上的股票走势是股价还在下跌,而MACD指标图形上的由绿柱构成的图形的走势是一底比一底高,即当股价的低点比前一次低点低,而指标的低点却比前一次的低点高,这叫作底背离现象。底背离现象一般是预示股价在低位可能反转向上的信号,表明股价短期内可能反弹向上,是短期买入股票的信号,如图5-37所示。

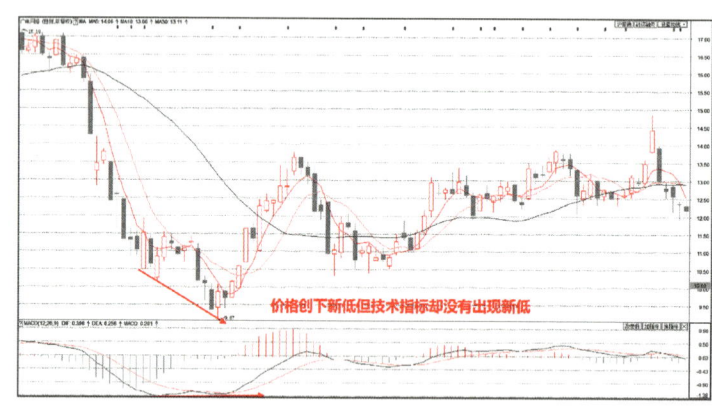

图5-37 MACD底背离

实际使用过程中,MACD指标的顶背离研判的准确性要高于底背离,这点投资者要加以留意。其实不仅仅是MACD,很多技术指标的背离都有相同的使用方法,比如KDJ指标(见图5-38)。

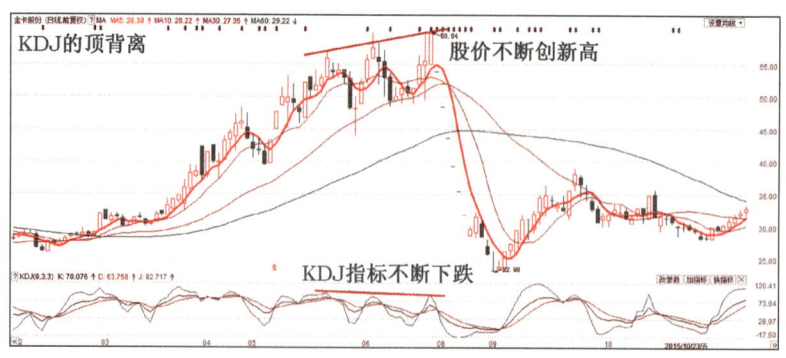

图5-38 KDJ底背离

在技术指标中，MACD 的趋势判断性更强，更重视多空；同时在我们的系统中，技术指标在体系中最核心的作用是帮助确认和抓取拐点，因此背离是重中之重。另外，在短线交易上，尤其注重信号产生的速度，关键就是要快。有些背离，不用等待技术指标形态的完成，我们就已经能够得知。俗话说，早知半日，富可敌国。这是短线技术指标运用的关键所在。

3. MACD 的双重背离——黄金顶底结构

在实践中，当 MACD 指标的背离出现在强势行情中时，一般是比较可靠，股价在高价位时，通常只要出现一次背离的形态即可确认位股价即将反转，而当股价在低位时，一般要反复出现几次背离后才能确认。而如果在波段高低位置附近出现明显的双重或多重 MACD 的顶底背离，这个时候，行情产生转折的概率将大幅提高，这就是黄金顶底结构。

股价在波段上行到压力位置后回落，带动 DIF 快速回落与 DEA 线形成死叉，这是 MACD 指标在波段上行过程中第一次的衰减信号，但是这个时候，趋势大概率没有结束，越是强势、长周期的趋势，越难在第一次衰减的时候就直接见顶，因此这时候确认指标卖出信号的失误率较大。一般只做观察，不确认买卖点。随后股价进一步上涨，此时，MACD 指标已经无法随着股价的上涨而上涨了，形成"钝化"效应，一般在钝化过程中，是一种趋势持续的信号，持有或保持仓位为主，不建议继续追涨杀跌。随后股价的二次回落造成 DIF 和 DEA 的再次死叉，此时的股价比第一次形成死叉时的股价位置更高，但是指标死叉位置相反，则黄金顶结构成立（见图 5-39），是卖出减仓信号（注意，黄金顶底结构比的不是 DIF 指标的位置，而是 DIF 和 DEA 金死叉的位置）。

黄金底结构原理也是同样的（见图 5-40）。

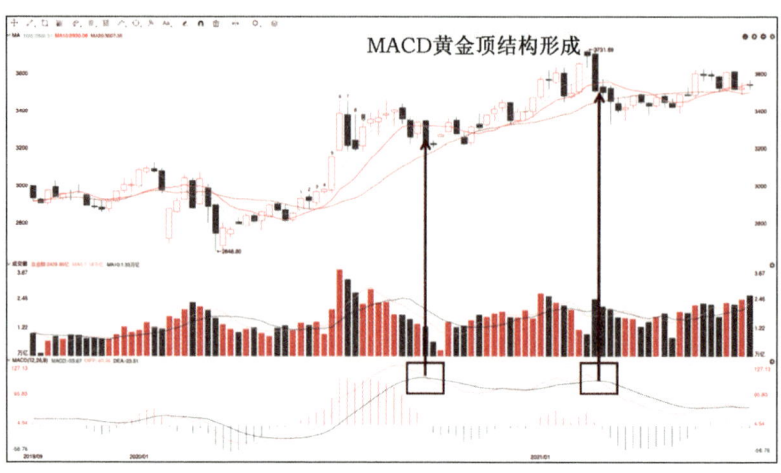

图 5－39　MACD 黄金顶结构

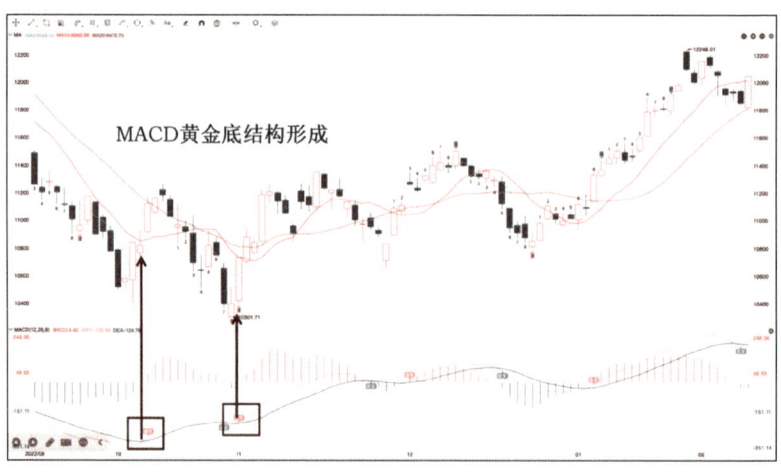

图 5－40　MACD 黄金底结构

　　黄金顶底结构也遵循顶结构比底结构效力更强、成功率更高的规律。同时，如果多个指数比如上证指数、深证成指、创业板指数共同出现顶底结构，或者在多个周期上同时出现顶底结构，效力更强。

二、"神奇九转"的序列转折

九转序列是托马斯·迪马克1970年发明的一套客观分析方法,一般用来推算趋势衰竭情况。基于大数据分析及对长期历史数据的跟踪回测,发现在进行价格同方向趋势排序时,当序列为"9"时,价格非常容易出现转折,因此叫做九转序列,也有称"神奇九转"。

基于这个逻辑,这位数学家发明了一个指标,即连续出现的9根K线,每根K线的收盘价均比各自前面的第4根K线的收盘价高(上涨九转),或比各自前面的第4根K线收盘价低(下跌九转),九转成立,在这个指标中,K线周期越大,效果越好(见图5-41)。

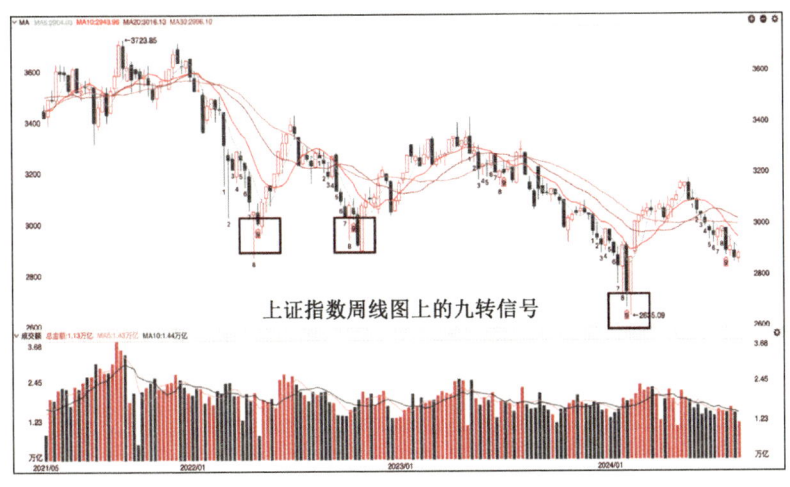

图 5-41 九转信号

从神奇九转的核心逻辑可以看出,它是在衡量一个短期强趋势发展的极限时间。所以使用神奇九转要注意两点。

(1)九转信号一定是在强趋势中:也就是K线图中呈现完美的多空趋势(均线顺序多空排列且K线沿均线波动),一般至少在小时级别以上使用,震荡行情不参考神奇九转。

(2)九转信号本身概念比较单薄,若要根据九转信号确认转折,最好是

能和 MACD 的顶底结构互相印证之后,再确认,效果更佳。

从转折信号的逻辑来看,量价转折应该是最有效的,因为量价转折本质上反映的是在市场的关键位置附近资金的选择,但是量价转折的解读会比较主观,其次就是 MACD 的顶底转折,它反映的是在关键位置附近市场趋势的强弱变化,最后是九转序列,它更多的是一种时间维度上对于市场力量极限的测算。每一种指标都有自己的概率和缺点,因此,转折信号的共振就非常重要。在实际交易的过程中,如果在一个关键位置同时发生多重转折信号,则出现转折的概率会大大增加(见图 5—42)。

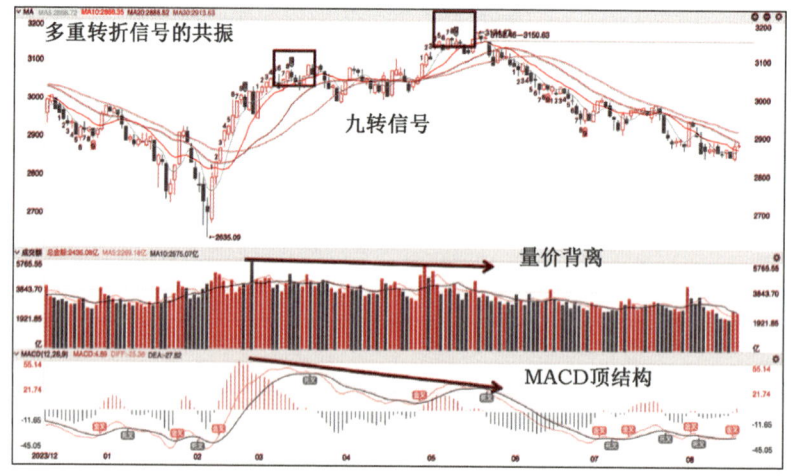

图 5—42　多种技术信号的共振

买卖点,归根到底就是在阻力支撑附近寻找转折。阻力附近的转折是卖点,支撑附近的转折是买点。

股价一路下跌,到支撑附近出现转折,说明支撑的有效,就形成买点,反之,当股价一路上涨,到阻力附近出现转折,说明阻力的有效,就出现卖点。因此,研究 K 线形态也好,技术指标也好,最重要的核心就是找到行情的转折点。所以越早发现和确认转折位置,波段的空间利润就越大。

本章小结

随着现代金融工程的发展,技术指标和模型越来越多,有些时候大家也不要迷信这些东西。就像我之前说的,市场比我们任何一个人和电脑都要聪明,破解模型那是分分钟的东西,很多你花了几个月一两年研究出来的模型一上线没多久就失效了。所以,只有在市场中经历牛熊,长期被验证仍然有效的这些技术指标,才是真正的好指标。

技术指标并不是越复杂越好,在我看来,最有用的还是最经典、最基础的技术指标:指标值的大小、指标的金死叉、指标的背离。如果讲到从指标看转折的话,最重要的还是背离,通过技术指标的钝化与背离来反映股价动势能的变化,从而找到多头或者空头在趋势末端转折的节点。

我们说过,买卖点的选择核心就是在阻力支撑附近寻找转折信号,因此在K线形态和技术指标的研究过程中,转折信号是最关键和核心的。K线和技术指标作为技术图形上最直观、最浅显的表达,直接反映市场当时的多空博弈状态以及市场多空力量的变化过程。但另一方面,就是因为它的直接和快速,以致价格表现往往有很多过度反应和虚假信号,因此,价格绝不能是最先关注甚至唯一关注的技术信号,必须结合趋势性指标加以规划。

第六章

波浪位置看空间

　　波段和波浪是最能反映长期市场内涵的元素,也是最能体现投资观念的元素。

　　经济学上,商品价格是商品价值的货币表现,任何价格的研究都脱离不了货币价值的研究,所以央行的一举一动永远都那么关键。布雷顿森林体系破灭之后,世界金融正式进入信用货币时代。与以前发行货币必须和黄金储备挂钩不同,所谓的信用货币,脱离了任何有限资源,随着信用扩张而扩张,只有平衡没有极限。只要我们还使用信用货币,实体经济必定长期通货膨胀,投资市场永远向上发展。只有学会投资才能规避资产贬值,只有做好投资才能实现资产增值,这就是我的投资世界观。

　　有了方向还要看路径。市场永远向上,但是不可能单边向上。任何市场最终反映的还是它的经济内涵。攻击性商品比如能源、货币往往会走在经济趋势的前面,防御型商品比如黄金会走在经济趋势的后面,股票市场是实体经济的"晴雨表",期货市场是现货市场的"先锋军"。但不管怎么样,实体经济的景气和发展与这些商品价格息息相关。

　　经济周期对股市的影响是决定性的,是战略型投资决策必须考虑的因素。一般来说,经济繁荣时期,温和通货膨胀,公司生产活跃,股息、分红充分,股价逐步上升;而当经济开始衰退的时候,公司产销萎缩,利润减少,股息、分红等随之下降,股票价格下跌。通常我们将经济周期分为四个阶段,每个阶段都对应不同的股市表现。

1. **复苏阶段**

这是经济从谷底开始回升,社会需求开始增长,社会生产开始活跃,企业盈利能力大幅上升,货币政策通常较为宽松。这往往也是股市牛市的开始阶段,攻击类板块如金融、消费、军工等开始带动股市的赚钱效应。

2. **繁荣阶段**

经过一段时期的复苏之后,社会经济活动快速膨胀,投资增加,信用扩张,在连续的宽松政策之下通货膨胀作用开始体现,物价上涨,就业增加。市场信心无限膨胀,风险意识消退,投资市场通常表现为井喷状态,普涨加补涨,主流板块全线上扬,尤其以资源类板块(能源、原料、农牧等)表现突出。

3. **衰退阶段**

经济从顶峰开始下降,在繁荣阶段政府出于防止经济过热而出台的紧缩调控政策开始发挥作用,需求萎缩。超额的生产能力和下跌的商品价格拉低通货膨胀率,市场投资情绪出现崩溃,容易有大面积退潮下跌出现,此时,防御型板块(医药、消费、养老等)还会略有机会,但前期攻击板块开始出现大面积资金流出迹象。

4. **萧条阶段**

经济周期的谷底,社会生产极度萎靡,价格停止下跌但维持低位,市场投资信心崩溃,投资意愿极弱,风险情绪上扬,这时,股市表现基本谈不上赚钱效应,偶尔防御型商品(如黄金等)会得到避险资金的青睐而走高。

经济周期的循环出现,带动了社会经济的螺旋向上,也决定了投资市场的循环波动,但另一方面,股市的波动,并不完全与经济周期相对应,往往会出现低迷期低估、繁荣期高估的偏差(如图6—1所示)。

股票与实体经济的差异,除了经济循环的原因之外,股票价格的波动还受到很多其他因素的影响,比如资金环境、市场情绪、主力意图等,这些都会在短期内让股市偏离经济趋势本身的情况。因此,股市只能是实体经济的"晴雨表",而不完全反映实体经济的内涵,随着金融市场的发达、金融衍生品的发展,股票市场与实体经济的偏差度在短线上也会越来越大。因此,我们在投资

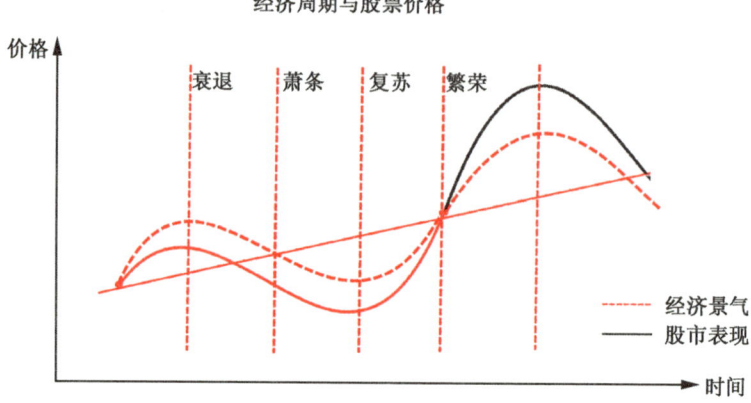

图6—1　经济周期与股票价格的关系

市场操作的时候,尤其是短线操作,并不能完全依托于对实体经济的判断,但是在波段上,实体经济的循环对于股票操作仍然具有根本性的作用。

在经济学领域,通过很多经济指标来量化经济周期,比如国民生产总值、就业情况、行业景气度等;在股票市场,我们同样需要找到能量化这种波段循环的工具,从技术角度看,就是波浪理论和黄金分割。

第一节　周期的具象——波浪

一、波浪理论

既然股票价格的波动来源于经济周期的变化,那么最根本的运动轨迹就是循环。从长期看,任何商品的价格都会因为这样的循环而显示出一种螺旋向上的姿态。这种投资市场上的螺旋向上循环运动,被一名技术分析界的巨匠用一个很简单的形态具象化了,这个人就是R. N. 艾略特(R. N. Elliott),这个形态,就是艾略特波浪。

最传统的波浪理论,是艾略特以道琼斯指数为标的做切割及统计之后形成的一种概率论。艾略特在《波浪理论》一文中为波浪理论定性:"大量有关一切人类活动的研究表明,社会经济的发展进程遵循一定的法则,这一法则使得社会经济总是以一系列相似的波浪序列模式反复推进,每次循环的波浪数量和模式都一样。而且研究还表明,波浪的波动幅度和持续时间表现出一致的比例关系。"

在实际运用中,波浪理论有两个主要概念。

(一)市场的周期波动由八浪形态完成

波浪理论认为市场走势不断重复的一种模式是趋势的周期波动。每一周期由 5 个上升浪和 3 个下跌浪组成(见图 6-2),通过演绎法则可以解释和预测未来的行情。

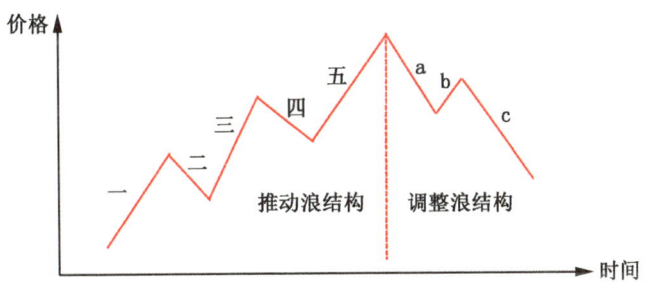

图 6-2 艾略特波浪理论传统八浪形态

波浪理论的推动浪,浪数为 5(一、二、三、四、五),调整浪的浪数为 3(a、b、c),合起来为 8。8 浪循环中,推动浪由前 5 段波浪构成,其中包括 3 个向上的攻击浪及 2 个下降的调整浪,也就是 3 个顺势浪和 2 个逆势浪。而调整浪是由 3 个波浪组成的一段下跌的趋势,是对前一段 5 浪推动浪的总调整。这是艾略特对波浪理论的基本描述。而在这 8 个波浪中,有顺势的波浪,也有逆势的波浪,交替出现,循环波动。

 案例 6-1 指数的波浪形态

图 6-3 是上证指数在 2014 年 7 月到 2015 年 8 月的日线走势,从图中可以看到,上证指数经历了一波比较完整的上涨—下跌行情,而这个行情,可以用波浪理论清晰地描绘出行情的波动轨迹。作为一个技术图形理论,波浪理论在指数和商品这样参与人数众多、市场力量综合的图形中表现得

尤其有效。

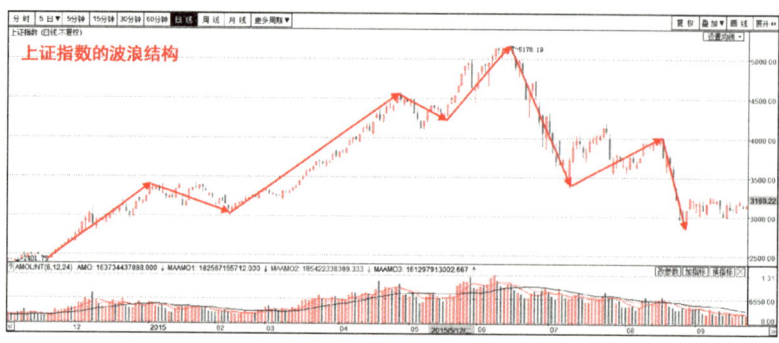

图6－3　指数中的波浪形态

(二)波浪形态可被无限细分

艾略特波浪理论将不同规模的趋势分成九大类,最长的超大循环波(grand supercycle)是横跨200年的超大型周期,而次微波(subminuette)则只覆盖数小时之内的走势。但无论趋势的规模如何,每一周期由8个波浪构成这一点是不变的。这个理论的前提是:股价随主趋势而行时,依五波的顺序波动,逆主趋势而行时,则依三波的顺序波动。长波可以持续100年以上,次波的期间相当短暂。一般股票操作,我们以日线及周线级别波浪为操作依据,太长没有操作意义,太短没有操作空间。

因此,波浪形态,大浪中有中浪,中浪中又有小浪,可层层细分,也可层层叠加,这是波浪理论最精妙也是最复杂的部分(如图6－4所示)。无论是月线图还是分钟图,我们都可以看到波浪的存在。

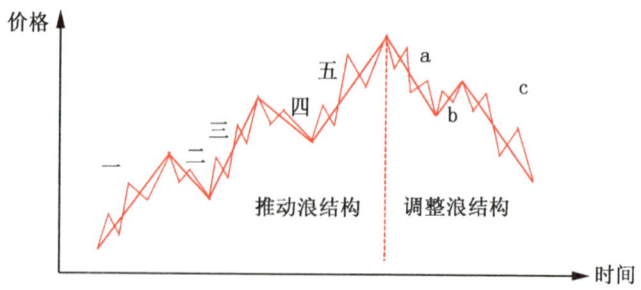

图6－4　传统波浪结构的细分结构

一个最高级别的趋势,其实也就是一个推动一个调整的运行,也就是 2 个波浪。

往下一层,推动浪分为 5 个波浪,调整量分为 3 个波浪,形成传统八浪形态。

继续细分,推动浪中可以有 21 个子浪,调整浪中有 13 个子浪,一共 34 个波浪。

理论上,细分可以无限进行。

 案例 6-2　指数的波浪结构的细分

图 6-5 仍是上证指数在 2014 年 7 月到 2015 年 8 月的日线走势,从图中可以看到,上证指数的八浪结构可以被细分结构再次分解,而细分之下,还能细分。

图 6-5　指数波浪形态的细分结构

二、八子浪的主要特征和应对

波浪理论所谓的八浪行情,也可以理解为行情的八个不同阶段。如果说波浪理论给我们描绘了行情的时空概念以及运行规律,那么黄金分割就是对以波段形式出现的波浪进行量化和定义的最好工具。波浪与波浪的衔接与判断上,最重要的依据就是段落与段落的幅度。波浪和黄金分割有效的结合就可以明确行情的运行趋势。

同时,在 8 个子浪的循环中,每段波浪都有不同的特点,对应不同的操作策略(如图6-6所示)：

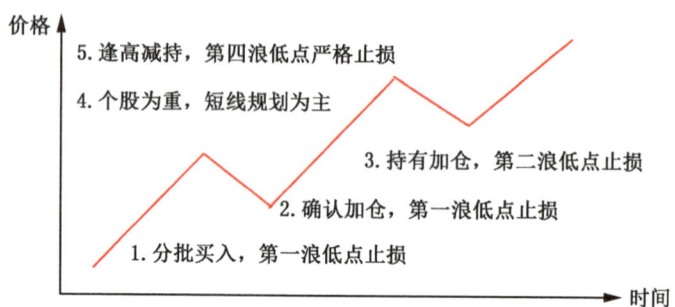

图6-6 推动浪的应对策略

(一)第一浪：多头启动浪

1. 主力心理

市场通常还处在一片清冷之中，对前期经济和投资环境的萎靡心有余悸，投资情绪冷清，大家都在等待更低的市场底部，舆论也不鼓励投资。投资者仍然选择持币观望，甚至把市场的积极表现视作熊市的反弹，但市场主力已经开始逐步入场埋伏。

2. 市场表现

大部分第一浪仍处于底部位置，构筑头肩底的低点或双底的右底，由于主力的入场埋伏造成在底部开始出现多方量能潮的信号。若在前一波段下跌幅度或力度的时候容易出现V形反弹的第一浪形态，这类第一浪涨幅常常更大。标志信号是K线图上出现带长下影线的大阳线。

3. 交易策略

从波浪的角度，在这个阶段当然是积极介入的位阶；但实际操作中，因启动浪常处于多空转换期，在确认度不够的情况下，实际操作中应该以逢低吸入为主，分批进场。一旦构筑第一浪失败，以数浪低点为止损位置。

(二)第二浪：多头启动的确认

1. 主力心理

市场主力在底部吸收筹码、建仓完毕之后的震仓动作，是主力拉升前的最后洗盘。但往往在第二浪调整出现的时候，市场看空论点会认为市场仍处于下跌趋势，确认第一浪为反弹而非启动信号。这时候，应该通过观察第二浪的回撤幅度和成交量能来衡量上升趋势是否成立。

2. 市场表现

一般第二浪的整理中，其回调幅度可能达到第一浪幅度的38%或62%，如果前期下跌力度过强，第二浪的回调幅度可能会达到100%，也就是理论上允许第二浪回到第一浪起点，但不应该跌破第一浪的起点。此时，第一浪的起点和第二浪的终点构筑双底形态。

同时，上升趋势缩量整理，因此一般第二浪的成交量会小于第一浪，成交量波幅也较小，这是卖力衰竭的表现。在第二浪回调结束时，指标系统经常出现超卖、背离等现象，或出现传统系统的转向信号，如头肩底、双底等。

3. 交易策略

当第二浪缩量回测第一浪的重要支撑位置不破，视为对第一浪上涨的确认，此时形成波段最佳买点，应该积极介入。止损位置同样是第一浪的数浪起点，因为第二浪跌破第一浪低点会彻底破坏数浪原则，说明原第一浪并非真正的第一浪，应重新规划波浪运动。

 案例6-3　第二浪中的深幅回调

图6-7是上证指数在2015年9月到11月的日线走势，从图中可以看到，行情在2 850点的位置构筑平台下轨开始启动第一波反弹。但是在3 200点的区间上轨再次受到压制回落，形成了第二波的调整。且第二波的调整幅度相当大，进入了黄金分割的最后支撑区，但是没有破位。此后放量突破3 200点时，第三波主升浪正式展开。

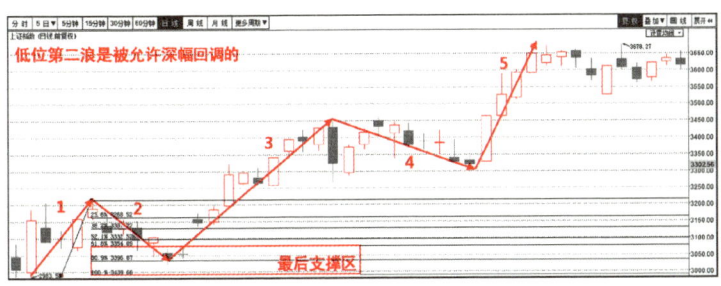

图6-7　推动浪的应对策略

(三)第三浪:多头主升段

1. 主力心理

第三浪的起点也就是第二浪的终点位置,通常市场仍在纠结第一浪的底部位置是否会被有效突破,同时观望者众多。但主力已经完成最后的震仓动作,开始快速哄抬价格,创造波段利润。此时行情往往突然启动,表现为量价齐扬,市场价格快速走高,任何想等待回调入场的愿望都会落空。即便出现回调也会非常快速。这时候大多数人开始意识到熊市已经结束,牛市已经到来。

2. 市场表现

在实际行情中,第三浪往往都是最具爆发力的一波行情,运行时间和上涨幅度都是推动浪中最长的一波,在一般情况下为第一浪升幅的 1.618~2.618 倍。如果第三浪升幅与第一浪等长,则第五浪通常出现扩延的情况。一般第三浪如果运行时间较短,则升速通常较快。

第三浪中,各种技术指标都会出现买入信号或进入多头范围,在市场统一认可牛市之后,成交量也会迅速增加,且经常伴随向上的跳空缺口出现。

3. 交易策略

在第三浪中,唯一的操作原则是顺势而为。因为第三浪的升幅及时间经常会超出分析者的预测。多数情况下,第三浪会以更小级别的五浪或扩延波的形态出现,任何的拉回都是买点。在确认第三浪的时候,激进投资者可以果断追价,保守型投资者也可以选择市场涨幅较小的股票再次介入。

 案例 6-4　第三浪的延展形态

图 6-8 是上证指数在 2015 年 2 月到 6 月的日线走势,从图中可以看到,2015 年 3 月 9 日从 3 198 点开始,一直到 2015 年 4 月 28 日,行情构筑波段主升浪,主升浪结构极其强势,以多头延展波的形态展开,基本不给回调机会。这就是所谓的多头延展形态。

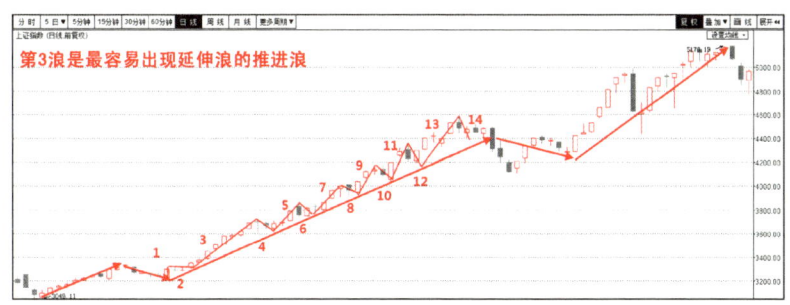

图6-8 主升浪的延展形态

(四)第四浪:多头整理浪

1. 主力心理

第四浪往往是非常明显的调整浪,市场指数和大多数股票处于强势震荡形态,往往也是主力试探市场,准备出货的波段。

第四浪的持续时间可能非常长,这个时候指数和股价都已经运行到了相对高位,市场人士开始提示风险,但第三浪的强势让投资者欲罢不能,仍处于习惯性的追价操作当中,第四浪的调整就会让第三浪的追加盘成为套牢盘。一些对于市场运行习惯和波浪不了解的投资者往往就会在第三浪的高点介入而在第四浪的回调止损,第五浪启动越过第三浪的高点再次介入从此被牢牢套死。

2. 市场表现

从形态上看,第四浪常常是最复杂的一浪,以三角整理最常见。如果第四浪以平坦形或N字形出现,a小浪与c小浪的长度将会相同。幅度上,第四浪一般不会超过第三浪的38.2%位置,成交量开始收窄。

第四浪与第二浪具有很强的互换性,经常是交替形态的关系,即单复式交替或平坦形、曲折形或三角形的交替。如果第二浪以简单形态出现,第四浪则以复杂形态出现,如果第二浪调整时间已经很长,第四浪的整理时间就会相对更短。

第四浪的底不会低于第一浪的顶,却常常更为其后更大级数调整浪中a浪的低点。

3. 交易策略

第四浪的时候,波段操作者应该开始警惕风险,随时准备出货。注意,在指数第四浪的时候,大部分个股都会提前到达个股的波段性顶部位置,尤其是小盘类股票往往先于大盘做头,由强转弱,这种个股转折信号出现后应果断卖出。短线投资者仍可以寻找强势股拉回的介入机会,但是务必逢低买入,并设置严格止损。

 案例6-5 第二、第四浪的互换形态

图6-9同样是上证指数在2014年2月到6月的日线走势,我们看到,当多头第一浪启动之后,第二浪的调整相对简单明快,拉回之后继续上涨,展开第三浪的多头延展形态。但在之后的第四浪中,整理的形态就相对复杂,时间也更长。这就是第二浪与第四浪的形态互换,通常在大级别的行情中,第四浪都会以相对复杂和长时间的形态出现。

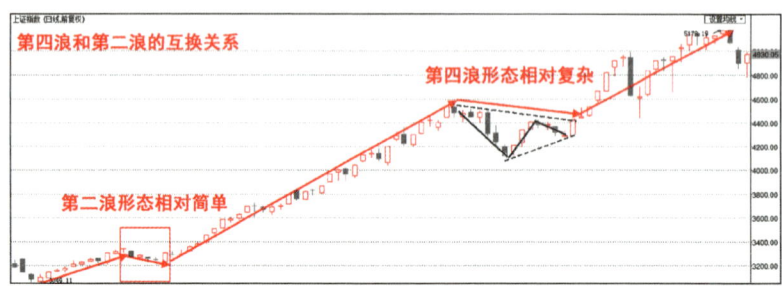

图6-9 第二、第四浪的互换形态

(五)第五浪:多头的末波段

1. 主力心理

驱动浪的最后一浪,常常以井喷形式表现而让原本畏惧高价的投资者忽略了风险追高介入,市场处于狂热状态,但市场主力则借此出货。在第五浪的时候,技术指标大多展现背离或者钝化,成交量大多小于第三浪,但不排除在第五浪的高点出现成交量井喷的情况,尤其发生在个股方面。

2. 市场表现

一般第五浪上升动力已经不足,势头不会比第三浪更猛。如果第一、三浪等长,则第五浪经常出现扩延。如果第三浪出现扩延浪,则第五浪幅度与第一浪大致等长。除非发生扩延的情况,第五浪的成交量及升幅均小于第三浪,形成波段性的量价背离,并且常伴随技术指标的顶背离或钝化。

幅度上,第五浪常与第一浪相当或在第三浪的 61.8% 左右,有时也会出现第五浪高点比第三浪更低的现象,被称为"失败的第五浪",形态上形成双顶结构,后市看跌。

3. 交易策略

到达第五浪的时候,波段操作者就已经开始逢高减仓,同时,所有的交易都开始设置保护性的止盈止损。

 案例 6-6　失败的第五浪

图 6-10 是上证指数在 2015 年 9 月到 2016 年 1 月的日线走势。按这样的数浪方式,可以看到,第五浪虽然仍有冲高,但动力不足,且量能收缩,显示出多头气势的衰竭。形态上几近完成之后不创新高,视为"失败的第五浪"。一般这种形态会比较多地出现在大级别的空头反弹波段中,形成右顶偏低的双头形态,后市看跌。

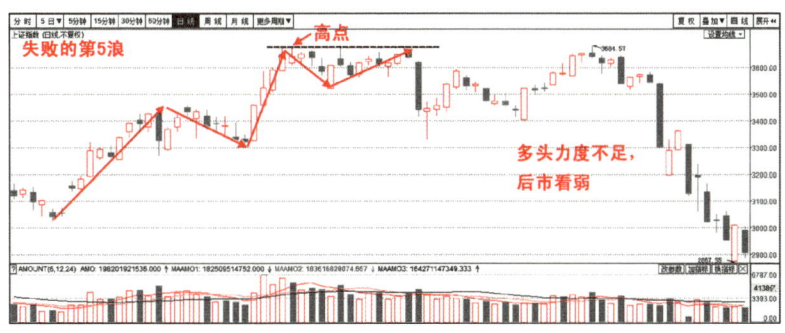

图 6-10　失败的第五浪

(六)第六浪 a 浪:多空转折浪

1. 主力心理

a 浪的情况和第一浪正好相反,这个时候,市场一片狂欢,完全忽略风险的存在。此时,市场的下跌反而被认为是入场的机会,千金难买牛回头的论调反复出现,高位接盘的人不愿止损,由此出现大面积亏损而牢牢套死;即便意识到前方大牛市已经结束,市场交投也依然活跃,不断有人试图参与反弹。但主力恰恰乘此机会大量抛出手中盈利筹码,因此,不管市场如何论调,抛压始终大于买力。

2. 市场表现

a 浪可以为 3 波或者 5 波的形态。在 a 浪以 3 波调整时,后市下跌力度较弱,后续的 b 浪反弹有机会回到高点甚至创下新高;但在多数情况或大级别行情中,a 浪往往以 5 小浪形态出现,此时幅度上出现较大的破坏力,后市下跌力度较大,b 浪反弹只能到达 a 浪的 50%～61.8% 的反弹位置,后市极弱。a 浪下跌的形态往往是研判后市强弱的重要依据。

3. 交易策略

操作上,当转折信号发生,确认 a 浪的时候,应果断止盈止损,不要恋战等待反弹。

(七)第七浪 b 浪:多头最后出逃机会

1. 主力心理

经过 a 浪下跌之后的超跌反弹,回踩确认阻力的过程,主力已经淡出市场,大部分情况下并不会重仓参与这样的波段反弹格局。但市场很多散户不知道这是最后反弹机会,反而在前期的多头思维下认为这是新一波段多头的启动,往往造成在前期第四、五浪中逢高离场的投资者反而在这个阶段重新买入。如果说第五浪是套在山顶,这一波的人就是套在山腰,造成的结果都比较严重。

2. 市场表现

在 a 浪以 3 波形态出现的时候,b 浪的走势通常很强,甚至可以超越 a 浪的起点,形态上以箱体震荡和三角整理的概率更大。而 a 浪以 5 波运行的时候,b 浪通常回调至 a 浪幅度的 0.5～0.618。升势较为情绪化,维持时间较短。

因为主力通常不会重仓参与这样的反弹,因此 b 浪和多头重启最大的差别在于 b 浪的成交量往往不足,和 a 浪相比形成下跌有量反弹无量的空头市场信号。

3. 交易策略

所有做多交易最后的离场机会,切忌追高。小级别周期上的 b 浪通常不建议普通投资者参与,空间小风险大。相对大级别的 b 浪有操作空间,但是注意短线操作为主,且需要严格止损。

(八)第 8 浪 c 浪:消耗性的下跌浪

1. 主力心理

市场经历反弹后,主力基本淡出市场,热钱退出,市场在没有大资金运作的背景下,持续下跌,与第三浪的一致看多相对,c 浪通常是一致看空的过程。

2. 市场表现

除三角形之外,在多数情况下,c 浪的幅度至少与 a 浪等长,破坏性和杀伤力最强,大多会跌破 a 浪的底部,调整时间也超过 a 浪。在 a 浪跌势迅猛、b 浪反弹不足的大级别行情下,c 浪的走势可能延长,远远超过 a 浪。

与第三浪特性相似,必定以 5 子浪形态下跌,股价全线下挫。区别是在 c 浪的末端,市场会出现企稳的现象,以连接下一个多头启动浪的到来。

3. 交易策略

强力止损,持币观望,通常为杀伤力最强波段,消耗空间和时间的调整浪。即便连接多头启动浪也有反复过程,买入不急。

案例 6-7　最具破坏力的 c 浪下跌

图 6-11 是上证指数在 2007 年 4 月到 2014 年 10 月的日线走势,是上证指数到今天为止最漫长的熊市过程。因为 2006—2007 年的疯狂大牛市,市场失控到了极点之后,所有的价格大幅偏离了股票本身的价值区间。两年的疯狂用了整整 7 年的时间来修复。这个大熊市的过程,从结构上清晰地分为三段:第一段 a 浪从空间上修复价格,完成多空转换;第二段 b 浪反弹,超跌反弹波段,给了前期的套牢盘最后的逃命机会;而最后的第三段 c 浪下跌,则是熊市的主体,占据了整整 5 年时间。在这 5 年中,始终渐行渐低的股

票市场让股票市场的赚钱效应差到了极点,让这种投资方式逐渐被人们抛弃。这就是最具破坏力和消耗性的下跌浪。但是另一方面,价值修复之后,机会也慢慢形成了。这就是波浪的循环。

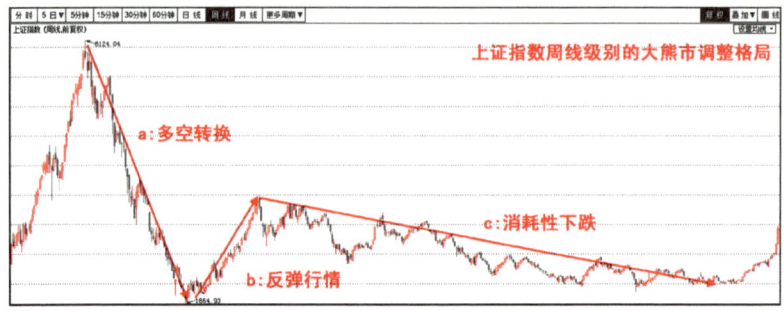

图 6-11　最具破坏力的 c 浪下跌

三、波浪理论四大铁律

波浪理论每一个波浪相应的操作方法和应对策略并不难理解,但是在实际操作中,行情千变万化,当时当刻到底处于哪一个阶段是最关键的问题。因此,波浪理论有一个很大的特点,就是用波浪理论复盘非常准确,但是用波浪理论预测则常有所谓"千人千浪"的情况出现。

所以在波浪理论中,最困难的地方就是波浪等级的划分,也就是我们常说的数浪。如果要在特定的周期中正确地指认某一段波浪的特定属性,不仅需要形态上的支持,而且需要对波浪运行的时间做出正确的判断。

一般来说,数浪有几个基本原则,这些都是在长久的市场印证下得出的基本经验。

1. 第二浪不应低于第一浪的起点

在一个上升趋势成立的时候,市场的底部应该不断地抬高,因此浪底应该一浪高于一浪。若第二浪低于第一浪的起点,则这个第二浪才应该是真正的底部,重新规划并推算其后推动浪的起始点。

2. 在推动浪的 5 个浪之中的顺势浪(一、三、五)之中,第三浪不会是最短的

按市场运行逻辑,市场不管是由弱到强还是由强到弱都是循序渐进的,因此第三浪都不会是最短的。

通常,在市场运行中,若第一浪的力量非常强大,但是到第三浪出现变短变弱,就要警惕第五浪出现最弱波动,及时离场。

若第一浪最短而最弱,第三浪变强变长,第五浪通常为最强及最长,可以继续积极操作。

若第一浪力量一般,第三浪最强及最长,则第五浪的力量和长度一般与第一浪相当。

总之,在推动浪之中,有三个主流趋势的力量,第三浪处于中段,无论如何不应是最弱和最短的,如果在最后的数浪结果中第三浪最短,数浪有很大机会出现错误。

3. 在推动浪的 5 个浪之中的两个逆势浪(二、四)不会互相重叠,且常以不同形态出现

既然认为第三浪不会是最短最弱的推动浪,第二和第四浪就不该出现重叠的形态,也就是第四浪的低点不会与第一浪的顶点重合。同时,两者在调整时间、形态构成、位阶幅度上也大多不一致。一般第四浪都以三角整理后矩形整理形态出现居多。

4. 调整浪是 a、b、c 三浪,而不能是一、二、三、四、五浪

当价格表现只有三浪而非五浪的时候,应该判定此为调整浪而非主趋势的推动浪,从而确认主趋势的方向。而调整浪 c 浪一般都能形成 5 个子浪,通常被视为调整浪里破坏力最强波段。

以上就是一些波浪理论的基本数浪规则。即便是严格按照这样的原则,在实际操作中,也常常会有不同的数浪方式出现。因此长期以来,波浪理论最为人诟病的地方就在于它的主观性。波浪理论现世的一百多年间,很多人对波浪理论进行过演绎和再演绎,以至于现在市场上关于数浪的技巧层出不穷,莫衷一是。这也是为什么很多时候我们看到千人千浪的市场演绎,让人觉得波浪理论只是一种"不明觉厉"的抽象理论,形而上学的牵强附会。

但其实,波浪理论描绘的是市场价格波动的一种自然规律,就像它的名字"波浪"一样,起伏进退间,是市场螺旋向上的图形表现,让我们可以一种直观的方式,感知市场当时位阶的高低。波浪理论从来都不是也不应该是一个像技术指标一样严格而精确的数理科学,而更像是一种艺术、一种推理、一种规划。所谓大胆假设小心求证,波浪和波段这一个环节就是这个大胆假设的环节。因此,在实际分析过程中,在遵循基本浪型和数浪原则的前提下,完全可以天马行空,想怎么数就怎么数。

 案例6-8 波浪的不同数法

图6-12是岷江水电2015年上半年的日线走势。这段维持长达半年的上涨推动浪至少可以画出两种不同的5子浪结构。第一种从低点开始(1、2、3、4、5)到顶点结束;第二种从次低点开始(Ⅰ、Ⅱ、Ⅲ、Ⅳ、Ⅴ)到顶点结束。原则上看,这两种数浪方式都可以成立,只是它们在启动浪和调整浪的认定上存在分歧。但无论哪种方式,从波段买卖角度看,它们对启动点的确认比较接近,对主波段和末波段的确认也基本一致,这两种数浪方法从策略角度来说差异并不大,都能比较直观地告诉我们位阶的相对高低。因此在数浪结构上这样的差异是被允许的。我们在做分析的过程中应当始终明确,分析服务于交易而不是为了分析而分析,过于纠结在一些极致的细节,对于交易本身意义不大。

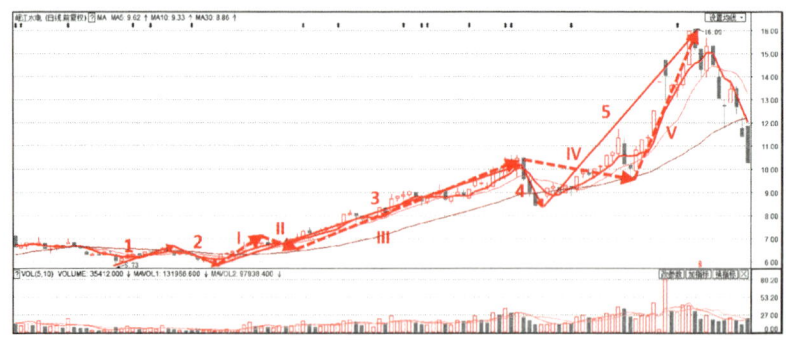

图6-12 波浪形态的不同数法

一般情况下,我们可以在数浪的过程中列出多个后市的发展模式,让自己对于后市的发展有一个心理预期,以制定策略。在这多个发展模式中,根据概率大小分定一个优先级,一旦首选数浪方式被证明错误,可以立即调整策略以应对行情变化。

在学习波浪理论的过程中,我们始终明确和坚持的一点是,关键的问题并不在于数浪的精确性,而在于行情的趋势循环性,在于主浪和调整浪的确定。到底现在是在多头循环(上涨为主波浪,下跌为调整浪)的过程中,还是在空头循环(下跌为主波浪,反弹为调整浪)的过程中,确定操作的方向。而除了波浪规划之外,我们还可以用更精确的黄金分割来量化这些涨涨跌跌之中的主次关系。

第二节　波段的量化——黄金分割

我们已经知道,没有只跌不涨的行情,也没有只涨不跌的行情,行情都是在波动中进行的。而波动就是由一涨一跌这样一段一段的行情组成的,这就是行情的波段。对波段的研究,就是对行情进程的研究,重点在于对波段幅度的测量和预判。而黄金分割理论就是在波段测幅上使用最广泛、实际效果最好的技术工具。

黄金分割是人类自然科学中最伟大的发现之一,几乎在所有的自然学科中都有独特的运用价值。我不是研究自然科学的,无意对黄金分割的历史和数理依据做过多展开,重要的一点是,黄金分割作为一种自然规律与技术分析在源头上达成了一致。

技术分析虽然是图形分析,但实质是对所有市场参与者在市场当中的行为结果做一个平均化分析,分析的是人的行为。人的行为规律,不管在哪里,都会在不同程度上不自觉遵循一种自然规律,在股市当然也一样。人越多,平均行为对于自然规律的遵循程度越高;因此,在技术分析的目标市场中,参与人数越多,技术分析的准确率就越高。这也是为什么技术分析在大众参与市场中的准确率要远远高于小众市场的准确率,在指数上的准确率也要高于在个股上的准确率。

黄金分割是规律的规律。它使用最简单的数列,形成了几乎一切量化的基础,这个数列,就是斐波那契数列。

斐波那契数列(又称黄金分割数列)指的是这样一个数列：

0，1，1，2，3，5，8，13，21，…

在数学上，斐波纳契数列以如下递归的方法定义：$F_0=0$，$F_1=1$，$F_n=F_{(n-1)}+F_{(n-2)}$($n \geq 2$，$n \in N$)，简单来说，就是由0和1开始，之后的每一个数字是前两个数字之和。当这个数列趋于无穷大时，前一个数字大约是后一个数字的61.8%；后一个数字约是前一个数字的1.618倍。

这个数列和比例在现代科学领域里都有非常广泛的应用，在股票市场的技术分析中，更有独特的使用价值。两个最重要的斐波那契比例61.8%和38.2%，加上50%的中心比例，就构成了最常见的黄金分割率，而这个黄金分割率在波段测幅上有着非常重要的参考价值。

在技术分析中，黄金分割率主要有两个用处：

第一，计算波段的阻力支撑位置，判断阻力支撑力度大小。

第二，计算波段与波段之间的从属关系，判断趋势的变化。

一、黄金分割确定阻力支撑

黄金分割在股市上最主要的运用是在一个波段结束之后，利用波段的幅度和黄金分割的比例，测算出下一波段行情的阻力支撑，从而计算出买卖的点位。

因此，在黄金分割位的计算上，首先要确定的是前一波段的高低点。在本波段仍在运行的时候，因为无法预知行情到底要进行到什么位置，不能确定波段的高低点而无法划定黄金分割位置，所以，黄金分割的测幅参考都是基于前一波段进行的。

那么如何判断前一波段已经结束了呢？最简单的方法就是用趋势线。

一个趋势一旦形成波段行情，则股价在一定时期内必然沿一个方向运行，直到这个趋势被有效改变，这个改变，就是趋势线的突破。上升趋势线为支撑线，因此一般以波段的低点连接成线作为趋势线，下跌趋势线为阻力线，因此一般以波段的高点连接为阻力线；所谓趋势的结束、趋势线的跌破一般以K线实体跌破或突破趋势线为准。

(一)针对上升段回调整理黄金分割，主要计算其回调支撑位置

当一个波段的上升趋势线被有效跌破后，可以视为波段结束。以波段

的高点为黄金分割线的起点,以波段的低点为黄金分割线的终点可以画出黄金分割线计算黄金回调位置,形成黄金回调位置支撑。重要的支撑位置分别为 38.2%、50%、61.8%,按顺序对行情产生支撑。比如:

(1)当行情在 38.2%回调位置上方时,38.2%的位置即为最重要的回调支撑或回调目标位置;

(2)当 38.2%的位置被跌破时,50%的位置成为最重要的回调支撑或回调目标位置;

(3)当 50%的位置被跌破时,61.8%的位置成为最重要的回调支撑或回调目标位置;

(4)当 61.8%的位置被跌破时,支撑或回调目标位置回到前波段的起点。

 案例 6-9　指数上涨过程中的回调支撑

图 6-13 是上证指数在 2015 年 3 月到 5 月的日线走势,从图中可以看到,指数从 3 600 点一路上行到 4 500 点以后,多头动能出现衰退,回调整理。在连续击穿 23.8%和 38.2%两个支撑位置之后,最终在 50%的回调位置得到支撑,从而结束整理继续向上运行。若 50%的支撑位置也被跌破,61.8%的回调位置同样会对行情产生支撑。

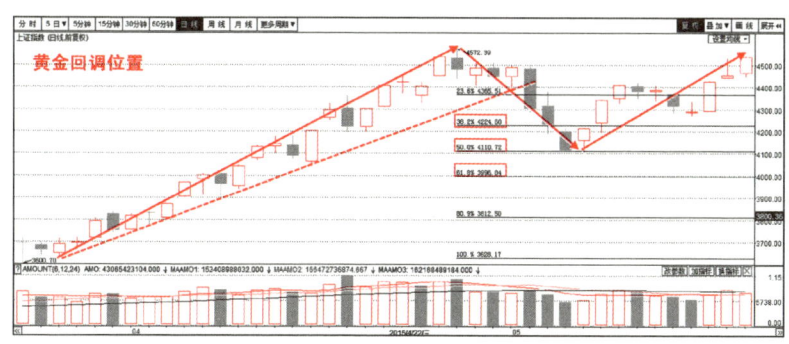

图 6-13　黄金回调位置支撑

(二)针对下跌段反弹整理黄金分割,主要计算其反弹阻力位置

当一个波段的下跌趋势线被有效突破后,可以视为波段结束。以波段的低点为黄金分割线的起点,以波段的高点为黄金分割线的终点可以画出黄金分割线计算黄金反弹位置,形成黄金反弹位置支阻力。重要的阻力位置同样为 38.2%、50%、61.8%,按顺序对行情产生阻力。

(1)当行情在 38.2%回调位置下方时,38.2%的位置即为最重要的反弹阻力或目标位置;

(2)当 38.2%的位置被突破时,50%的位置成为最重要的反弹阻力或目标位置;

(3)当 50%的位置被突破时,61.8%的位置成为最重要的反弹阻力或目标位置;

(4)当 61.8%的位置被突破时,反弹阻力或目标位置回到前波段的起点。

 案例 6-10 指数下跌中的反弹阻力

图 6-14 是上证指数在 2015 年下半年的日线走势,从图中可以看到,指数从 5 178 点掉头向下,遭遇恐慌性杀跌一直跌到 3 400 点,开始超跌反弹。但是反弹在 38.2%的黄金反弹位置就开始形成压力,此后的震荡一直没能突破 38.2%的阻力位置。同样,若 38.2%的阻力位置被突破,50%、61.8%的黄金分割位同样会对行情产生阻力。

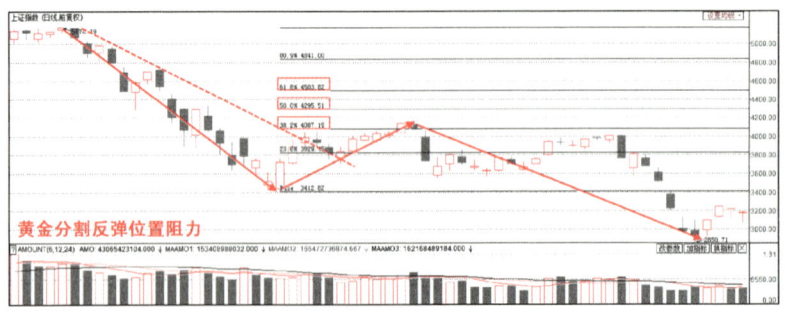

图 6-14 黄金反弹位置阻力

二、黄金分割预测趋势方向

上一节提到,在行情规划的过程中,关键的问题就在于主浪和调整浪的确定,行情到底是在多头循环(上涨为主下跌为辅)还是在空头循环(下跌为主、上涨为辅)的确定;也就是说,到底是做多还是做空,是策略制定中最核心的问题。

什么叫多头驱动?什么叫空头驱动?最简单的就是看回撤和反弹的幅度。黄金分割所划定的一些空间幅度,正是测量波段行情主次关系的重要工具。在利用黄金分割确定阻力支撑之后,我们就可以根据行情的运行轨迹来规划行情的主次,利用价格回调和反弹的幅度来预测股价运行趋势方向。

(一)上升趋势的回调幅度判断后市强弱

一轮真正的上升行情中,会有几次级别比较大的回调整理过程,这种回调整理的过程,有些是踏空者的上车机会,有些则代表多头趋势的结束。技术上,这就是由回调幅度所决定的。

回调整理的目标位置是根据前一波段的黄金回调位置来计算,第一目标位一般是前段上升行情高度的38.2%的回调位置,第二和第三目标位则是前段上升行情高度的50%和61.8%的回调位置。根据这三个位置,可以把前波行情自上而下分为四个区域,即强势震荡区、回调整理区、深幅回调区和破位观察区(见图6—15)。而最终行情的回调幅度将决定后市的力度。

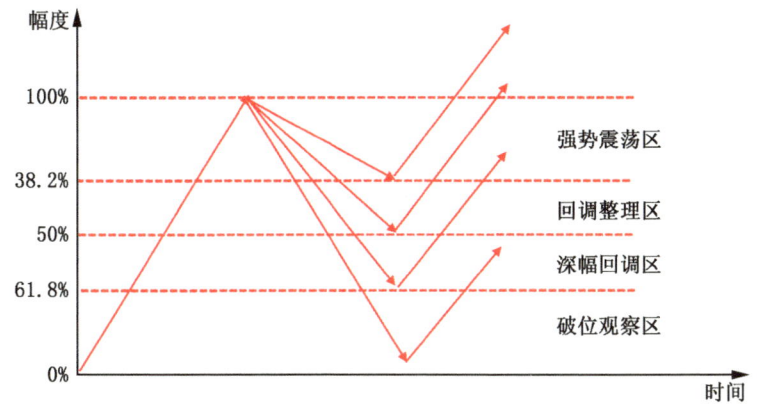

图6—15 黄金回调幅度看后市强弱

1. 强势震荡区

上升行情中的强势整理,是指股价在无法继续沿趋势线走高之后却始终运行在前高到38.2%回调位置的区间内,这样的回调是一种强势的回调,显示下方买力的支撑非常充分,主力只是在等待进一步上涨的动力而不敢让价格下跌太多以致筹码外流。

因此若股价在上升过程中波段高点回到38.2%的回调位置的区域就重拾升势,则表明股价的强势上升行情依旧。在这样的情况下,波段前高仍然对行情产生阻力,但阻力相对较小,也就是股价在这个区域中,重新向上运行时的压力相对比较小,股票的上升趋势大概率持续。

策略上,一个上涨主波段的38.2%的强势回调支撑未跌破前,应以持股待涨和逢低买入为主。

 案例6-11 指数上涨中的强势震荡

图6-16是上证指数在2014年10月到2015年4月的日线走势,从图中可以清楚地看到,行情的运行轨迹是:上涨—调整—上涨。从2 437点启动上涨到第一波段高点3 404点的时候,多头动能出现衰减,行情进行了一段长达2个月(2015年1月到2015年3月初)的整理。但在这段整理之中,行情始终运行在第一波上涨的高点和38.2%的回调位置之间,也就是强势震荡区。显示出多头动能虽然难以为继,但行情依然保持强势。这样的强势整理反而是波段低吸和加仓的好机会。

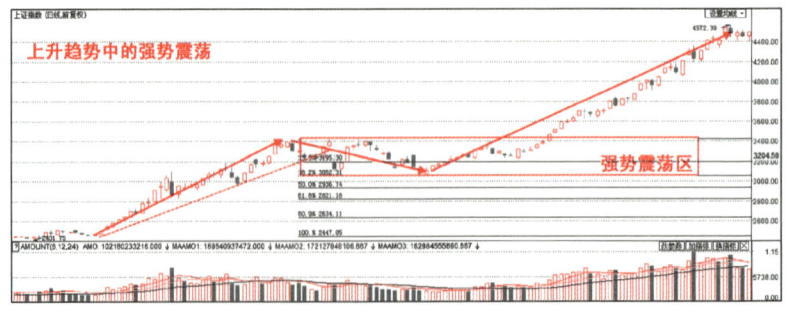

图6-16 指数上涨中的强势震荡

2. 回调整理区

上升行情中的回调整理，一般是指股价的回调在前一波段的38.2%和50%这两条黄金分割线之间止跌，这是最常见的回调幅度，因此，50%的黄金回调位置一般也是最重要的多空分水岭。若股价在50%位置受到支撑，也就是回调始终在前一波段的上半区运行，表明此前股价从高位的回调整理是一种上升行情中的回调整理，并不改变上行趋势。但同样，这个位置一旦被击穿，则容易出现多空的转化。

因此，如果股价回调到50%线上方或附近时，就又重新返身向上，通常意味着整理结束，股价将重拾升势，上方38.2%和前高点仍有压力，但是通过的概率较大，尤其是38.2%的位置一般不形成强压。反之，若50%的位置被击穿，下方61.8%的位置形成上涨趋势最后支撑，且38.2%~50%的位置成强压带。

策略上，股价回调能在50%上方止跌还是以持股待涨或逢低吸纳为主。一旦股价向下突破，则应引起投资者的高度警觉，适当减仓并随时准备离场。

3. 深幅回调区

上升行情中的深幅回调区，是股价回调到前一波段的50%~61.8%这两个回调位置形成的区间内，大部分情况下，股价的上升行情趋势已经被破坏大半，股价再次向上的可能性仍在，但股价向下运行的可能性更大且越来越大；即便仍然保持上涨的趋势，前高附近也必有阻力。

这个区域是判断股价的上升行情是结束还是希望尚存的重要区域，也是主力可能护盘的最后区域。如果股价有效向下击穿61.8%的回调位置，则说明这段上升行情即将结束，股价的上升趋势将转为下降趋势或水平运动趋势。

策略上，若出现在相对低位的震仓过程时，仍可以持股或逢低吸纳，但若在相对高位出现，则趋势已经结束将是大概率事件，离场、持币为主，不轻易介入反弹。

 案例6-12　指数上涨中的深幅回调

图6-17是上证指数在2014年6月到8月的日线走势。在经历了长达

几年的低位盘整之后,市场长期低迷的人气和信心需要有恢复和重铸的过程,在低位拉抬的过程中往往会出现深幅的回调,但是不再继续破位下跌,随着一次次启动回调,最终指数的底部被不断抬高。虽然在前高附近受到阻力出现震荡,但颈部位置压力被放量突破之后,同样能迎来比较大的波段性行情。

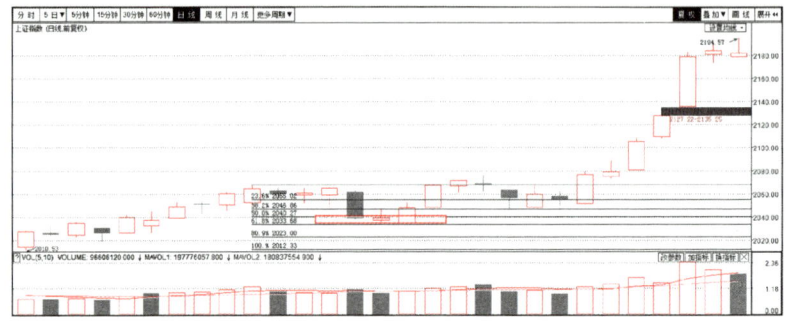

图6—17 指数上涨低位的深幅回调

 案例6－13 指数高位的深幅回调

深幅回调一般只允许出现在底部或者多头的启动阶段,若行情已经积累相当涨幅,深幅的回调则需要引起警惕。图6—18是上证指数在2015年4月到7月的日线走势。指数在经历了一年的超级牛市之后出现回撤。第一波的回撤在多头的最后波段4 120～5 178点的61.8%位置受到支撑,出现反弹,但是与案例6—12相比,两波同样都是上涨之后的深幅回调,但是位阶的不同引起了后市截然不同的走法。因此,当行情进行到相对高位时的深幅回调,应当引起警惕而不是再次介入。

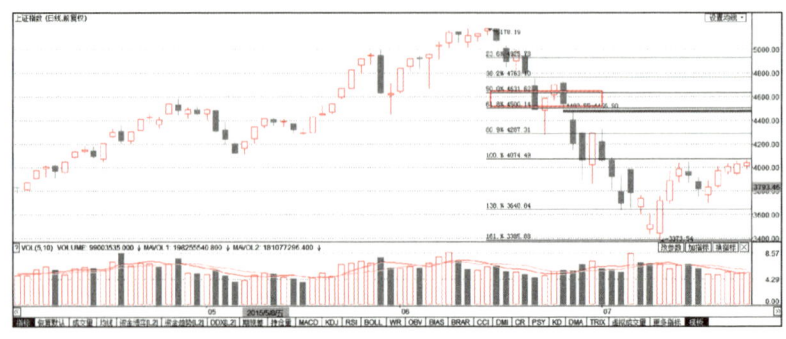

图6—18 指数上涨高位的深幅回调

4. 破位观察区

在上升行情中的破位观察区,也是最后支撑区,行情基本已经回到前波起点。与深幅回调类似,行情回撤至破位观察区但却不改原上行趋势这种情况一般只出现在启动浪阶段,而大部分情况下都标志着前段上升行情已经结束,开始震荡或上升趋势已经转为下跌趋势。前低突破一般都被称为破位行情,后市看弱。

当行情进入深幅回调区以后,虽然此时前低对行情仍然有支撑,但支撑力已经非常小,破位概率已经很大。若股价在此区域以阴跌为主,则很可能在前底被打破之后迎来加速下跌行情。因此,对于跌破61.8%的支撑位置进入最后支撑区的股票,此时操作应以风险控制为主,安全的投资决策应该是持币观望。

（二）下跌趋势的反弹幅度决定后市强弱

与上升趋势的回调相对应,一轮大的下跌行情中也会有几次级别较大的反弹出货过程,这种反弹出货过程,是投资者逢高卖出股票的机会,有些则已经蕴含着多头卷土重来的气势,同样,反弹的幅度决定这些差异。

反弹的目标位置同样根据前一波段的黄金反弹位置来计算,第一目标位,一般是前段下跌行情高度的38.2%的反弹位置,第二和第三目标位则是前段下跌行情高度的50%和61.8%的反弹位置,根据这三个位置,可以把前波行情自上而下分为四个区域,即弱势反弹区、反弹调整区、大幅反弹区和转多观察区(见图6-19)。而最终行情的回调幅度将决定后市的力度。

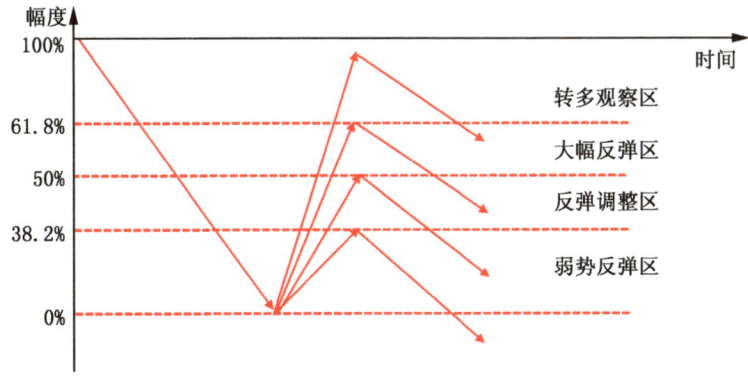

图6-19 黄金反弹幅度看后市强弱

1. 弱势反弹区

下跌行情中的弱势反弹，是指股价在暂停下跌之后却始终运行在前低到 38.2% 反弹位置的区间内，这是一种弱势反弹，显示下方买力不足，上方抛压仍然很大，抛售只是暂停而不是结束。尤其是当股价从高位下跌过程中，由于前期跌势过猛引起的超跌反弹的高度未到 38.2% 的时候，就又重新下跌，则意味着这种反弹是弱势反弹，股价未来的跌势可能会更加凶猛。

在这样的情况下，波段前低仍然对行情产生支撑，但支撑相对较小，也就是股价在这个区域中重新向下运行时的阻力较小。策略上，一个下跌主波段的 38.2% 的弱势反弹阻力未突破前，仍应以持币观望、反弹离场为主。

 案例 6-14　指数下跌中的弱势反弹

图 6-20 是上证指数在 2015 年 5 月到 2016 年 3 月的日线走势，从图中可以看到，指数在创下 5 178 点的高点之后开始回落，一路打到 3 400 点下方之后，在各方的共同作用和干预救市的措施下，空头动能衰竭，超跌反弹。但是反弹震荡一直在弱势反弹区域中运行，且第二次的高点明显低于第一次的高点，说明行情仍然以弱势为主，这样的反弹力度显示后市还会有低点是一个大概率事件。

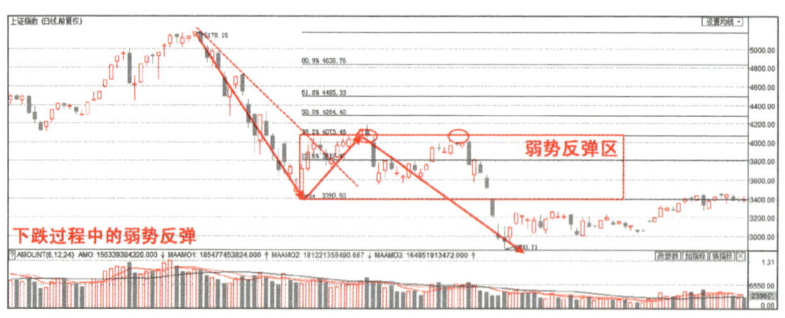

图 6-20　指数下跌过程中的弱势反弹

2. 反弹调整区

下跌行情中的反弹整理，一般是指股价反弹在前一波段的 38.2% 和 50% 这两条黄金分割线之间震荡，是最常见的反弹幅度，因此，50% 的黄金回调位置一般也是最重要的多空分水岭。若股价在50%位置受到阻力——反弹始终在前一波段的下半区运行,表明此前股价从低位的整理,是一种下跌行情中的反弹,并不改变下跌趋势。但同样,这个位置一旦被击穿,则容易出现多空的转化。

因此,当股价的反弹高度未到50%处,就重新下跌,则预示着这种反弹是下跌途中的中级抵抗,股价的下降趋势依旧,下跌行情尚未结束。下方38.2%和前低仍有支撑,但是跌破的概率较大,尤其是38.2%的位置一般不形成强撑。反之,若50%的位置被突破,上方61.8%的位置形成上涨趋势最后阻力,且38.2%～50%的位置成强撑带。

策略上,股价反弹在50%下方震荡还是以逢高减持、离场观望为主。

3. 大幅反弹区

下跌行情中的大幅反弹区,是股价反弹到前一波段的50%～61.8%两个反弹位置形成的区间内,大部分情况下,股价的下跌行情趋势已经被化解大半,股价开始进行多空重新博弈,但股价向上运行的可能性更大且越来越大。

这个区域是判断股价的下跌行情是结束还是仍有余力的重要区域,当股价的反弹高度达到61.8%处时,说明股价的下跌趋势将趋缓,下跌行情也有可能转向横向整理的行情。

策略上,因为向下的概率仍然存在,所以仍以观望为主,尤其是股价刚刚开始见顶下跌的阶段。相反,若是在股价相对低位的时候,可以开始提高警惕,随之准备突破做多。

 案例 6-15　指数下跌中的大幅反弹

与上涨过程中的深幅回调相对应,下跌过程中的大幅反弹对后市的影响往往也取决于位阶的高低。图6-21是上证指数在2007年9月到2008年3月的日线走势。在上涨指数目前的历史新高之后,行情开始回落,但在4 800点受到支撑之后开始大幅反弹。这样的反弹结构很容易让还沉浸在牛市幻想中的人忘记风险,反而认为牛市调整已经结束,行情将再次展开而追高介入,此后,就再也没有好的逃出机会。因此,面对这样的行情,即便追高进入也应当严格设置止损。

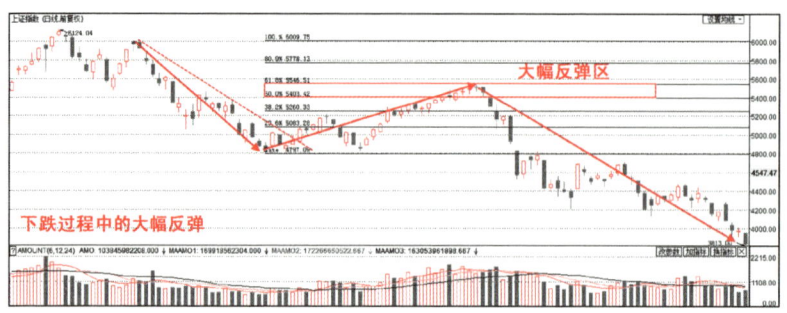

图 6－21　指数下跌过程中的大幅反弹

4. 转多观察区

在下跌行情中的最后压力区，行情基本已经回到前波起点。大部分情况下都标志着前段下跌行情已经结束，开始震荡或下跌趋势已经转为多头启动。前高突破一般都被称为突破行情，后市转强。

与大幅反弹区类似，此时前高对行情仍然有阻力，但阻力相对小，破位概率变大。若股价在此区域或前高附近以推量行情出现，则很可能在前高被突破之后迎来加速上涨行情。因此，对于突破 61.8% 的支撑位置进入最后阻力区的股票，可在突破之后积极介入。

本章小结

波浪理论的重点在于时空的推演，黄金分割的重点在于幅度的计算。波浪理论和黄金分割作为技术分析中两个相对历史比较长、使用范围也比较广的工具，市面上有形形色色的深入研究学派，笔者讲的是其中最简单、最核心的使用，如果有兴趣，当然还可以做深入的研究。但我们要的，不是把技术分析做成研究，我们做的是交易不是学问，尤其是波浪理论。

艾略特波浪作为这个让大部分人都"不明觉厉"的理论，经过 100 多年的研究和发展，一度被认为是股市中最深奥和先进的，也常被认为是最无聊和虚妄的。在笔者看来，波浪理论最大的意义并不在于它的精确性甚至预测性，而在于它比较好地把自然的规律和股市波动规律进行了完美的结合，是行情描画而不是交易信号。**因此在"波线量价"的技术体系中，我们只取用波浪理论对于行情循环的解释和演绎，明确是行情循环波动的规律，确定行情的主次关系，可相对淡化在价位和交易信号上的使用。**

总之，波浪与波段，是我们在分析一个投资产品时先要有的概念，不仅仅是股市而已。通过波浪与波段的判断可以非常直观地知道，现在行情是低还是高，是在涨还是在跌。投资说到底就是买卖，买卖最基础就是有一个"合算"和"不合算"的概念，尤其是在中国股票这样只能做多的市场，当然只有相对位阶处于低档的时候，才有可能形成买入的信号，买低不买高，买跌不买涨。

第七章

主升模型——跟主力，做主升

我们在前文跟大家基本交代了市场中一些比较主流的技术分析的方法，我也反复强调了，每个方法都不应该、也不可以单独割裂地去使用。永远也不要相信什么一招鲜吃遍天，你的思考越立体，你的策略就越完整。如何综合运用上面所有的方法，通过技术体系的构建，让不同的技术指标之间可以取长补短，去提高交易的胜率，是每一个交易者毕生的课题。

在我的交易体系中，最重要的还是把握主升阶段。所以，接下来，我通过一个主升交易模型的介绍，告诉大家如何构建交易体系。

主升交易模型，顾名思义就是只做行情的主升阶段。为什么只做主升呢？

(1)根据波浪理论，三浪主升是市场上空间最大的行情机会之一。

(2)对于市场参与者而言，主升是确定性最强的波段机会。

因此，只要对于每一个行情，我们都能把确定性最强的这段吃到，就已经非常完美了。那接下去我们就看看如何才能比较准确地参与主升机会。

第一节 主升模型——参与确定性最高的机会

主升浪这个概念来源于波浪理论，在推动浪结构中，上涨主要分为 5 个波段,螺旋向上。我们在前文跟大家简单分析过波浪理论为什么在这么长的时间里仍然能够有它独特的适用性,它不仅仅是一种市场规律,更重要的是,它反映了资金的心态和推进逻辑。在指数上,更多的是资金心态,在个股上,则更多的是主力运作逻辑。

一般主力要进行有效的股价上涨运作,会需要以下几个基础过程(见图7-1)。

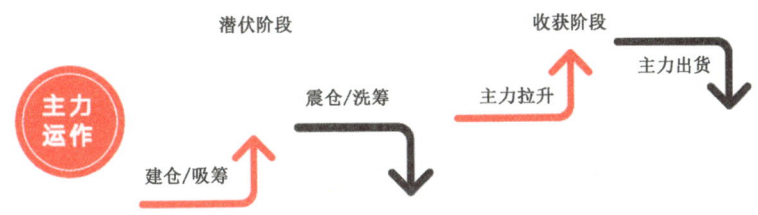

图7-1 主力进行股价上涨运作的基础过程

我们的主升模型,就是针对主力在每一个阶段的资金运作目的,通过有效地结合技术方法与指标分析,把它们的行为加以量化,从而得到有效的买卖机会(见图7-2)。

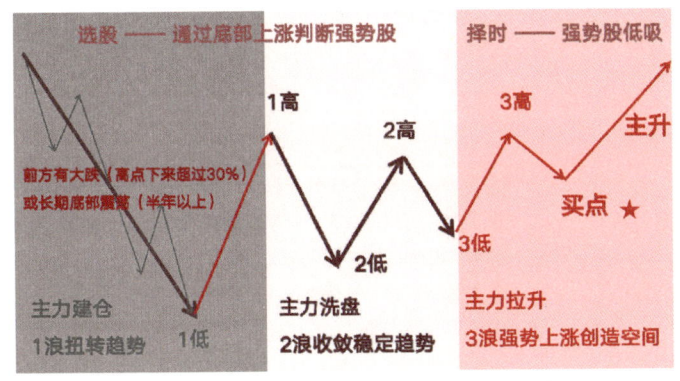

7-2 主力主升模型

一、一浪上涨——主力的建仓/吸筹

主力经过调研、探查等方式,瞄准一个股票。这个股票一般不会在高位,因为主力运作的目的就是为了空间,具备大空间的前提就是股价还在低位。所以我们一般选择关注前期经历过充分调整或长期底部横盘的标的，关注c浪调整转一浪上涨股票。

随后，主力要做的就是吸筹。就是他手上要有足够的股票底仓。对于主力而言，吸筹这个环节，直接决定了它最后操作这个股票的成败得失。

首先，它的这个筹码价格不能太高，否则股价没有太大的上涨空间，主力就没有获利空间，甚至还有被其他主力吃掉的风险；

然后，它还必须在这个不太高的价格附近吸收足够多的筹码，这样才有足够的利润。很多股民都会觉得股价在加速上涨的时候资金利润是最大的，其实不是这样，主力在向上拉升的时候，往往需要动用大量的资金，还有出货时带来的存好，其实并没有多少利润，真正赚钱的，是哪些低位的筹码，所以，底仓的量，直接决定主力在个股中的收益。

所以筹码的价格，直接决定主力拉升的成败，而筹码的多少，又直接决定主力的获利空间。为了实现这两个吸筹目的，通常在主力建仓吸筹的阶段，股价会因为主力的大量吸筹而表现出相对的强势，股价不再继续下跌，趋势转空为多，但这个时候套牢盘还比较多，筹码相对不算太集中，股价一般也不会有太大的上涨（一般不至于翻倍），来保证主力既能掌握足够的筹码，又不至于没有拉升的空间。

我们用一个简单的图例来描述这个过程（见图7－3），大家也可结合北汽蓝谷2024年日线图理解。

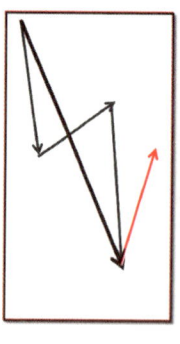

0 前方有大跌：前方经历长期盘底或波段下跌至少30%以上
1 判断底部区域位置：MACD零轴下方，最好有钝化或背离
2 判断趋势扭转：股价站上均线系统，均线空头转粘连转多
3 判断主力建仓：低位有成交量释放（代表有主力介入）
4 判断上涨力量：上涨过程中有涨停或大阳线为佳（代表主力能力强大）
5 判断上涨空间：一浪上涨幅度不能太大，会透支三浪空间（若一浪直接翻倍或几倍的，更多为一波流，非主升模型）

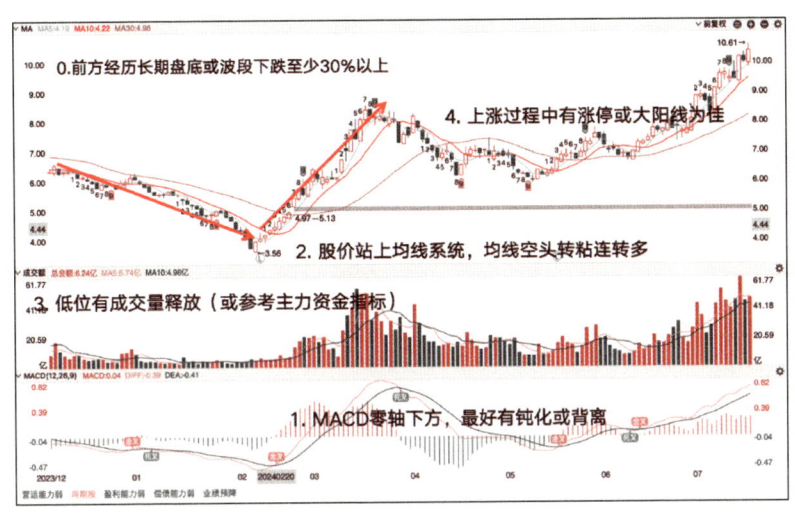

图7-3 一浪主力建仓：北汽蓝谷2024年日线图

二、二浪洗盘——主力的震仓/洗筹

当主力获取了足够多的低位筹码以后，往往它还会有一个洗盘动作。通常主力进行拉抬时，一些不坚定的散户、此前的套牢盘就会卖出兑现利润，从而形成抛压，造成拉抬成本提高、压力增加。因此，在拉升股价之前，主力往往会向下快速打压股价，形成恐慌情绪，让不坚定的持筹者卖出筹码，从而为拉升建好基础。

这个阶段对散户而言是最难的，因为主力有一百种办法、各种形态来迷惑你，搞垮你的心态，让你交出筹码。所以洗盘会是一个非常复杂甚至是隐蔽的过程，在这个过程中股价的表现通常会比较随机，没有趋势。那我们怎么界定洗盘的有效性和洗盘结束呢？方法要有效，必须可量化，所以，我们建议用一个简单的结构来定义洗盘。

在这里我们先定义几个关键位置的名称：1低：波段起点，1高：一浪最高点，2低：二浪最低点，2高：二浪最高点，3低：二浪次低点（见图7-4）。

明确了这几个位置之后，我们就能通过主力洗盘的目的和意图，来构建这几个点之间的一般关系。

首先，主力的目的是吓你而不是真的卖出股票，所以虽然主力资金偶尔

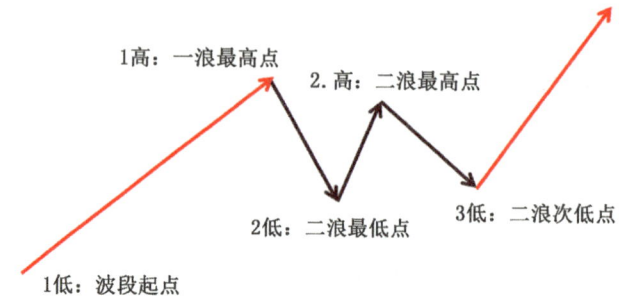

图 7-4　寻找洗盘的关键位置

会有大幅流出的迹象,但是股价一般不会再次破位,把之前主力辛辛苦苦构建的底仓成本区打破,这对主力来说也是一件非常危险的事情,所以主力实力再强,它也不会允许你去碰它的大本营。因此在形态上,二浪洗盘一般不会在有低于一浪起点的机会,所以可以得出:2低必须高与1低;

其次,强主力洗盘会用一种震荡收敛的结构,在稳定的过程中逐步吸收散户的浮动筹码,它既不会让股价跌破它的方式区,也不会轻易让股价高于前方的压力区,以免引发不必要的抛盘破坏整体筹码结构,因此,2高也不得高于1高。

随后,在形态上,主力一般会尽量保持稳定,避免大起大落的行情,在收敛之后,慢慢形成上行的格局,所以在大部分的情况下,二浪洗盘的过程中,不会出现大面积的大涨大跌,3低一般也会高于2低,偶尔也会有3低低于2低的情况,但不会偏离太远,原则上是在洗盘的过程中构建一个右底稍高的双底结构。

最后,在筹码上,我们在之前一浪过程中不太关注的筹码结构,在这个阶段会是一个非常重要的参考指标。主力洗筹的目的就是为了让筹码集中,所以,通常洗盘过程就是一个筹码从离散到集中的过程(见图7-5)。

我们总结在模型结构上,就是:2高低于1高,2低/3低高于1低(见图7-6)。

总体来说,吸筹和洗盘的过程是一个我们以观察为主的过程,这个过程可能持续的时间非常长,也可能循环往复,我们要保持耐心,观察主力资金的强度,观察量价的配合形态,做一个综合把握。但最终,不管怎么洗,筹码

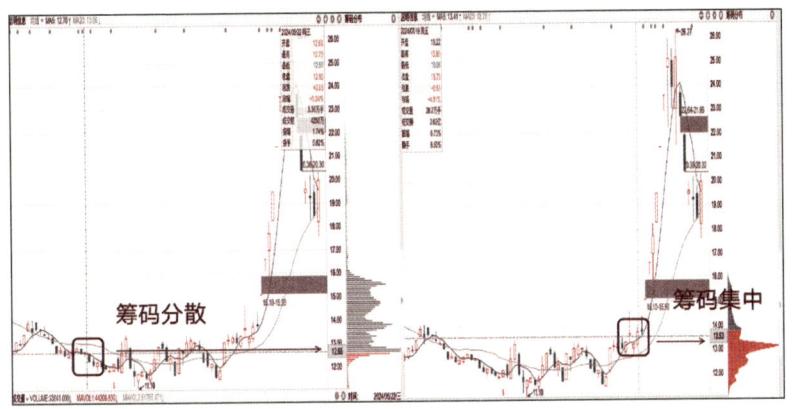

图7-5 筹码从离散到集中

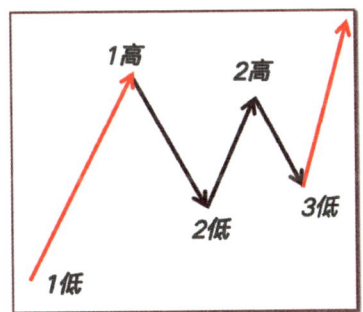

2高低于1高 、(2低/3低)高于1低

- 二浪股价整理过程中,成交量最好保持稳定
- 筹码必定经历一个集中的过程,实现筹码单峰形态
- 大阴线回调不优选,长阴线杀跌筹码易乱

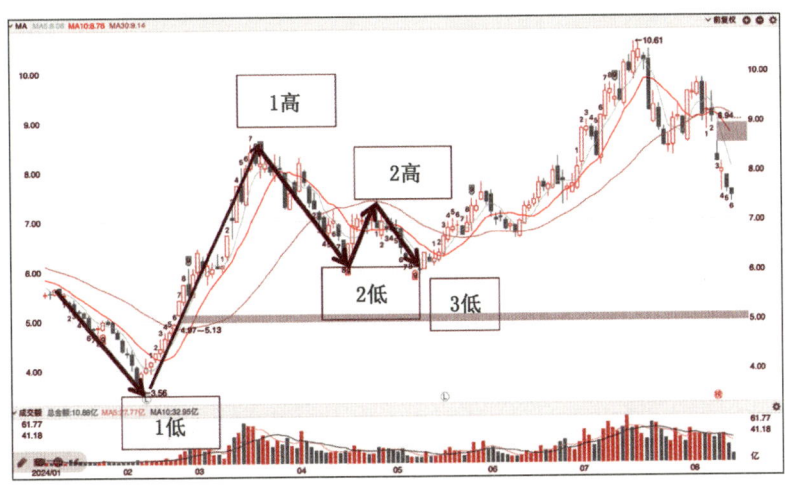

图7-6 二浪洗筹 北汽蓝谷日线图

第七章 主升模型——跟主力,做主升 | 189

越洗越干净是确定的,形态越走越稳定也是应该的,否则,主力就会在洗盘中失去对个股的控制权,换言之,说明这个主力能力有限,根本没有办法实现控盘目的,对于这样的个股,我们当然不必去参与。

三、主力的拉升

主力拉升是为了迅速抬高股价制造赚钱效应,吸引市场资金进场,形成趋势,为出货打好基础。主力前期的一系列操作,都是为了产生盈利,因此在时机合适时,主力会使用资金进行股价拉抬,这个过程往往会配合市场热点、公司利好等消息,从而让股价快速产生抬升,形成上涨趋势,从而产生盈利。

为了帮助大家更好地界定主升机会,我们使用最简单的确定性标准,就是股价突破 2 高,我们就认为股价进入主升阶段,这就是我们准备好可以买股票的时机。因为当主力开始进行拉升的时,一般都是它准备动作都做好的时候,它不再担心突破会引发筹码的混乱,并且它也有能力对前面高点发起攻击,这就是我们的介入机会。对于主力而言,这就像箭在弦上不得不发,这个时候股价的上涨确定性是最高的。而且当主力开始进行拉升的时候,它就不会像之前吸筹、洗盘时,千方百计要隐藏自己,这时是想藏也藏不住了。所以当股价突破 2 高洗盘压力位置的时候,就是它揭开面纱"秀肌肉"的时候了(见图 7—7)。

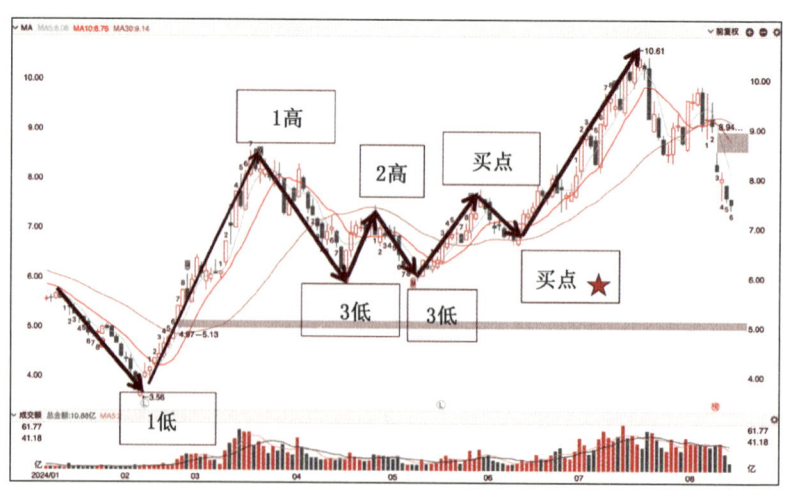

图 7—7 主力拉升意味着买点出现

这时候我们有两种买法：

第一种，就是一突破就直接买入，这种就属于顺势做多，但是这种情况下，势必会有一点追多的嫌疑，毕竟股价从 3 低上涨到突破 2 高，短线上肯定出现了一段上涨，所以这种方法比较适合一些短期的题材主线，主力要够强够急才行，因此，一般都是带量长阳突破之下才有接力的需要，同时还要结合市场地位和带动性。

第二种，在波段中就更为常见，也是我们认为更好的波段买点，就是在股价突破之后再次的回踩中介入，也是低吸的思路，好处是它可以给我们带来更好的交易风险回报比，更理想的交易节奏，避免追涨的情绪波动，但是坏处也是显而易见的，就是真的一些超强标的，可能就会有错过的嫌疑。因此，在具体买入上，我们还是要结合市场的实际情况、大盘的兴奋程度、题材的强度和个股地位等加以判断，或者通过仓位配置来摊薄成本，控制风险。

大家都知道我们散户对于主力而言属于弱势群体，唯一的优势就是我们船小好掉头，我能及时跟得上，我也能及时退得出。在进出之间我们的交易消耗比较小。所以我们在交易的时候一定要注意扬长避短，通过对于主力的及时跟踪和依附，买在拉升前，跟上主升浪。

四、主力的出货

所有一切工作都做完了，主力就要出货了。主力的浮盈同样需要卖出才可以转化为真正的盈利，这就需要市场能够接住主力大量的筹码出货，因此，在出货时期往往伴随着成交量放大。

而根据股价运行情况，分为温和出货方式或行情不好时的暴力出货两种，前者特征是股价高位震荡，主力持续流出，后者特征是股价快速回落伴随主力大幅流出（见图 7-8）。你会发现，无论股价表现如何，主力资金一定是大幅流出的，这个时候，主力不会拖泥带水，不会妇人之仁，离场是它的唯一目标。出货和洗盘调整的最大区别就在主力资金流出级别的高低，主力资金流出带动股价破位有可能是出货，也有可能是调整，但只要有主力出货的嫌疑，就一定要卖出不要犹豫。

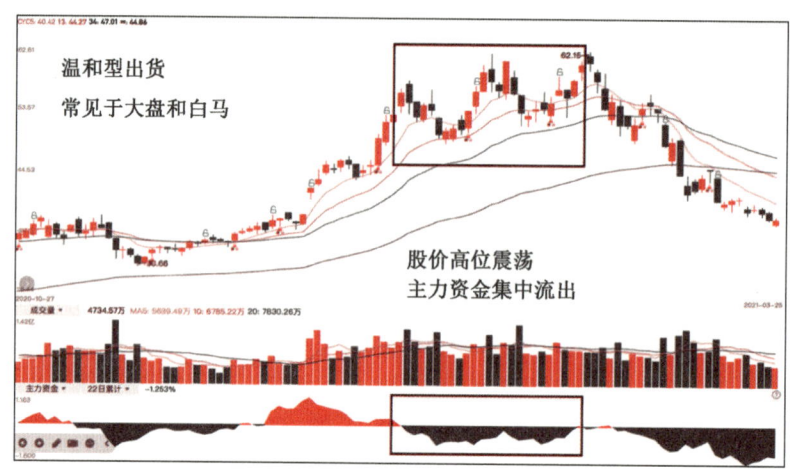

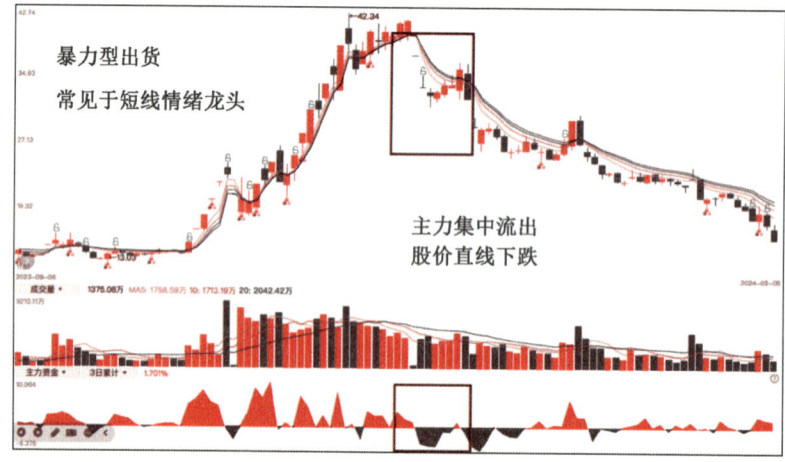

图7-8 两种主力出货方式

总之,一个股票要出现翻倍涨幅,容易,也不容易。要有主力资金的有效运作,也需要天时地利人和的市场合力。但无论如何,主力要制造一只翻倍大牛股,吸筹、洗盘、拉升、出货都是必需的步骤,理解这些步骤和在不同阶段主力资金的表现,就能针对不同的股价阶段制定针对性的策略。

总结来说,只做主升,其实就是做确定性最强的行情波段,其次才是考虑行情的空间大小。我们在交易过程中,放弃看似是位置最低的一浪上涨,以免被一些"深海鱼钩"形态所欺骗,而是通过一浪和二浪的对比来判断个股和主力的强度,同时也不会去参与看似最疯狂的五浪冲刺,以免自己陷入绝对的被动。

主升模型最大的优势就是在市场真正的大波段主线的时候,我们可以有效地加以把握参与,当市场环境不好的时候,我们也可以管住自己,用交易模型限制无效开仓。但是,主升模型既不可能帮助大家买在最低,也不太可能卖在最高,对于主升模型,在执行上最大的困难是等待。这恰恰也是我认为主升模型最适合普通投资者、初级投资者的原因。利用模型去找市场上最确定的机会,对于其他的机会,多看少动,慢慢积累。

第二节　主升模型的买点

我们已经知道了,从趋势上看,我们日线级别的买点主要是在股价突破 2 高的过程中寻找到的。但是在实际交易过程中,这还仅仅是一个规划,如果真正的落在买卖点上,还需要我们寻找更精确的日内交易信号。

当我们看到股价有突破 2 高,或者已经突破 2 高之后进入回踩趋势的时候,我们基本可以确定我们要买入这个股票。那具体日内什么时间执行呢?这时候,我们就需要更小周期的技巧来帮助我们更好地定位日内的交易机会。在这里,给大家介绍两个最简单的日内交易方法。

一、分时回踩(反转)买入

分时图是指大盘和个股的动态实时(即时)分时走势图,是即时把握多空力量转化(即市场变化)直接的根本所在。我们前文已经说过了,买点就是支撑附近的转折,所以,当我们做好一切规划准备,在日内寻找买点的时候,也就是在日内寻找支撑附近的转折。最理想的,就是在日线级别的支撑附近,看到有明显的分时转折(在分时均线附近有明显转强动作)。

分时线的最大好处是即时,最大坏处也是太即时。因此,在行情波动不是太大,个股强度不算太高的时候,我们在看到分时转折后,为了确认日内转折是有效的,可以让买点尽量在下午 2 点半以后,接近收盘的时候去确认,就不会被日内的小级别反弹骗了(见图7-9)。

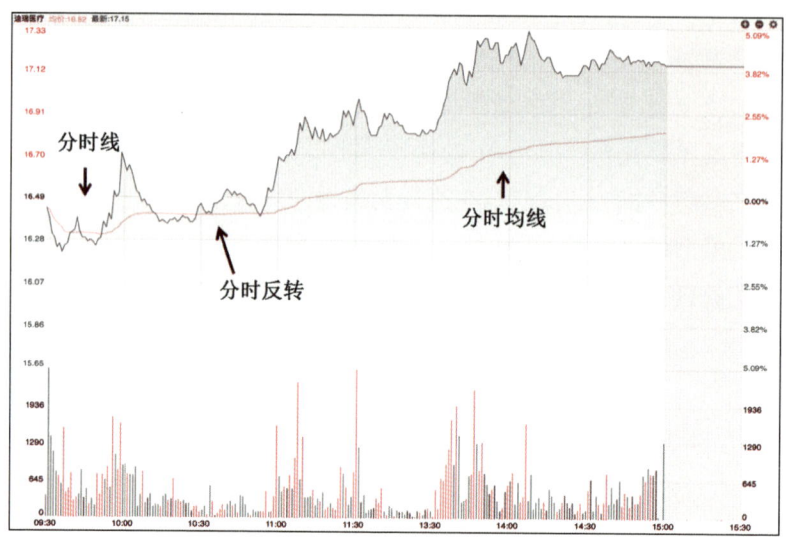

图7-9 分时线判别有效日内转折

二、小周期趋势突破买入

分时转折是实际交易过程中,尤其是一些小级别的波段交易中最常见的买点定位方法。但是它也会有一个致命问题,就是如果行情波动较快、强度较大的时候,如果我们也去等尾盘,就会很被动,有可能这个股票回踩之后都直接上板了,这个时候,就会出现错过机会的情况。因此,面对这样的行情,我们还可以用小级别趋势突破的方法去加以补充(见图7-10)。

三、五分钟趋势突破法

(一)下跌趋势线压力

在股价回踩的过程中,势必会面临小周期级别的下跌趋势。以最高点为原点,顺时针旋转,趋势线左侧第一次碰到K线最高点停止,就得出下跌趋势线。趋势线越贴近行情,有效性越高。如果画出来的趋势线不贴合行情,就需要对趋势线进行修正。

趋势线修正就需要以次高点为原点,顺时针旋转,直到趋势线左侧第一

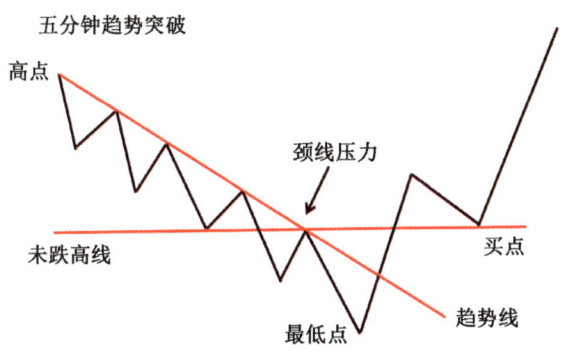

图 7-10 五分钟趋势突破

次碰到 K 线最高点停止,修正后再不贴合行情,就从第三个高点开始再次修正。修正次数不要超过 3 次,修正次数越多说明股价的波动太大而下降趋势线所能描述的区间越小,不能反映真实情况。

下降趋势线与水平线的夹角最好在 30°～60°之间,最好是 45°。斜率太大的趋势线表示股价走势比较极限,趋势线作用会减弱。

(二)颈线压力

在股价持续调整到最低点开始反弹,最近两个低点之间的那个高点,就是颈线位置。颈线位置通常也是趋势转折的一个重要压力位置。

(三)趋势突破的定义

股价同时突破下跌趋势线压力或颈线压力。突破过程最好带量,持续放量更为有效。

(四)突破回踩买点的定义

股价回踩趋势线压力或颈线压力中相对较高的那一个位置。

趋势突破的方法在一些日内级别的交易也非常有用,但是我们这里主要关注日内交易,因此,我们用的是 5 分钟图形上的趋势突破。

 案例 7-1

图 7-11 是北汽蓝谷的日线图。在图中我们可以看到,股价在突破 2 高之后可以进入买点选择状态。根据当时的均线位置可以看到,6.9 元附近股价有明显支撑,则我们关注 6.9 元附近是否具有日内交易机会。随后看到 5

分钟图上,股价在突破2高走了一波5分钟级别的调整(见图7—12)。

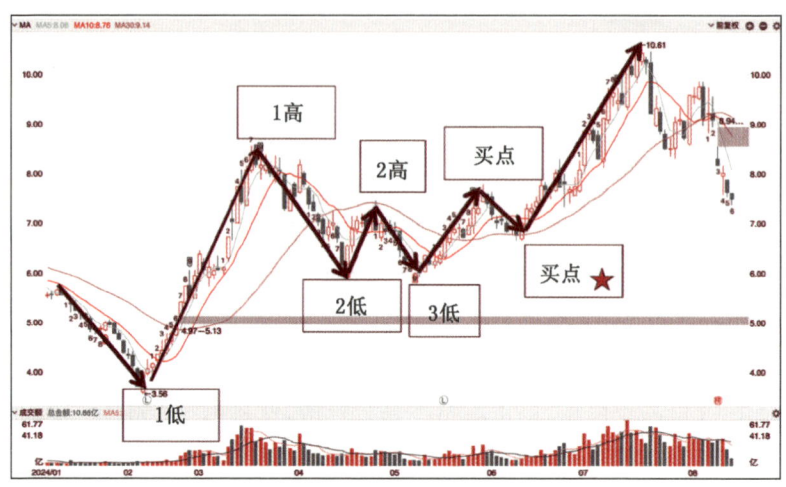

图7—11　北汽蓝谷日线级别的主升结构

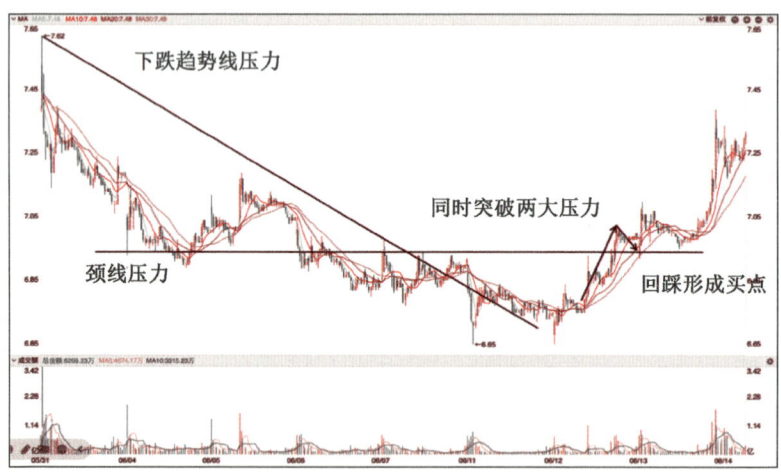

图7—12　北汽蓝谷5分钟级别买点确认

大家会发现,无论是哪种方法,最终都是希望能够买在一个更确定的或者更低的价格上。交易落到执行层面,就是需要斤斤计较,不要担心买不到就错过,无数的实战经验告诉我们,买错的更多。所以,在买入环节,大家一定要慎之又慎,你要知道,你是在用你最优质的资产——现金,去换取一个带有不确定性的资产,买的时候慢慢买,克制地买,是谓买入不急也。

第三节　主升模型的卖点

一、向上卖出——止盈不贪

股票市场有句老话,会买的是徒弟,会卖的才是师父。再好的股票,会买不会卖也无非就是数字游戏而已,无法化成实实在在的利润。止盈和止损都属于交易纪律的控制,止损帮我们离开恐惧,止盈则需要我们控制贪婪。

止盈最简单的理解就是尽最大的可能保护既得收益,回避市场可能增加的风险,从这一点上说止盈和止损没有区别,都是为了保护现有资产,因此两者在方法上有很多共通的地方。但是对于新手和已经出现亏损的投资者来说,让自己尽可能多地止盈可以增强投资信心,掌握投资节奏。

止盈的方式很灵活,基本上,我认为获利了结永远是对的,只是我们能不能做得更好而已。

止盈的一般方法和信号主要有以下几个。

1. 机械止盈规划

股票实际交易中,短线上止盈一般在 20%～30%,波段操作则没有上限。

2. 波段止盈规划

一般来说,当行情进入第五浪的时候就进入波段止盈区域。

3. 筹码止盈规划

短线交易中,当主力筹码松动,主力高位派发的时候就可以向上卖出,保护利润(见前文筹码的锁仓与破仓)。

4. 均线止盈规划

当多头进行过程中,当 K 线与均线或均线与均线乖离较大或突然放大的时候,后市会产生较大拉回可能,可以考虑止盈(见图 7-13)。

5. 量能止盈规划

一般稳定健康的量价结构中,量能的突然释放和换手量的激增可以视作一个止盈信号,而转折型的量价结构,尤其是上涨过程中的量价背离,后

图 7-13　乖离放大的止盈信号

市拉回概率极大,应当及时止盈(见图 7-14)。

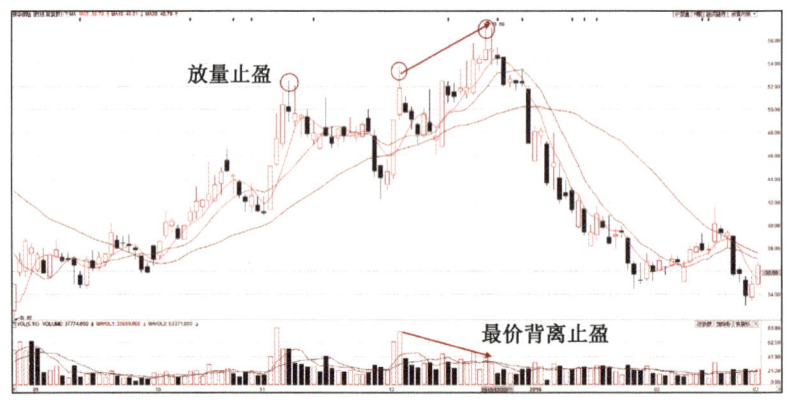

图 7-14　量能形态止盈信号

6.K线止盈规划

在多方稳定推进的过程中,突然出现多头动能停滞或空头力量增强的迹象都可以视作 K 线的转折信号,最典型的就是 K 线钝化和倒 T 字星形态(见图 7-15)。

这些止盈信号背后的理论和逻辑,我们在前文都详细说过,不再赘述。止盈和止损不同的是,如果说止损是一票否决制,一旦出现止损信号则必须减仓止损,那止盈就更像是民主投票制,遵循多数原则。在实际交易的过程

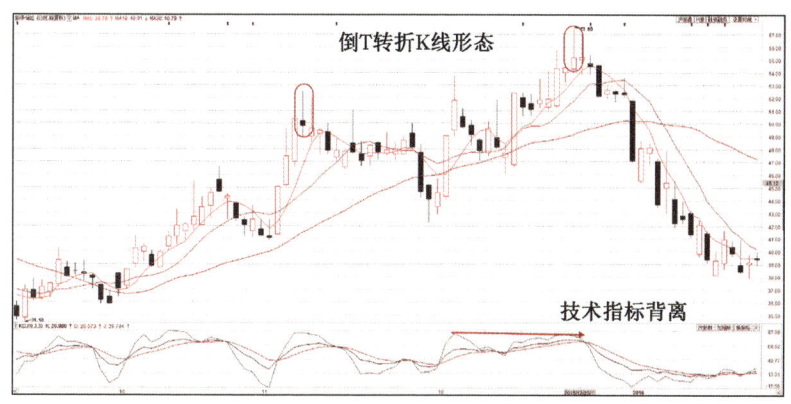

图 7－15　K 线形态止盈信号

中,这些止盈信号未必会同时出现,但是出现一个,就可以引起警惕,出现两个,就应该考虑出手,出现越多,确定性越强。

二、向下卖出——止损不拖

没有人能永远对行情保持正确的判断,作为一个分析师我们可以传达策略信心,但是不能麻痹别人的风险意识。《赌神》这样的电影大家都看过,最后一把定输赢的时候,手上拿的都是好牌;但往往你敢于孤注一掷的时候,对手就是能拿出更大的牌,这才有了很多富豪的倾家荡产、很多高手的身败名裂。投资不是赌,也不能赌,不管你的赢面多大,都要准备后招,这个后招,就是止损。

及时止损是每一个交易者必备的交易手段。理由很简单,见图 7－16。

本金	亏损	回本
100万	5%	5%
	20%	25%
	50%	100%
	80%	400%

止损不拖—大亏都是拖出来的

图 7－16　亏损比例与回本难度

第七章　主升模型——跟主力,做主升 | 199

(一)止损的原则

1. 当买入股票的理由消失时要及时止损

任何投资都是有原因、有逻辑的。在什么时间点买入什么股票、进行什么交易,总有初始的基本面、技术面的原因。如果这个原因不成立了,就应当考虑止损。比如,当我们选择买入平台突破的股票时,理由就是前方的平台高点已经成为支撑,那么这个时候,这个支撑就不应该被跌破,如果出现日线级别的实体跌破,就说明买入逻辑出现错误,这个时候就应该止损。

2. 指数下跌趋势中,止损的执行力要更强

当指数处于下跌浪或者下跌趋势中,市场本身就蕴含了极大的系统风险,这个时候出现的止损信号必须更加坚定地执行。

3. 指数上涨趋势中,止损可以结合更多的技术信号综合考虑

当指数处于上涨趋势中,主力为了洗筹或者吸筹会故意加剧行情的震荡来迫使散户投资者放弃手中的筹码。这个时候对于持股心态会造成很大的影响,需要投资者更冷静地结合市场信号加以判断。否则,很容易出现止损点反而是买点的情况。

4. 止损标准一定要与投资周期相对应

中长线投资不能用短线的技术指标来制定止损信号,同样,短线的操作也不能用中长线的技术指标来规划止损。因此,在制定交易策略之前,明确自己的操作波段和时间周期是第一步。

(二)止损的方法

1. 最简单的止损——机械止损

止损,其实有非常多的方法,最简单的是机械止损。就是不管怎么样,行情离我的价格只要出现反向波动到达这个幅度,就离场,止损是一个定值。一般根据投资者所能承受的最大风险来设置,我们股票交易要设定机械止损值都在10%左右。这种方法的好处是对分析能力要求不高,操作起来较为简单,推荐新手和自认为对于交易纪律执行力不太够的朋友使用。缺点是不够灵活,尤其是在激进的买入策略下遇到止损点为下一买点的情况。

2. 波段的止损规划——利用黄金分割规划止损

黄金分割可以帮我们找到波段的连续支撑位置。当我们在一个支撑位置发现转折信号而入场时,通常可以考虑以下一级别的支撑作为止损位置。

 案例7-2　黄金分割止损设计

图7-17是上证指数2015年3月到6月的日线走势。2015年5月7日和5月8日,上证指数在前一波段50%的回调位置受到支撑,转头向上。如果我们选择以这个50%的回调支撑的转折为买入信号,认为行情在受到支撑之后仍将维持上涨趋势不变,那行情就不应该跌破上涨趋势的深幅回调位置,也就是61.8%的支撑。因此,这个时候,61.8%的位置成为上涨趋势的保护止损位置。

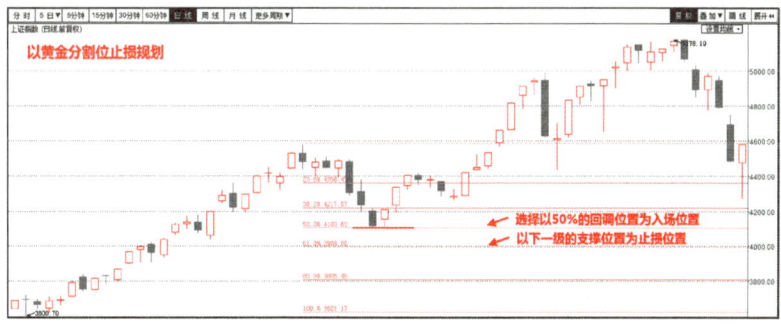

图7-17　黄金分割的止损设计

3. 均线的止损规划——攻击均线和保护均线的设置

根据均线系统,在一段单边行情中,应该选择以5日均线作为支撑进行买点选择,同时就以下一级别的支撑——10日均线——作为防守位置。如果在一个单边行情行进过程中选择在5日均线的支撑追价买入,在规划后市的时候股价应当沿5日均线持续上涨,若跌破10日均线则说明行情并不在均线单边行情之中,因此做止损规划。如果操作波段放大,以短期均线5、10日均线为买点选择,那么止损容忍度也可以适当放大,以中期均线为防守位置作止损规划。在实战过程中,利用不同周期的均线作为防守设置是波段操作最有效和最实用的止损方法。

案例 7-3　均线保护的止损规划

图 7-18 是岷江水电(600131)上证指数 2016 年 2 月到 4 月的日线走势。2016 年 3 月 14 日,股价收盘站上了 5 日均线,从而开启了一波单边性的上涨行情。根据单边行情的操作原则,以 5 日均线为攻击,10 日均线为防守,在 10 日均线没有被有效跌破之前,始终坚持持股,并可以考虑在缩量拉回 5 日均线的位置逢低加仓或追价入场。在整个波段中,买点出现过 5 次,但是 10 日均线跌破的时候,在这 5 个位置买入的都应该离场。尤其是最后一个位置的时候,此时股价已经接近相对高位,更要注意及时止损,防止账面损失扩大。

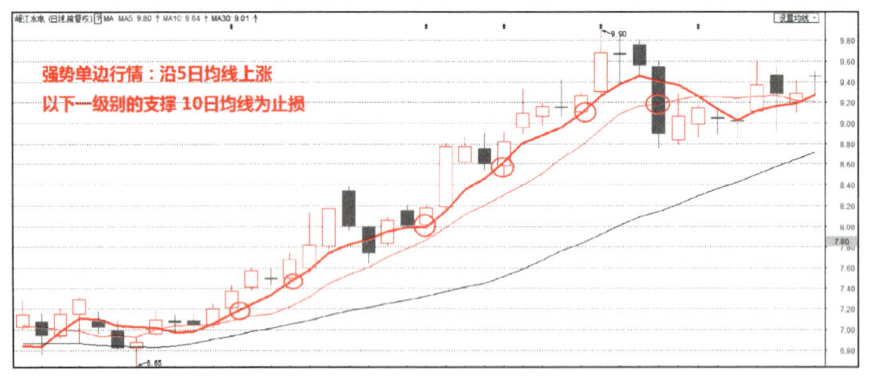

图 7-18　均线的止损设计

4. 量能的止损规划——关键支撑的设置

在采用突破买入逻辑的时候,前方大量点的突破就成为最大支撑。如果这一支撑跌破,就说明突破失败,买入逻辑错误,因此,在使用这一方法的时候,就应以前方大量点的支撑为止损规划。实际操作中,利用量价关系的支撑作为止损设计是短线操作最常用和有效的手段。

 案例 7-4　量能支撑的止损设计

图 7-19 是新五丰(600975)2015 年 9 月到 2016 年 1 月的日线走势。

根据量价结构来看,图上出现过几次增量点。第一次出现在 2015 年 10 月 27 日,低位放量之后在 11 月 4 日对大量点位置进行突破,突破之后的缩量回踩没有跌破大量点形成的有效支撑形成买点。买入逻辑是 10 月 27 日进入的资金已经成为行情的主力资金,对后市有更大的企图,因此,这个位置是不能跌破的,否则资金性质由进转出,不利于后市行情。此后,行情开始拉升,10 月 27 日的收盘价成为波段性的大量点支撑。同样的情况在 12 月再度重演,如果认为 2015 年 12 月 23 日的回踩是对于前期大量点支撑的回踩确认,则这一位置已经实现阻力支撑转化,不应被有效跌破,因此,当 2016 年 1 月 4 日行情实体大幅度跌破颈线位置的时候,应当及时止损,保护利润,控制浮亏。

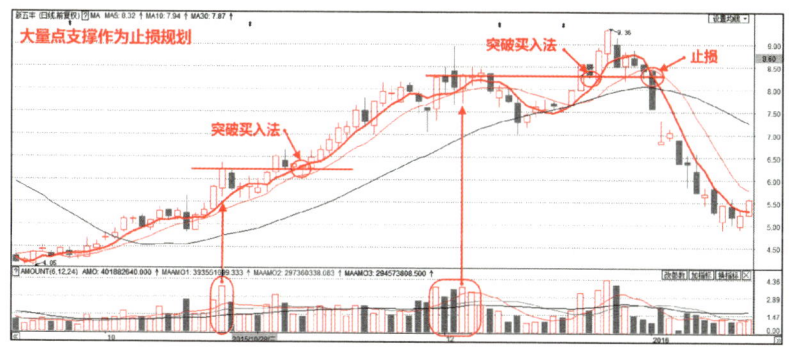

图 7—19 量能支撑的止损设计

说到底,规划止损的重点在于当初选择买入的时候最重要的依据是什么。就像我一开始说的,与其说止损是一种交易方法,不如说是交易纪律,说到底,就是一个认错的概念。你做单的时候看错了,明明不是止跌,我判定是止跌,明明不是反弹,我判定是反弹。那么,当市场继续下跌的时候,就说明原先的判断错了,行情已经宣告了我的误判,就意味着要考虑止损。一般确立入场逻辑的同时,就已经明确了你的离场逻辑,这就是止损的策略确定。

卖出的纪律,就是止盈和止损。在股票交易中,我们一般先定止损后定止盈,真正意义上,止损才是交易纪律,止盈应是交易技巧。但在实际过程中往往相反。基本上,我每次听到谁谁又买了什么股票的时候,都会告诉我这只票能涨到什么什么价格,而很少有说万一它跌到什么位置是不能承受的。

我从来不认为对市场的预测是聪明的制胜之道,非常反感鼓吹"绝对",什么铁顶铁底,市场哪有什么顶底,无非就是强一点的阻力支撑而已。专业预测和专业骗人在我看来是一样一样的,顶底也就算了,还铁的,铁的不行钻石的,金刚的都来了,哗众取宠,在市场上闹了一个又一个笑话的背后,无非是一群盲从的人对这个浮躁社会的阿谀奉承而已。可怜又可悲的是,我们的市场永远不缺这样的人。

即便我们完完全全根据信号来做交易,我们也要承认这样一个事实:一般好股票、牛股,它们在启动的时候都会出现我们定义的买入信号,但是,在我们定义的买入信号出现的时候,并不一定能得到未来行情的必定大涨。说白了,这是一个包含关系,能出现信号的股票多,但是信号中产生的牛股少。我们可以增加我们买入信号的组合提高捕捉牛股的概率,但我们也必须面对信号落空之后的结果,这就是止损。

最后送给大家一句股神巴菲特的交易原则作为结语。

投资的原则是:第一,不要亏钱;第二,记住第一条!

第四节　万变不离其宗——常见形态分析

到现在为止,我们已经把判断行情的几大要素,波线量价一一进行了定性定量。在实际操作的过程中,这些要素共同组合形成不用的 K 线语言。波线量价如果是字母的话,形态就是单词,我们下面来看几个最简单也是最常见的 K 线单词。

一、调整——上涨过程的上车机会

股市在上升过程中虽然也会有不同幅度的回调,但是一般不会跌破支撑位,更不会轻易创新低,并且在上涨的过程中有一定成交量的配合。对于趋势个股,确立涨势之后,最理想的买点一定是趋势过程中的充分调整的机会。那么问题来了,我们如何判断个股调整充分?什么信号代表调整完成呢?

首先,上涨过程中的调整的时空要求,一般有以下几个维度。

(一)空间上的调整

空间调整的主要判断指标就是黄金分割。根据黄金分割的使用原则,充分调整一般至少要求达到黄金分割第一调整位置,也就是强势调整分位,这也是个股角度最常见的调整幅度,大概率调整结束之后还有新高机会。其次,50%也是常见的调整分位,也是从趋势角度可接受的调整幅度。

 案例7-5　空间调整幅度测算

图7-20是宁德时代(300750)2020年到2021年的日线走势。这两年宁德时代经历了一波个股长牛趋势,而在这波多头大循环之中,股价分别进行了两次中期调整,都在强势调整分位附近止跌完成转折,而这个转折点,也成为下一波股价拉升的起点。

图7-20　宁德时代

(二)时间上的调整

时间周期主要参考的就是对称性。行情的波段与波段之间经常有时间的对称或倍量关系。这也是我们推算技术时间窗口最常用的手段。比如一个上涨波段持续了大约80个交易日之后陷入整理,当整理时间接近80个交易日左右的时间,就属于技术上时间周期的充分调整,这个时候,我们就可以开始密切关注行情转折的信号。

 案例 7-6　时间调整幅度测算

图 7-21 是上证指数 2020 年到 2021 年的日线走势。通过回溯我们可以看到,无论是震荡还是多头循环,波段与波段之间大致形成了对称关系。虽然出现像 2021 年 9 月这种完全对称的概率较小,但往往行情时间周期满足以后,都会出现不同程度的变盘。在一段大多头循环之中,这个时间点就可以特别关注行情的再次启动信号。反之,发生在这个时间点的行情变盘信号也可以更容易确认。

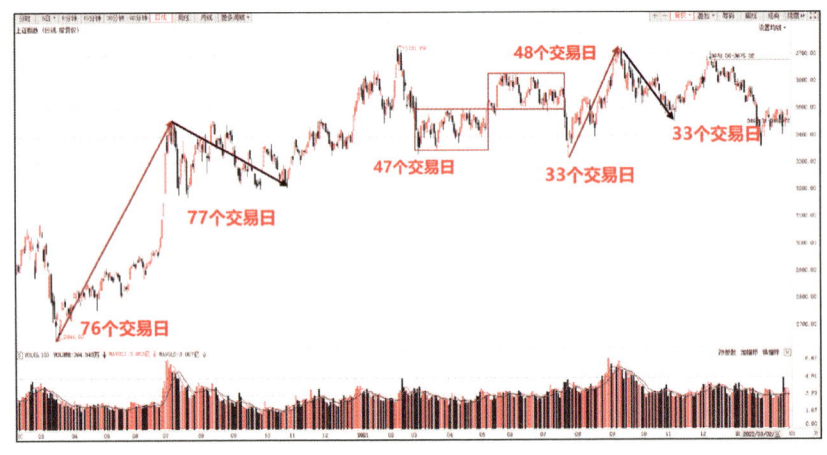

图 7-21　时空对称

(三)调整结束的信号

当股价连续调整到达关键的位置或时间窗口的时候,股价能否转折向上是最关键的方向选择。所以,当行情调整的时空都已经满足之后,股价能不能有一个向上的信号,才是判断行情到底是调整还是走入下行趋势的关键。这个信号,就是股价的转折信号。

调整结束信号相对于底部信号,它的转折应该更为直接干脆,不需要反复磨底的过程。所以一般这个转折信号,通常会是一个比较明显形态转折,类似于下影线 V 形反转折形态,来确立调整完成,再度向上。同时,转折形态越坚决,后市力度越可观。

 案例 7－7　调整结束的信号

图 7－22 仍然是上证指数 2021 年 8 月到 2021 年 12 月的日线走势图。在 2021 年 11 月 10 日,指数在调整了一个时间周期后回踩到了黄金分割的最后防守支撑 3 470 点的位置,这个时候,指数调整的时间空间都已经充分满足,且当天收出了一根非常明显的下影线转折 K 线,成为后市波段的起点。这根 K 线形成了在时空调整充分满足后的转折信号,哪怕在尾盘,都是一个非常理想的买点。

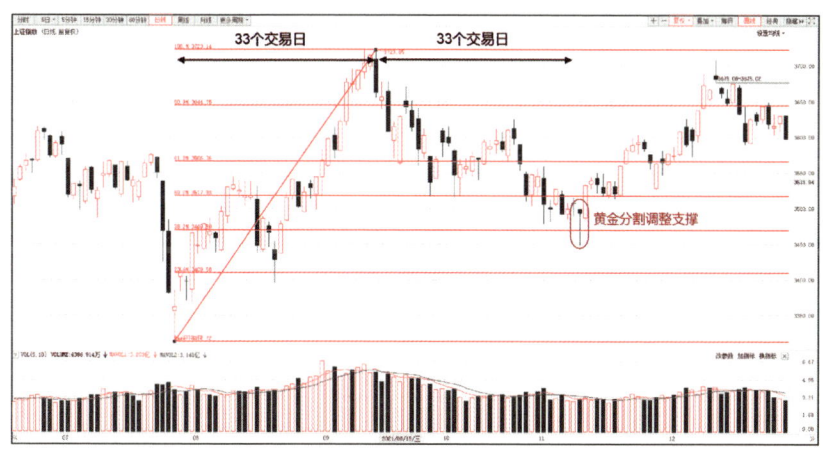

图 7－22　调整结束后的确认信号

实际操作上,因为并不是所有的行情都会刚刚好充分精确的满足时空调整需求,所以最重要的信号就是调整结束的信号;作为买点参考的时候,对于空间可以更加严格要求,也就是价格调整不充分宁可做过也不做错,相对而言,时间窗口是最不精确的信号,更多的是从行情规划的角度出发做的准备工作。

二、反弹——下跌过程中的逃命机会

上一部分,我们分析了上涨过程中的调整,同时空间、时间、信号的三重定位，判断调整后的买入机会。那么有人就会问，这种方法是否适用于下跌过程中的反弹呢？

答案是：不适用。

对于买入而言，如果我要求的形态位置不符，大不了就是不买而已，没有买卖没有伤害，踏空可能会让你心理上难受，但实质危害有限。但是反弹不一样。对于大部分人来说，关注反弹意味着他手里大概率已经有套牢筹码，意味着如果他没有及时卖出可能会形成更大的损失。所以，这个时候，我们并不能严格要求形态和位置。比如说你不反弹到这个位置我就不卖，因为主动权并不在你手里。一旦当出现上影线等承压回阻的迹象，当断则断是最重要的。

所谓缓涨急跌，下跌的速度永远比上涨快，因为上涨的过程需要信心、认知、资金的不断强化，而下跌的过程可以千奇百怪，树倒猢狲散。所以，下跌过程的反弹，是一个最难量化的形态，下跌过程，我们更强调纪律，而不是方法。

因此在下跌过程中，更重要的是，根据反弹的强弱，来修正对于后市的预期。

（一）均线

下跌趋势的形成，意味着均线已经进入空头排列，这个时候，三大均线形成三大阻力，意味着三种反弹的强度。（见图7－23）

(1) 5日均线——最弱反弹：反弹不过均线5，前方低点不是底。

(2) 10日均线——正常反弹：反弹站上均线10，前方低点是左底。

(3) 30日均线以上——强势反弹：反弹站上大月线，再次回踩大胆买。

（二）黄金分割

讲波段的时候，我们讨论过黄金分割的用法。黄金分割适用于波段的强弱判断，也适用于反弹行情的判断。但是需要注意的是，黄金分割的空间相对较大，因此更适用于指数或趋势类个股，对于一些中短线个股的实际操作而言，尤其是在考虑卖出的时候，稍嫌迟钝。

三、底部——筑底百日慢慢买

反弹不是底，是底不反弹；真正的底部是不反弹的，而是反转，是趋势的

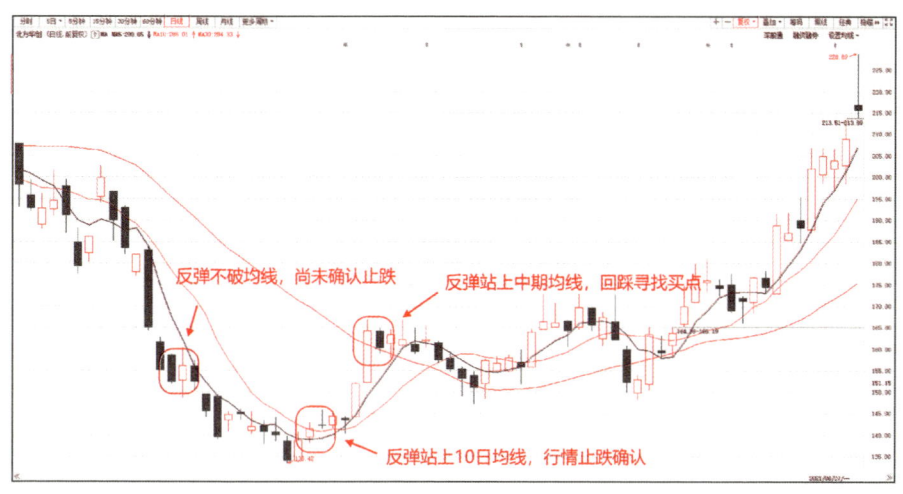

图 7—23　下跌过程中的不同反弹力度意义

改变,是跌势转为升势。底部反转的特点是一浪高于一浪,而每一次回调都是买入机会。

(一)底部百日,顶部一天

底部的构筑往往需要很长的时间,尤其是个股的底部。现在市场的股票太多了,且以后会越来越多,但资金始终是有限的。即便个股质地优秀,但是想要在有限的资金中分一杯羹,也需要耐心的等待。所谓涨跌终有时,万物皆周期。

所以,即便是再好的股票,在市场风口不在的时候,它的股价表现也会很一般,区别在于,好的股票等待的过程是筑底,而垃圾股,根本就没有底。

一般而言,底部的构筑主要分为两个过程,首先沉淀筹码,消化套牢盘,随后主力建仓锁定筹码,最后放量突破启动趋势。

在下跌的末端,行情的第一波反弹往往是不可靠的。尤其是大跌之后的第一波反弹,大概率是因为场内卧倒的人太多,以至于市场没有继续向下的抛压而形成的技术反弹,也常常是超跌反弹,因为没有卖盘而引起的上涨。但随着价格的反弹,原来卧倒的投资者慢慢复苏,止损的止损,减仓的减仓,这个时候,就形成了套牢盘对于行情的压制。

如果此时没有足够的增量资金来消化抛盘继续锁筹,那么,股价往往还有进一步的杀跌。如此循环反复,等到场内的筹码稳定度足够高,不至于因为股价的短期拉升就快速出现抛盘的时候,第一步消化工作才算基本完成,股价阶段性触底。这个过程,可快可慢,有的几天、几周,也可能几年。

随后,主力资金会尝试底部建仓。这个时候,底部的成交量会慢慢启动,常见的底部堆量形态就会出现。如果是成熟资金,或者运作目标比较远大、意图深远的资金,在这个阶段动作会比较隐蔽,而且一定要保证以低位吸收到足够多的筹码,才能进入拉升阶段。因此,这个过程,常常也是以月来计算的。

 案例7—8　国电南瑞的两次翻倍

图7—24是国电南瑞(600406)从2017年到2021年的股价均线图。从股价表现上,国电南瑞从2016年的11.5元翻倍涨到23元大约用了5年的时间,这个过程中,股价全程表现为一个斜率极其平缓的底部抬高通道震荡,从资产回报的角度很一般,如果买卖点没有选择好,还容易吃套。然而,从2021年7月的23元涨到2021年12月的47元高点的翻倍行情,只用了5个月的时间。前一波打底行情的时间,远远大于后面主升所需要的时间,这就是机构的耐心,在漫长的建仓过程中锁定筹码,等待业绩。

图7—24　筑底与拉升

操作上,对于基本面良好、主力机构资金持续关注并锁仓的标的,它的主升行情,有时候更是要靠等。在我们知道它会涨但不知道到底什么时候涨的时候,分批建仓、长期规划就是一个基本选项。在这种时候,就要慢慢买、长长拿,等待行情的高潮。

(二)涨势确立才知底

虽然知道很多股票要等,但对于散户来说,浮筹清洗和主力建仓的过程都非常漫长,会消耗巨大的时间成本和心理成本,出错概率也比较高,所以,我们可以选择一种相对更为浮躁的方法,就是跟踪启动信号。不管什么样的底部形态,最终都是要进入主升的,这个动作,一定是增量突破大阳线。经常说的"底部跳空向上走,天打雷劈不放手;高位跳空向下破,神仙招手也不留",就是这个意思。

这个时候介入,我们可能会稍微损失一点成本优势,但是行情的确认度会变高,同时,已经进入到主升状态的个股能够给出更快的利润兑现,操作也相对简单。

案例 7-9 国电南瑞的两次翻倍

同样还是上文国电南瑞的走势,图 7-25 是 2020—2021 年国电南瑞的周线图。几乎每一次周线上对于前高的突破都伴随着放量阳线的出现,与此同时,底部不断抬高,趋势线斜率开始放大。这往往就是行情进入加速的表现。对突破的跟踪,可以更有效地确认底部形态,也是一个相对而言更为节省时间成本的方法。当然,从成本角度讲,可能就比较吃亏了。

四、顶部——顶部一天快快卖

俗话说,底部百日,顶部一天。相较于底部形态,顶部形态其实更简单,逻辑也更直接。最大的特征,通常就是量能的失控。

在强势多头的高档,特别是在投机行情的架构里面,一般而言,比较不怕初期消息面的利空,反而怕消息面的利好,因为整体盘面的投机气氛已经被引燃,主力上车者众多,在大盘没有爆大量之前,消息面的利空,反而更凸显主力股的所在,最怕利好来扰乱盘势,正好给主力出货的机会,一旦爆出

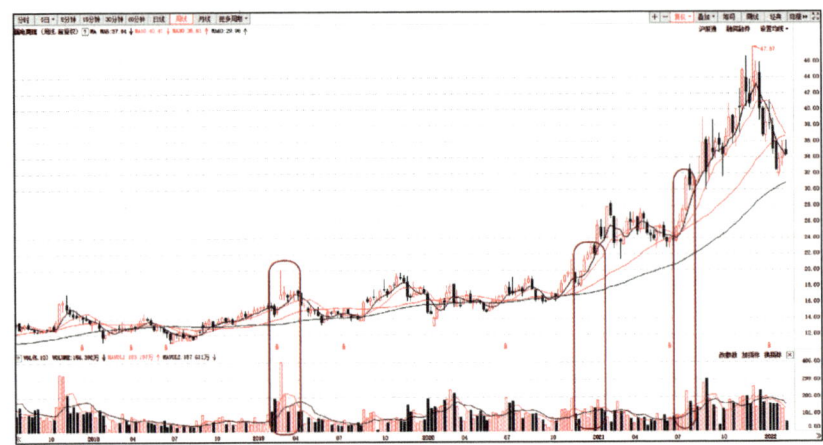

图 7—25 突破行情突破量

波段的新大量,量能就很容易失控。一旦出现天量天价行情,再好的股票,也不能买了(见图 7—26)。

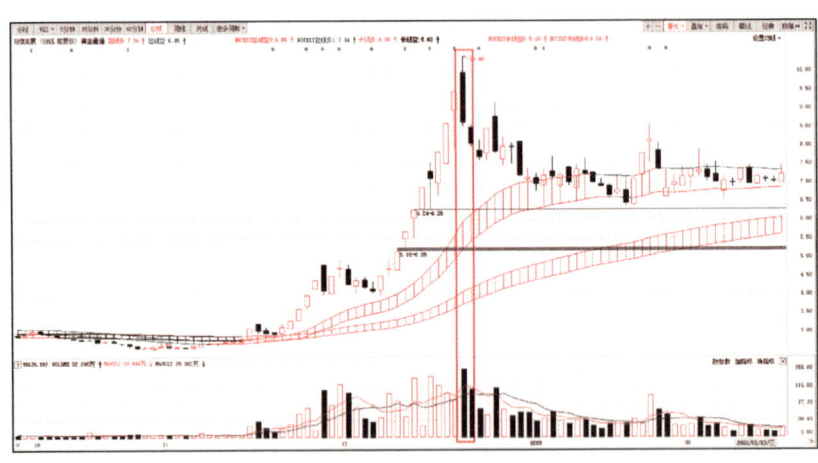

图 7—26 天量天价

如果还想要更精准地定位顶部,就需要对于顶部的转折形态更加敏感。顶部的转折,主要就是乖离与背离。

（一）乖离——一般指均线的乖离

图7－27　乖离放大

（二）背离——量价背离、指标背离

背离就是反向反常的意思，背离之后，必然要修正，小级别背离小级别修正，大级别背离大级别修正，总之，事出反常必有妖（见图7－28）。

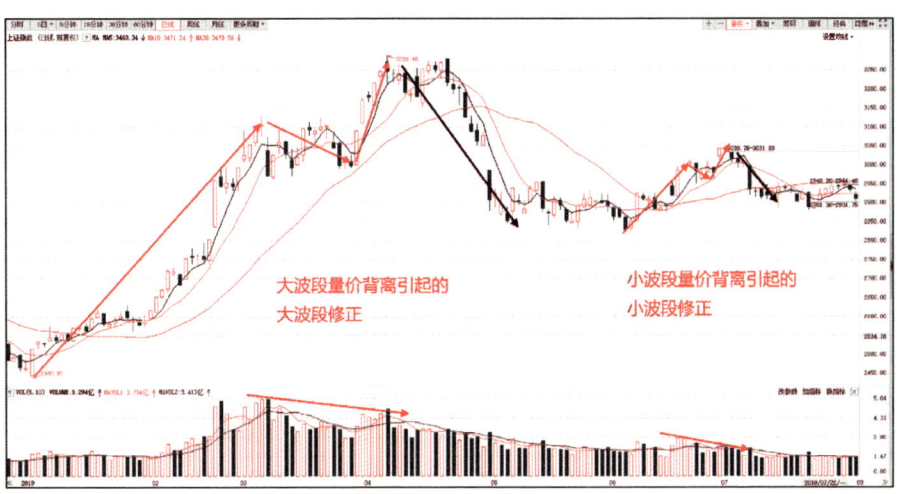

图7－28　乖离修正

第七章　主升模型——跟主力，做主升 | 213

(三)反转——乖离与背离同时出现

股价的反转,绝对性的两个现象,背离以及乖离,波段上的观察,最主要以价背离为主,若是碰到乖离一起出现,波段拉回,大跌就不可避免(见图7-29)。

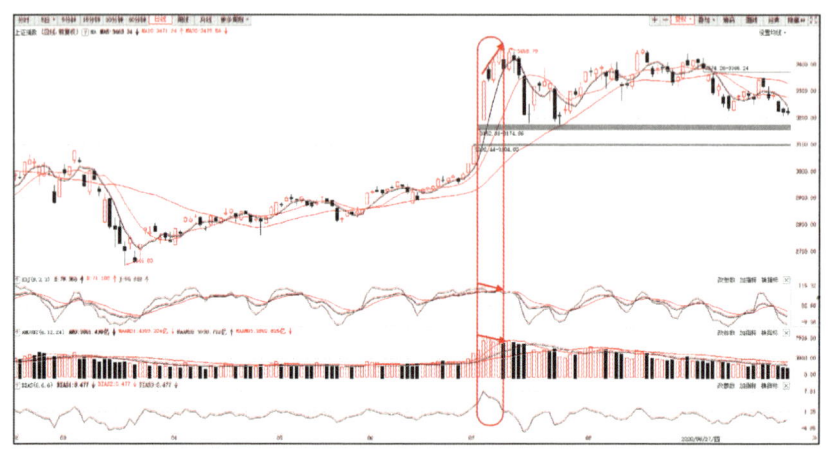

图7-29 乖离背离的同时出现

底部长阳始,顶部长阴终。虽说顶部形态很简单,但是实践中,抄底的成功率要远远高于逃顶的成功率。更多的,其实还是情绪的原因。常言道,朝山不全为敬神,拉升不全为做多,不是所有的上涨都能构成趋势,甚至可以说大部分的上涨都是为了冲顶。新手怕大跌,老手怕大涨。最大的利空是涨过了头,最大的利好是跌过了头;坏的不能再坏的是金子,好的不能再好的是垃圾。所以首先,当股价开始快速大幅上涨的时候,不要兴奋,而要警惕。

五、箱体——坚守与反手

箱体是一种最常见的震荡形态,也就是一个股价波动的区间。

当行情进入到震荡节奏之后,大概率会形成震荡,震荡就有区间,区间就构成箱体。尤其是指数角度的箱体震荡特别常见。箱体的技术特征很简单(见图7-30)。

(1)均线与K线缠绕,K线围绕均线波动,均线是中心而不是重心,这是震荡和单边的最大区别。

（2）成交量一般比较低迷，因为行情缺乏弹性本身就是箱体震荡的成因之一。

图 7－30　箱体

理论上，箱体的上下阻力支撑都是通过行情的反复试探形成关键位置附近的多次转折来确认的，比如上证指数 2020 年的 3 450 点，2021 年的 3 730 点，都是大的阻力位置。但是箱体操作关键就在于确定行情的阻力支撑位置，而且确认得越早越好。如果需要通过行情一次两次三次的转折信号来确认，那么等阻力支撑确定了，这个箱体也差不多要走完了。所以，震荡行情对于阻力支撑的预判也非常重要。

一般而言，第一个阻力支撑位置相对容易观察，就是波段行情的前高或前低位置。比如刚刚提到的 2020 年的 3 450 点和 2021 年的 3 730 点，其实都是波段行情的高点。当波段冲高回落之后，这个位置就是默认的阻力位置。当阻力确定行情形成转折后，我们就需要去判断下方的支撑，回调的低点。通常这个时候，下方的中期均线、黄金分割位置、缺口位置等，就是常规会形成支撑的位置（见图 7－31）。

图 7-31 箱体支撑的确定

确定了阻力支撑之后,箱体的操作方法就非常简单了,阻力不买,支撑不卖,箱体之内坚守,箱体之外反手。

箱体操作其实更主要是一种纪律操作,确立上下阻力支撑并不难,但是每一次行情碰到阻力支撑的时候,都会产生一种猜测,这次会不会突破?在这种倾向下,会有很多人明知道这个是震荡区间的阻力,但还是追高了,或者明知道这里有箱体支撑,还是割肉了,这种错误,就属于操作上的低级错误。

关于箱体,还有两个特别需要注意的交易技巧。

1. 箱体突破的确认

无论是箱体也好,通道也好,由于已经对行情形成了较长时间的作用,市场一致预期很高,也就是大家都心知肚明这是阻力,这是支撑,那这种格局的打破,一般都需要非常明确的意思表示,主要就是成交量的突破,在指数角度,一般还需要主力板块的带领。

同时,也正是因为箱体对于行情的明显作用,所以它所形成的阻力支撑一般都有较强的技术效力,一旦阻力支撑突破后,会形成转化,阻力变支撑或支撑变阻力,这些位置,都有被行情反复确认的需求;也就是说,大概率会形成回踩,尤其是在上涨的过程中。

案例 7－10　上证指数的箱体

图 7－32 是 2020 年 5 月到 2021 年 10 月上证指数的均线图。我们可以看到，在 2020 年 7 月的高点之后和 2021 年 3 月的低点之后分别形成了两个指数的箱体，第一个是从 3 200～3 460 点区间，第二个是在 3 350～3 500 点区间，区间的上轨压力在被增量突破后，都出现了回踩，实现了阻力支撑的转化。

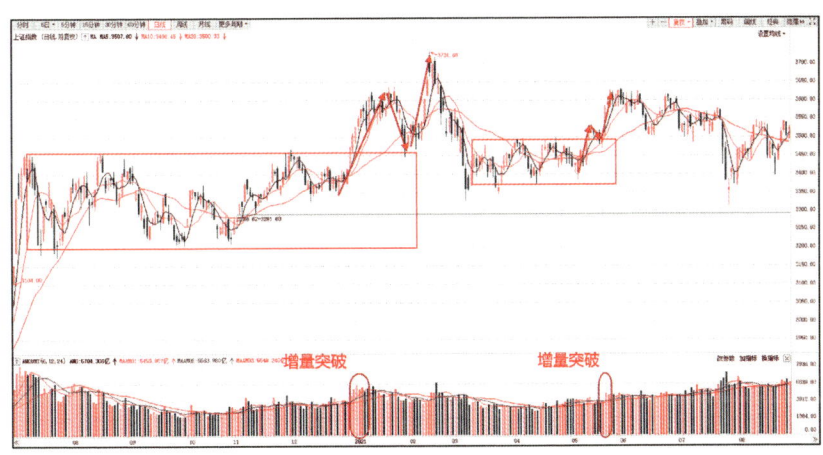

图 7－32　指数箱体的突破

 案例 7－11　均胜电子的箱体突破

图 7－33 是均胜电子（600699）在 2020 年 3 月到 2020 年 7 月的均线图。可以看到，当时 21 元从 3 月到 6 月一直对股价形成压制，在 6 月初才完成增量突破，随后，也有了一次快速回踩。所以对于箱体而言，操作层面真的无须着急，越是强大的箱体，越有回踩的需求，在交易层面，不用提前去猜什么时候会突破，买在突破回踩点上，又安全又省时。

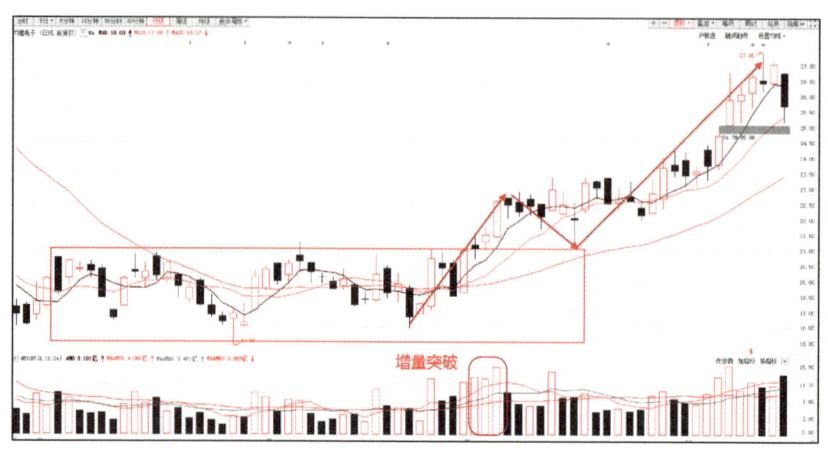

图 7—33　个股箱体的突破

2. 关于箱体突破后的幅度预期

箱体除了是一个典型的形态结构之外,也常用于行情的测幅,在行情规划上,非常好用。一般箱体突破后,至少会有一个箱体幅度以上的空间突破,如果行情强势,这样的突破空间会有 2 倍甚至 3 倍以上的箱体空间,这就是我们经常讲的箱体翻转。

 案例 7－12　上证指数的箱体

沿用上文上证指数均线图案例。从图 7—34 可以看到,在 2020 年 7 月的高点之后和 2021 年 3 月的低点之后分别形成了两个指数的箱体,第一个是 3 200～3 460 点区间,空间大约 260 点,第二个是在 3 350～3 500 点区间,空间大约 150 点,区间突破后,我们可以简单测算,第一个箱体翻转后空间大约是 3 720 点,第二个箱体突破后空间是 3 650 点,与后市实际位置非常接近。

图 7-34 指数箱体的测幅

 案例 7-13 均胜电子的箱体突破

继续上文均胜电子案例。从图 7-35 可以看到,当时 21 元价格突破后,与下方 17.9 元位置形成的箱体区间大约在 3 元左右,当 21 元突破后我们对上方股价进行预测,第一压力位置在 24 元,但是 24 元附近行情并没有出现明显转折,依然沿均线上行,那么下一个空间可以 2 倍箱体计算是 27 元,最后价格高点在 27.45 元,也非常接近。一般个股角度,出现突破,2 倍-3 倍以上的空间都是比较常见的。尤其是箱体时间越长,突破后的高度往往越高,也是人们常说的横有多长、竖有多高。

图 7—35　个股箱体的测幅

箱体空间可以用来推测箱体或底部突破以后的空间推测，更重要的是，当空间基本满足以后，交易者就需要密切关注在基本高度完成以后，股价还有没有继续上行的空间，或者是不是有力量衰减的信号，做好撤离准备。

同时这样的箱体翻转测幅法不仅适用于纯箱体行情，对于一些标准对称的底部结构，也有很好的适用性，比如头肩底等。

第五节　信号至上　概率为王

做股票做的是心态，做交易做的是信号。很多人做交易，甚至都不是依靠感觉，而是依靠想象力，当发现行情走势与自己的主观愿望与想象完全不同的时候，就不知所措慌了手脚。最后一步错步步错，大亏往往来源于这样的茫然。《琅琊榜》大家都看过，里面梅长苏在对付宁国侯谢玉的时候，说过一句话："把结果交在对手的手上是最危险的行为，只有无论对手做了什么，我都有办法应对，才能稳操胜券。"这是真正的谋划之道，也是交易之道。我们在交易过程中，最应该做的不是去猜测明天到底是什么线，而是要知道，当明天的线型出现的时候我要怎么应对。交易行为，本质是基于交易信号的一种反应。

一、信号至上

所谓明确的交易信号，就是个人的买卖原则。

我们在做技术分析的时候，重要的是对信号的确认而不是预测。做交易是需要预判的，但预判不是预测，预判的是交易行为的胜率，而不是预测市场未来的走向，这两点是有很大区别的。比如，在行情已经走了一段时间的多头行情之后突然出现爆量收黑，但是均线仍然指向多头，这时候量价结构出现转折信号但均线显示仍然在持有容忍度之中，两个元素出现了相反的交易信号，到底要卖还是要买就取决于投资人此时对于后市概率的预判。

每一个分析方法、理论都有它自己的长短板，这就是我们要构建系统的原因，通过方法与方法之间的互补性来找到更确切的交易信号。一般来说，指向同一方向的信号越多，信号的确认程度越大。

总之，市场没有百分之一百，也没有人能做到百分之一百，所有的探讨都基于相对高的成功概率。从策略形成逻辑的角度，买入的时候，分析的过程是从长到短，更多注重的是位阶的高低，趋势是否成立；而卖出的时候，分析的过程是由短到长，更多注重的是筹码是否仍然稳定，趋势是否遭遇转折。

假设上证指数就是一支个股，那么我应该什么时候买？或者什么时候卖呢？

（一）买入逻辑

首先，看它处于什么样的位阶，是启动浪、主升浪还是末波段，是否存在操作空间；这一阶段适宜中线操作还是短线操作。

然后，看趋势是否转向多头，或延续多头，均线结构是否健康。

其次，在量价形态是不是持续形态，筹码是不是保持稳定。

最后，在支撑附近寻找K线转强点买入。

（二）卖出逻辑

首先，价格是否在阻力附近出现转折或停滞。

然后，量能形态是否依然健康，筹码有没有出现离场或者散乱迹象。

再次，均线趋势是否延续强势，均线结构是否遭到破坏。

最后，波段上看是否已经运行到非持股段或多头的末波段。

这是最完整的指数分析和交易的逻辑。个股也大致如此，只是我们在分析个股买入时机之前，通常先观察指数的健康程度。从个股与指数的关系，买入需要更多参考大盘，在大盘处于下跌趋势的过程中，任何的股票交易都是含有巨大的系统性风险的；但是一旦已经买入了股票，这个时候，大盘的重要性稍弱，更多是要关注个股本身的卖出信号。

二、概率为王

一个完整的技术形态，由很多信号组成，不同的技术形态，采用不同的操作手法，就能够有效瞄准目标价差波段，从而获取收益。

但行情千变万化，大部分时候一段行情或一只牛股出现的时候，我们都可以找到这些明确的交易信号，但有时，这些明确的交易信号发生的时候，行情却未必启动。也就是说有行情必有信号，有信号未必有行情。这种情况在实际交易过程中很难避免，关键在于信号之后产生行情的概率。

因此，当交易信号能互相印证、共同发生时候，交易的确定性会增强。

实际操作中，我们还需要考虑到不同的时间周期。如果是波段投资者，参考均线分布和波浪结构更为重要，而筹码、量价关系和技术转折在短线交易过程中的敏感度是最好的。

实盘交易，我们面对的情况千变万化，对手神出鬼没，是人的操作，总有人性弱点、主观倾向。强化技术方法的学习和技术系统的锻造，就是为了从技术手段上克服人性弱点，扩大概率成功。我们固然可以利用一些资金配置、仓位控制来提高胜率，降低行情的不确定性，但是也不要期望或者要求自己的判断永远正确，始终站在大概率的一方就能帮助我们实现成功的循环复制。

这样成功的循环，来自大概率支持下策略正确时的敢于坚持，乘胜追击，扩大战果；来自小概率失误情况发生时的清醒头脑，舍得抽身。

一个完整的技术架构之下要形成策略是非常简单的事情，难在执行，难在自信。执行之后仔细观察信号是一回事情，比如今天如果开盘缩量那就减仓，但是有策略不执行或者乱执行就是另外一回事情了。而策略的执行方面，买入只是一个开始，关键是卖出。牛股是买出来的，但是发财一定是卖出来的！

本章小结

在第七章中,我们深入探讨了主升模型,这是一种通过分析、理解主力思维,跟随主力资金,把握市场主升浪的高效投资策略,主升模型提供了参与市场确定性最高的机会,是投资者在股市中获取稳定收益的重要途径。

在买点的选择上,我们重点介绍了分时回踩(反转)买入和小周期趋势突破买入两种方法。这两种方法都基于对市场信号的敏锐捕捉,能够帮助投资者在合适的时机介入市场,享受主升浪带来的丰厚回报。

同时,我们也详细阐述了主升模型的卖点策略,包括向上卖出(止盈不贪)和向下卖出(止损不拖)。这些策略的核心在于对风险的严格控制和利润的及时锁定,确保投资者在市场波动中保持稳健。

此外,我们还对常见市场形态进行了深入分析,包括调整、反弹、底部、顶部和箱体等。这些形态的分析有助于投资者更好地理解市场走势,把握投资机会,同时避免潜在风险。

综上所述,主升模型的核心在于信号至上,概率为王。投资者需要密切关注市场动态,捕捉市场信号,同时结合概率思维进行决策。只有这样,才能在股市中保持长期稳健的收益。通过本章的学习,我们相信投资者能够更好地掌握主升模型的应用,提升自己的投资水平。

下 篇

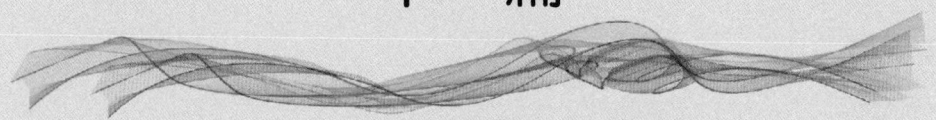

中国人炒中国股
——A股近年经典实战案例分享

战例 1

天山生物——一头牛价值 1 000 万元?

2020 年创业板推行注册制,券商启动,指数加速上涨。扩大到 20 厘米(20%)涨跌幅限制刺激游资情绪集体高涨。当时,以天山生物为首的一批低股价、小市值创业板个股受到资金追捧,天山生物更是以 12 个交易日 11 个涨停,接近 5 倍的涨幅被称为"天山老妖"。

天山生物是一家怎么样的公司呢?

天山生物扣非净利润连续 6 年亏损。2020 年上半年,天山生物营业收入 1.1 亿元,同比增长 77.75%;然而归属于上市公司股东的净利润亏损 764.79 万元,每股收益为 -0.024 元。现金流也极其被动。2020 年 6 月 30 日,公司货币资金余额为 1 734.84 万元,短期借款、长期借款余额合计 18 988.83 万元,公司资产负债率为 85.14%,流动比率为 0.089 7。流动资金勉强够付利息的水平。另外在 2019 年 1 月 23 日,天山生物公告称,因涉嫌信息披露违法违规,中国证监会决定对其进行立案调查。也就是说,基本上,基本面可以说能踩的雷都踩了。就是这样一家公司,市值从 19 亿元炒到最高超过 100 亿元的时候,主要资产就只有 600 头牛,平均一头牛价值 1 000 万元。

2020 年 9 月 3 日,公司公告警示风险,同时深交所将"天山生物"列入重点监控股票,严密监控交易情况。深交所明示指出天山生物炒作五大问题:

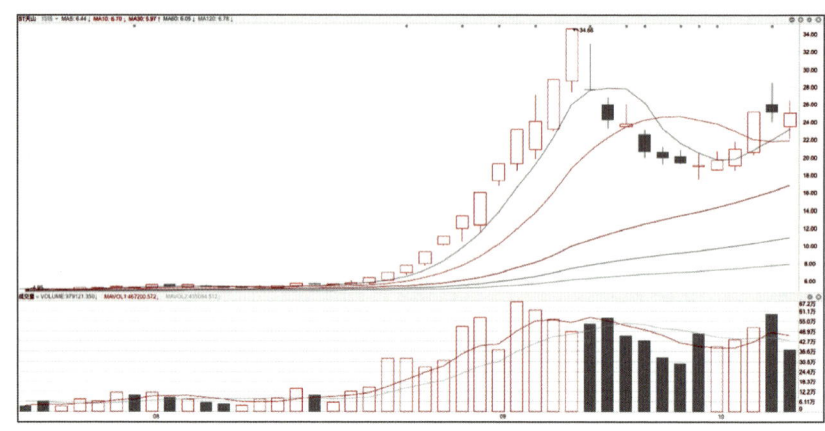

战例图 1-1　天山生物 2020 年 8 月—9 月日 K 线图

(1)买入以个人投资者为主,买入金额占比 97%。

(2)持股市值小于 300 万元的中小投资者为核心主力,买入金额占比近七成。

(3)机构投资者整体参与度低,买入金额占比仅 3%。

(4)从买入居前账户交易习惯来看,平均持股时间短,短线交易特征明显。

(5)涨停板买入封单较为分散,中小投资者为主要力量。

深交所提醒,天山生物市盈率显著高于同行业平均水平,股价上涨缺乏业绩支撑,已严重脱离公司基本面,一旦股价回落,高位接盘的中小投资者将遭受不必要的损失。投资者应增强风险意识,理性合规参与交易,切忌盲目跟风炒作,避免侥幸投机心理。

然而,你永远不知道市场到底能疯到什么程度。在证监会和上市公司公告的连续风险提示中,天山生物依然天天封板,2020 年 9 月 8 日收盘,天山生物再度涨停,股价拉高至 34.66 元,再创历史新高,换手率超 26%,总市值达 108 亿元。至此,天山生物凭借 600 头牛的资产成就 100 亿元市值神话。高标影响扩散到整个创业板低价股,话题效应甚至引动媒体社论记者发文严厉指摘"垃圾股"炒作成风,最后演变成了市场投资风格的大辩论,直到 9 月 9 日公司再度停牌,市场炒作开始降温。

从 2020 年 9 月到 2021 年 9 月,一年时间,完全回吐 5 倍涨幅。其间,据

战例图1-2 天山生物2020年8月—2021年9月日k线图

创业板股票ST新规,公司最近三个会计年度扣除非经常性损益后净利润均为负值,且最近一年(2020年)审计报告带有"持续经营能力存在不确定性"的表述,公司股票被实施其他风险警示。公司股票自2021年4月28日开市起,由"天山生物"变更为"ST天山"。直到现在,还有不知道多少在30元以上介入的投资者仍在慢慢回本长路上。这种走势,已经不能用割韭菜来形容了,A型绞肉机,谁买谁知道。

其实妖股全世界都有,相对来说,越不成熟的市场,妖股肯定越多。A股也是如此,层出不穷,品类齐全,百花齐放。一体两面,妖股的存在,本身就是一种资金的活跃度的体现,情绪的释放,没啥不好的,给市场带来热度高度话题性,其实是有利于市场活跃和交易机会扩张的,所以我认为我们要允许妖股存在,并且作为一种市场指标去观察。

但另一方面,很多人想要通过一个方法、一些逻辑去抓取妖股,这就很荒谬了。妖股之所以成为妖股,就是因为妖,就是因为不正常,你要用正常的逻辑去找不正常的股票,能有正常的结果吗?实际操作而言,对于散户,一定要分清楚,哪些行情是给你做的,哪些行情是给你看的。妖股行情就是给你看的而已。

战例 2

九安医疗——1 倍不到的市盈率是如何炼成的

A 股除了有天山老妖,还有"九安大帝"。

战例图 2—1　九安医疗 2021 年 8 月—2022 年 6 月均线图

九安医疗,2021 年 11 月从最低 5 元附近,连续上涨,三波主升,到 2022 年 1 月份,最高位置 88.88 元,三个月不到的时间,涨了 17 倍。从市值不到 30 亿元暴涨至超 390 亿元,九安医疗仅用了 5 个多月。问题来了,同样是短期快速上涨,为什么一个是妖,一个就是王呢?

九安医疗创始人、董事长刘毅回答了这个问题:"新冠检测概念虽火,却并非空中楼阁。目前为止,我们不输业绩,能是妖股吗?"

成立于 1995 年的九安医疗,是一家专注家用医疗器械的研发、生产及销售以及云平台系统及服务,并逐步转型成为互联网+医疗解决方案提供商,主要产品为电子血压计、血糖仪等电子医疗设备。在 2020 年之前,九安的业绩谈不上好,连续 7 年扣非净利润为负。

但 2020 新冠疫情的爆发是该公司重要的转折点,营收和净利润分别为 20.08 亿元、2.42 亿元,分别同比增长 184.36% 和 264.68%。2021 年 11 月,九安医疗美国子公司 iHealth Labs Inc. 的新型冠状病毒(SARS-CoV-2)抗原家用自测 OTC 试剂盒获得美国食品药品监督管理局(FDA)紧急使用授权(EUA),可在美国和认可美国 FDA 紧急使用授权的国家和地区使用。九安医疗子公司抢到美国 80 亿元订单的消息在各大财经网站刷屏,九安医疗开启连板之旅。

2022 年 4 月 29 日晚间,九安医疗披露的 2021 年业绩及 2022 年第一季度财报更是坐实了九安医疗现金牛的地位。2021 年实现营收 23.97 亿元,同比增长 19.36%;归母净利润为 9.09 亿元,同比增长 274.96%。而 2022 年仅第一季度,就实现营收 217.37 亿元,同比增长 6 646.79%;归母净利润为 143.12 亿元,同比增加 37 527.35%。按这个业绩测算,全年净利润将超过 500 亿元,而对比当时市值才不到 400 亿元,市盈率不到 1,1 年净利润就等于再造一个公司了。

战例图 2-2　九安医疗 2020 年第一季度到 2022 年第一季度利润变化

需要注意的是,虽然九安 2022 年业绩爆发,但利润来源相对单一,虽然检测试剂给九安带来了大量的现金,但是九安似乎并没有能快速地扩张产线布局或寻找新的利润增长点。在大幅兑现利润之后,九安医疗公告将使用 122 亿元的资金进行理财投资,数额占一季度净利润八成左右。而新冠政策红利终将散去,因此未来九安医疗业绩存在一定的不确定性。且由于九安医疗的新冠抗原检测产品主要销往美国市场,因此该公司90.61%的营收均来自境外。2021年该公司境外销售收入达21.72亿元,同比增长35.09%,其国内销售收入年内下降43.81%,仅为2.25亿元。九安医疗也表示,境外合同的履行对公司2022年度营业收入和营业利润将产生积极影响。但另一方面,订单及合同执行过程中受当地疫情变化、政策变化、公司供应链能力变化、物流运输风险、美国政府有权随时因自身因素中止该合同的条款以及不可预计或不可抗力等因素的影响,可能存在合同无法如期或全部履行的风险。所以虽然公司市盈率降到1倍以下,但是在订单利润兑现后,九安医疗也没有能继续上涨,反而进入了高位震荡状态。

但无论如何,在强大的业绩背书下,九安医疗股价虽然短期内经历了大幅上涨,但无论是趋势的稳定性还是可操作性,都比天山生物之类的纯妖标的要好很多。市场上,像九安这种阶段性大牛股还是很多的,对于投资人的吸引力也是最大的。而要真正产生大牛股,除了公司本身的业绩情况之外,牛股和妖股还有一个最大的差别,就是题材。

题材市场永恒的主题,牛股的温床。大的题材,市场热度不断,新闻曝光不断,机构、游资、股民都会关注,人气升温,成交量上涨,哪怕市场整体表现一般,局部增量也会构成结构性行情。但是对大部分股民来说,哪些题材具有持续性,甚至能发展成主线,这就很考验投资者的认知了。一般来说,只有具有高度和广度的题材,才有中线操作性。

1. 题材高度

大牛股一定是由大题材驱动的,而大题材大多来自大政策。比如2020年"解决卡脖子问题"政策催生的半导体行情,2021年发展新能源政策催生的新能源赛道行情,2022年稳增长政策催生的基建行情。但因为很多政策出台的背景不同,力度也不同。有这类国策型的政策,当然是大机会,十倍股的温床;但有些政策是纾困型的,比如2022年年初的地产政策,力度就不持久,国家出台政策的目的在于救而不是助,更不是冲。那如何判断政策高度足够高呢?关键还要看是否能形成市场有效循环,政策是否能在中央、地方、企业三个层面都形成积极反馈。比如2022年的基建,首先作为2022年稳增长的核心,从最高层会议开始定调,到地方各级政府积极响应,扩大投资规模,再到上市公司的订单量激增,政策有效之后企业业绩增加,反哺实体经济到达成政策目标,形成有效循环,这才是政策最佳高度。

2. 题材容量

除了高度之外,还要有宽度。能成为市场主线的题材,一定要能容纳资金,能让不同级别的资金都参与进来,尤其是大资金。一般题材内热门股的成交额每天要到10亿元以上甚至100亿元以上,九安医疗总市值不过300亿—400亿元,最大日成交额也接近150亿元,可见资金活跃。只有这样,才让大资金随意进出,才能吸引更多的资金入场博弈。同时,题材内部也要有适合不同资金风格关注的标的。既要有能连板的强势股,吸引市场眼球,释放赚钱效应,也要有趋势稳定的"中"军,稳定市场重心,提高市场信心,还要有能低位补涨的个股,让踏空资金也有赚钱机会,才能让题材走得更健康更稳健。比如2022年年初的基建主线,既有短期强势浙江建投打开市场高度,又有中国建筑、中国交建这种中字头的"中"军稳定市场人气,还有像安徽建工、粤水电这些补涨标的接连接力。这才是健康的题材节奏。

一般而言,同时具备了高度和宽度的题材,都会形成趋势。只要形成趋势,就至少会有几波行情,不会形成一追就死的局面。当题材趋势形成的时候,找调整低位去买,性价比就是最好的。哪怕一不小心追高了,后面的二波三波机会,也可以找到赚钱机会。

战例 3

三一重工——逃不开的周期魔咒

三一重工是 2019—2020 年的明星股之一。股价 2018 年年底随大盘见底后,两年时间从 7 元不到涨到 49.25 元最高,7 倍涨幅。

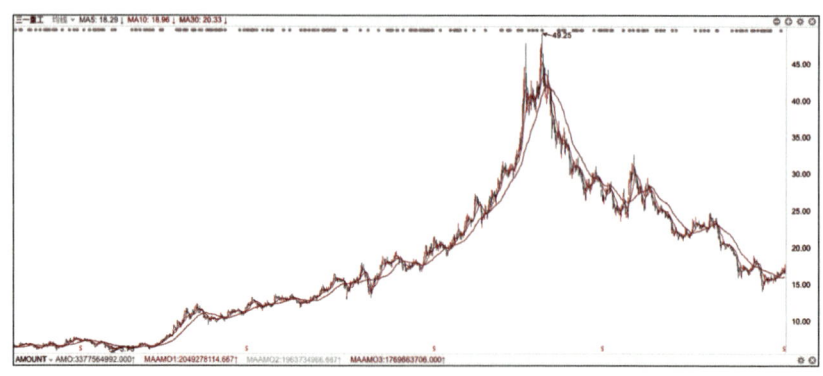

战例图 3－1　三一重工 2019—2021 年日线走势图

三一重工的走强绝对是有业绩支撑的。我们看到,从 2017 年开始,三一重工业绩开始释放,2017 年到 2019 年,每年利润几乎都是翻倍上涨。也是行业绝对龙头之一,2021 年全球工程机械制造商 50 强排行榜显示,市场份额排名前 4 的企业分别是卡特彼勒、小松、徐工、三一重工,市场份额分别达 13.0%、10.4%、7.9%、7.5%。在最辉煌的时候,被称为"机械茅"。

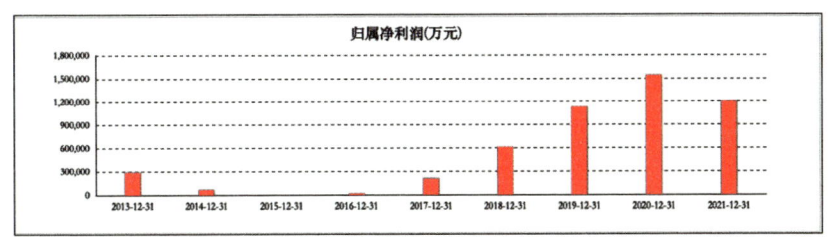

战例图 3－2　三一重工 2013－2021 年度净利润

但 2021 年春节一过,突然各种"茅"都不好使了,即便 2021 年 3 月 31 日公告的年报数据极其"美丽"。2020 全年,营业收入 1 000.54 亿元,同比增长 32.2%。公司多系列产品销量高居国内乃至全球第一,工程机械龙头实力彰显。但股价仍然保持高位向下,半年之后腰斩,然后再过半年,又腰斩。股东人数在下跌过程中一路向上,说明大多散户在强业绩支撑的预期下越跌越买,与此同时,机构撤离,2020 年底有 1 309 家机构,到 2021 年底只剩下 109 家机构了。

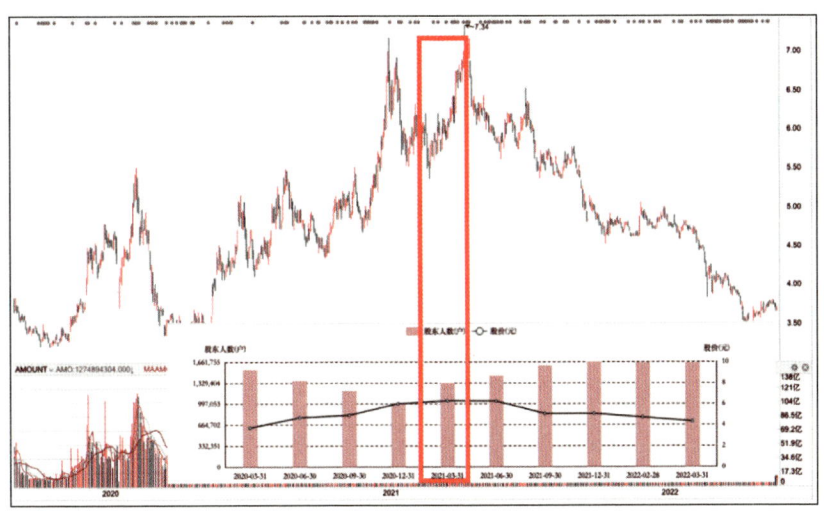

战例图 3－3　三一重工日线走势与股东人数

为什么三一重工会在业绩最好的时候开始下跌了？原因只有一个——周期。

周期股是一种股票性质的分类，是所有业绩跟随经济周期波动的股票的总称。周期股的特征，就是业绩存在周期交替，会有明显的波峰和波谷。行情好的时候，赚得盆满钵满，行情不好的时候，亏得满脸血泪。最有名的就是"猪周期"了。猪肉价格上涨的时候，猪肉股也曾辉煌一时，但是等待猪肉价格开始下跌，股价下跌也基本上不带什么反弹的。一些大宗商品，比如有色金属、煤炭、钢铁，也都是典型的周期股。

广义来说，所有股票都是有自己的周期的。即便是消费，也会因为经济景气度和居民可支配收入的高低，出现旺季和淡季，最抗周期的医药，也会因为经济衰退伴随的投融资活跃度的下滑而成压。无非是牛短熊长还是熊短牛长而已。

机械行业本身也属于强周期行业，每一轮行业上涨，都和刺激型的市场财政政策相关。2008 至 2011 年，在当时拉动内需的刺激政策背景下，机械行业进入上涨周期，当时三一重工也是业绩与股价齐飞。然后从 2012 年开始，机械工程行业步入了长达 5 年的衰退期，三一的净利润从 2011 年最高的 86 亿元，下滑到 2015 年最低只有 496 万元，衰退速度惊人，股价最深跌了 80%，是少数没能创新高的蓝筹。

这次也是一样。当 2020 年年报业绩冲顶之后，2021 年半年报三一业绩还能增长 17%，但到了三季报，净利润增长只有 0.9%，销量明显下滑。但等股民反应过来业绩绷不住的时候，股价也已经一去不回头了。

周期股和白马股不同，它往往是在业绩最好的时候见顶。因为好到不能再好了，就没有预期了。所以对于周期股，我们是不用市盈率的，市盈率越低，说明企业业绩越好，那后面就有衰退危机，市盈率越高，企业业绩收缩，反而后面会有见底复苏的预期。操作上，还有一个最简单的指标，就是股东人数。俗话说得好，行情在绝望中产生，在分歧中加速，在一致中结束。这个一致怎么体现？就是大家都买了呗。三一重工就是一个最好的例子。

其实不仅仅是周期股，近年来几个著名的散户大本营，股价表现都非常一般。通过回顾可以非常明显地看到，当股东人数突然增加的时候，往往也是股价见顶的时候，随后，股价一路下跌，股东人数还会快速增加，伴随筹码越来越分散。这些都是市场预警的信号。

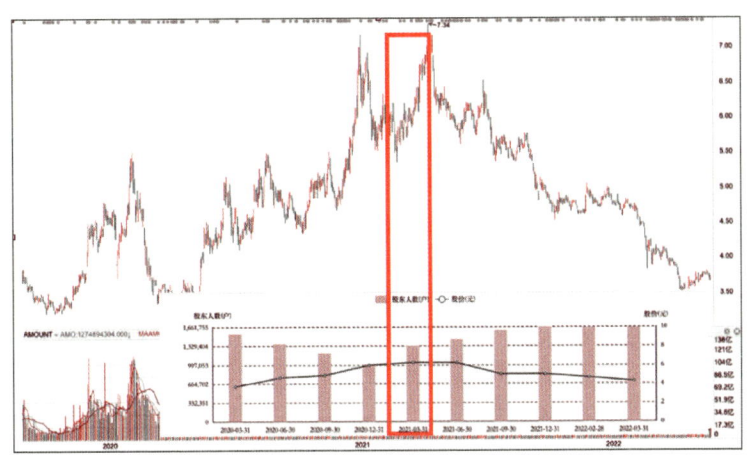

战例图 3—4　京东方 A 日线走势

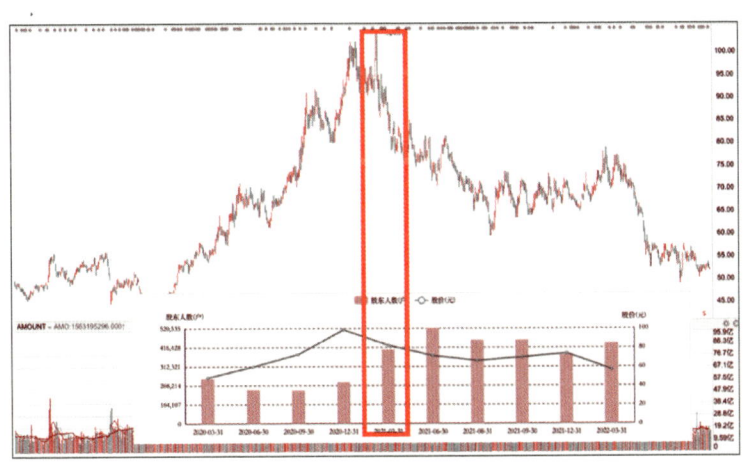

战例图 3—5　美的集团日线走势

这些都是耳熟能详、标准的市场龙头，或周期，或白马，基本面不差。股票我们交易的不是价值而是价格，马克思说，价格围绕价值波动，但不会等于价值，且可能在短期内大幅偏离价值。尤其是金融资产的价格，要么低估要么高估，决定因素就是资金与筹码。当股东人数快速增加的时候，市场筹码结构极其混乱，这个公司再好，它也需要时间。时间成本，也是成本。

最后，人多的地方不要去。这是真理。

战例 3　三一重工——逃不开的周期魔咒 ｜ 237

战例 4

吉翔股份——并购重组出牛股

A股市场还有一个长盛不衰的题材：重组。

重组本身就是资本运作的一个重要方式。以前，对于非上市资产而言，通过被上市公司并购或兼并，可以绕过漫长的上市审批程序，快速实现资产证券化，也就是我们经常说的"借壳"。当年360借壳江南嘉捷一口气收获18连板的气势也是让很多投资者津津乐道的，但随着未来全面注册制的铺开，企业上市的难度将大大降低，壳资源的价值会越来越小。

重组对于上市公司本身资产运作的价值却是始终存在的。对于上市平台而言，可以通过资产的重组是实现基本面的改善和提升，甚至是估值天花板的打开，从而实现资产管理运作的目的。

2022年，吉翔股份通过收购湖南永杉，成功搭上新能源锂电的快车，3个月左右股价从7元不到最高涨到28.88元，在2022年第一季度全市场大跌的环境下，吉翔股份收获4倍空间。

吉翔股份的华丽变身并不是第一次。吉翔股份的前身新华龙本身出自有色金属板块，主营为钼产品的生产加工。但经营情况不怎么样，2015年出现巨大亏损。2016年11月，新华龙以零对价收购了霍尔果斯吉翔影坊影视传媒有限公司100%股权，收购后又对该公司增加注册资本至1亿元。自此，吉翔股份的主营业务变更为钼产品业务和影视业务双主业发展的模式。

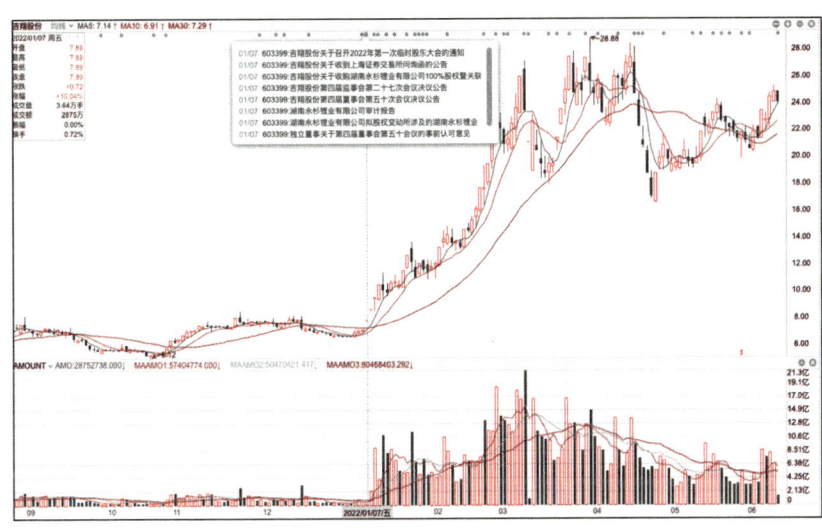

战例图 4—1　吉翔股份 2021—2022 年均线图

当年影视行业也曾春风一度,随着影视业务注入上市公司,2017 年吉翔股份的业绩迎来爆发式增长。股价也出现了一波翻倍行情。但好景不长,随着影视行业景气度改变,2019 年吉翔股份业绩出现"大变脸",当年归属净利润亏损数额约 2.26 亿元。2020 年吉翔股份归属净利润增亏至约 2.63 亿元,其中影视业务收入锐减 88.98%。吉翔股份在 2020 年年报中如是表示:"受到新冠疫情的影响,2020 年的影视行业发生了较大波动。影视剧的开机和拍摄进度遭到推迟,同时影院在上半年也无法恢复营业,致使影视行业的线下业务受到较大损失。"

影视业务无法对业绩形成刺激,甚至产生拖累之后,吉翔股份的股价也遭遇连续下跌。尝过重组甜头的吉翔股份再次想到了跨界重组的运作之路。但是这次并没有这么顺利。2020 年 3 月以后,吉翔股份曾接连开启跨界并购计划。在收购中天引控科技股份有限公司跨行国防未果之后,2021 年 3 月吉翔股份又筹划并购厦门多想互动文化传播股份有限公司跨行时尚事业,结果同样以终止收场。甚至过程中,还因为交易作价的合理性和公允性等一系列问题的被上交所重点关注。

但是吉翔的努力并未停止。2022 年年初,吉翔股份发布公告,以现金 4.8 亿元收购宁波永杉锂业有限公司(以下简称"宁波永杉")所持湖南永杉锂业有限公司（以下简称"湖南永杉"）100％的股权。至此，吉翔股份搭上锂电东风，终于实现逆势上涨。

这里不得不提一下吉翔股份的实控人郑永刚。公开信息显示，吉翔股份与杉杉股份的实际控制人同为郑永刚，杉杉股份通过宁波永杉间接控股湖南永杉。所以杉杉股份接连为吉翔股份注入锂电资产，本身其实就是实控人对旗下资产做的整合调配。从结果来看，重组接连受阻，吉翔股份把目标投向关联方资产腾挪，吸收杉杉股份的锂电资产，借锂电标签实现股价飙升，确实打了一场漂亮的翻身仗。

抛开实控人市值管理的目的不谈，对于普通散户而言，关键的还是公司本身是否会因为并购重组产生新的估值基础。湖南永杉在交易时的产能规划大概是短期2.5万吨、远期4.5万吨锂盐投产，作价4.8亿元人民币，吨矿市值相比于同行天华超净打了6折不止，2022年又是锂矿高景气度周期，在资产注入后，吉祥股份的估值空间彻底打开，这才是它能走出趋势的基础。也只有在这个逻辑下的重组标的，才具备操作价值。

但对于大多数人来说，重组更像是一场赌博。

2021年9月24日文山电力收盘7.94元，随后公告重大重组事项停牌。2021年10月16日公告与南方电网资产置换方案，2021年10月18日复牌后，开启十连板行情。

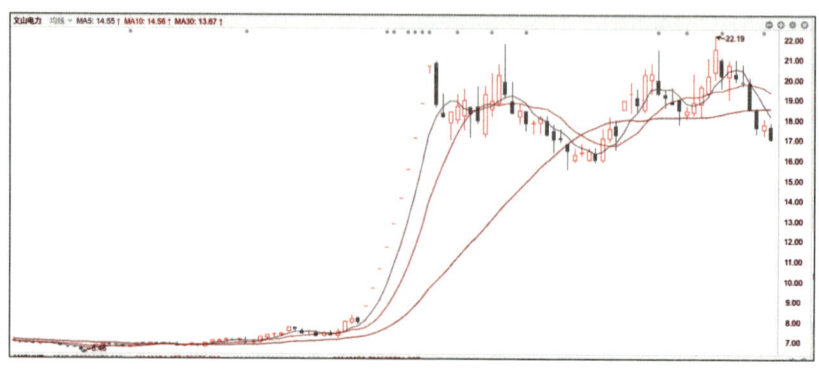

战例图4—2　文山电力2021年均线图

凤凰光学的情况也差不多。2021年9月17日公告停牌，9月30日公布重组预案，拟通过发行股份的方式购买南京国盛电子有限公司100％股权和河北普兴电子科技股份有限公司100%股权。国盛电子、普兴电子这两家标的公司均主要从事半导体外延材料的研发、生产和销售。如果重组顺利完成,凤凰光学主营业务将变更为半导体材料。估值天花板打开,投资者寄予厚望。复牌后,11个涨停,两个月时间,股价翻了4倍。

但收益大,坑也更多。比如文山电力这种,开板即巅峰的,又比如凤凰光学,在2021年鼎盛一时后,2022年5月28日发布了关于终止重大资产重组的公告,随后公司股价连续5个跌停,截至6月8日收盘公司股价为17.73元,较上年最高价已跌超70%,包括社保基金在内的众多投资者被严重套牢。基本上,回到起点。

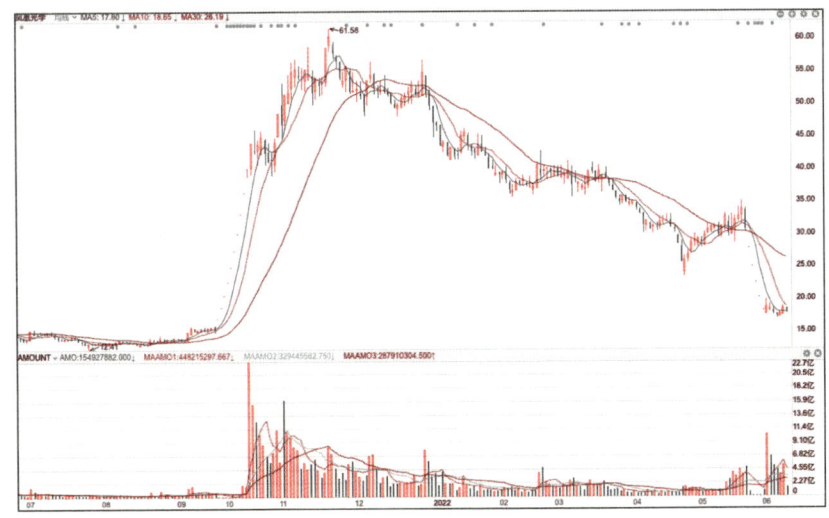

战例图4-3 凤凰光学2021-2022年日线走势

所以对于重组,我们一定要有清晰的认知,更多的时候,重组预期应是一个加分项而不是决定项。如果仅仅是因为重组的可能,那就是在垃圾堆里找钻石,无用功多矣。

战例 5

中国中免——北上资金的耐心与决心

自从有了沪深港通,北上资金作为一个异常明确的资金力量就形成了。这个资金通常被认为是通过沪深港通介入 A 股买卖股票的外资力量。根据各种维度的统计,北上资金在 A 股中都是赚得盆满钵满,所以被称为"聪明的资金"。

所以很多人都想借助这种聪明的力量。但是这里有以下两个问题。

1. 北上资金有真有假、有长有短

中国香港目前的融资成本和难度仍比内地要低不少,所以有很多量化、私募更愿意在香港融资,通过北上席位交易 A 股,且由于北上资金实时公布流入,可以说过于透明,使得现在甚至都有借道北上席位的资金,在短线来说,甚至会对投资者产生误导。因此才有 2021 年 12 月 17 日,证监会修改了《内地与香港股票市场交易互联互通机制若干规定》,明确表示将对所谓"假北上资金"进行从严监管,日后内地投资者,不能通过沪深股通投资 A 股市场了。虽然对于北上资金的管理越来越规范严格,但北上资金本身成分依然复杂,因此,盲目信任不可取。

2. 北上资金并不择时

很多人认为北上资金一段时间内持续流入就意味着对于后市阶段性的看好,但事实上,自北向资金开放以来,大约 80% 以上的时间处于持续流入状态。

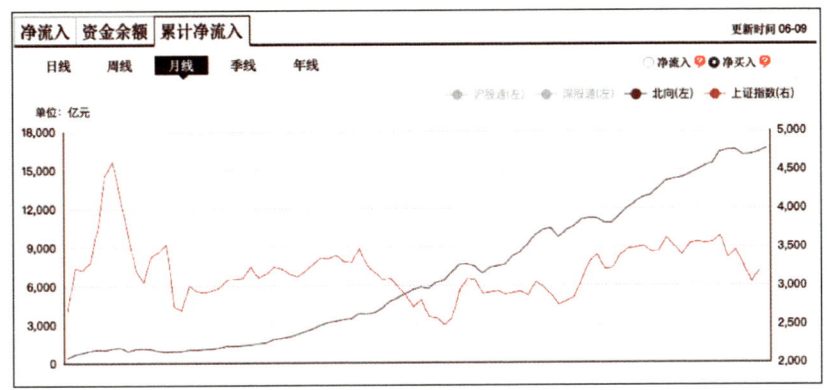

战例图5-1　北上资金流入情况

甚至还经常出现追涨杀跌的情况。比如2019年4月、5月，外资连续卖出大几百亿元，但是次月外资就追高买回来了。又如2020年3月，外资单月曾经流出超600亿元，结果被证明是卖在了行情的最低点，次月直接追高买回500亿元。2020年9月，外资单月卖出300亿元，次月又大举买入500亿元，从指数位置来看，又是低卖高买。

所以，北上资金并没有在做严格意义上的择时。大部分时间，他是坚定地在看多做多中国而已。而且北上资金对于市场的"多空"更注重的是系统性风险，而不是价格的高抛低吸。

那么北上资金的意义在哪里呢？选股和耐心！

2020年春节前，新冠疫情爆发，股票市场受到全面冲击。2020年2月3日、4日，春节回来的股市连续遭遇千股跌停，所有股票不管好的坏的、高的低的，除了医药口罩一枝独秀之外，全部进入大跌模式。中国中免在2020年一季度，从最高73.76元跌到最低45.63元，跌幅最大38.13%。而在此期间，北上资金不卖反买，一路加仓，从持仓9.5%左右买到13.5%，加仓40亿元。

2020年6月1日，行业政策春风拂面，中共中央、国务院印发《海南自由贸易港建设总体方案》，提出"放宽离岛免税购物额度至每年每人10万元，扩大免税商品种类"。自此，王府井、中国中免这两大免税龙头开始快速上涨，中国中免从45元附近涨到最高402元，两年10倍。回头去看，北上资金又

战例图 5-2　北上资金流向与国内股市行情比较

是盆满钵满的一次收获。

可以说北上资金对于自己坚持看好的标的,耐心奇佳,越跌越买,永不言弃。这点确实非常值得学习。而对于个股而言,有了这样一个超级大主力持续锁仓,对于个股筹码结构和后市行情,也是有百利而无一害。

又如 2021 年的国电南瑞。2020 年国电南瑞价格保持横盘几乎一整年,在科技医药甚至是 7 月份的大盘冲锋行情都没有很大起色,但是北上资金持续加仓。持股比例从 10% 左右买到最高接近 19%,低位加仓 50 亿元。此后国电南瑞在 2021 年的新能源赛道大爆发行情中,从 16 元附近启动最高到 47.87 元,一年 3 倍。

北上打的都是明牌,不怕跟,不怕杀。可以说,这些北上资金能坚定、坚持、坚强持有的标的,本身的价值是最大的原因。也因此,当这些股票调整甚至走入股价低谷的时候,往往就是黄金坑机会。

当然,也不是说一发现北上资金逆势加仓就可以直接买入。北上资金可以做到持续流入有一个比较重要的前提是,它的资金体量足够大,甚至可能无限大。但个人投资者而言,任何人的资金都是有限的,很难真正做到越

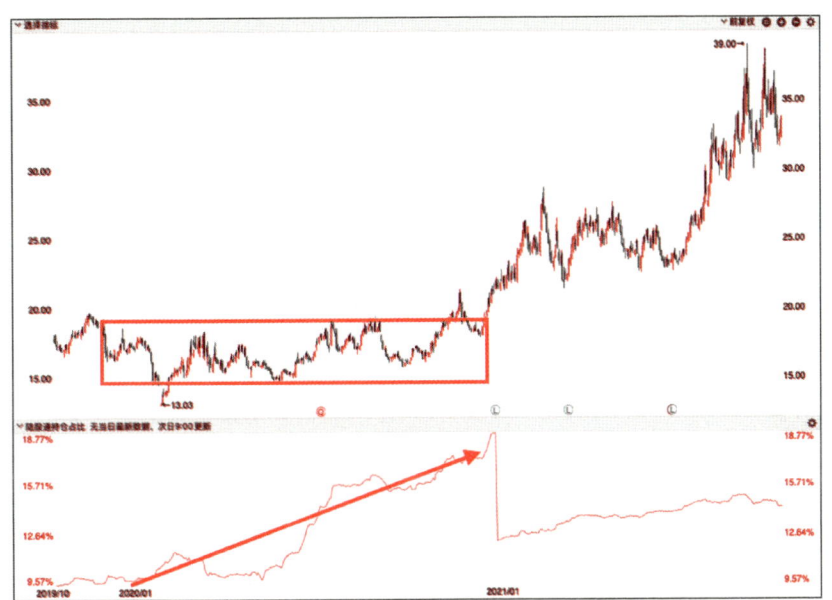

战例图 5—3　国电南瑞行情与北上资金流向比较

跌越买,持续加仓。所以,对于北上资金坚决看好的标的我们可以密切关注,加上买卖点的加持,就可以得到更准确的机会。

战例 6

比亚迪——好公司不怕跌

2021年12月起,机构抱团股在经历了两年的辉煌之后,从抱团上涨进入到抱团下跌模式。大家耳熟能详的一些"优质标的"开始集体下跌,3个月之内,东方财富下跌超过30%,市值蒸发超过千亿元,其余宁德时代、贵州茅台、美的集团等,下跌幅度也在20%~30%不等。

2022年,虽然市场面临一定的风格切换、经济压力等宏观因素,但并不是每次经济下行的时候这类股票都会出现这么大幅的抱团下跌的,比如2020年,在疫情最困难的时候,反而是这类个股的集体稳健使得市场的重心依然健康。而它们在2022年初出现的抱团下跌,背后最大的"杀手"来自基金的负反馈效应。

所谓基金的正负反馈效应,其实就是资金的正负循环。当股价上涨的时候,基金收益率持续走高,基金发行进入旺季,主力机构获得更多资金加持,同时继续增持机构重仓股,股价进一步上涨,基金净值走高,基民情绪更加热烈。这就是正反馈,是一种积极的循环。但是这种循环也不能无休无止,场外增量资金是有上限的,股价更是不可能只涨不跌。在2020年末2021年初的时候,已经因为正反馈形成了一波极端的机构抱团股行情。有抱团上涨,必然也有抱团下跌。

到了2021年12月,机构抱团中的市场核心宁德时代开始出现高位滞涨之后的下跌。并且,每一次的长阴都伴随着市场放量,筹码出现明显松动。随后,就开始出现了优质权重的接连下跌,与此同时,一些明星基金净值出现大幅回撤,"基金下跌"成为一个关键词频频登上热搜,市场开始出现负反馈效应,基金遭遇大面积赎回。

老基金规模缩水,新发基金更是直接遇冷。仅 2022 年 2 月,就有 6 只新发基金因为未能募集足够资金遭遇发行失败。同时,也有部分基金发布公告延长募集期,其中不乏易方达、华夏、招商、鹏华等头部基金公司的产品。2022 年 2 月共成立基金 63 只,对比来看 2021 年 2 月共成立基金 120 只,新发基金数量缩减明显;不仅如此,2022 年 2 月成立的新基金中,平均发行份额仅为 5.36 亿份,而 2021 年 2 月成立的新基金平均发行份额则高达 24.72 亿份。

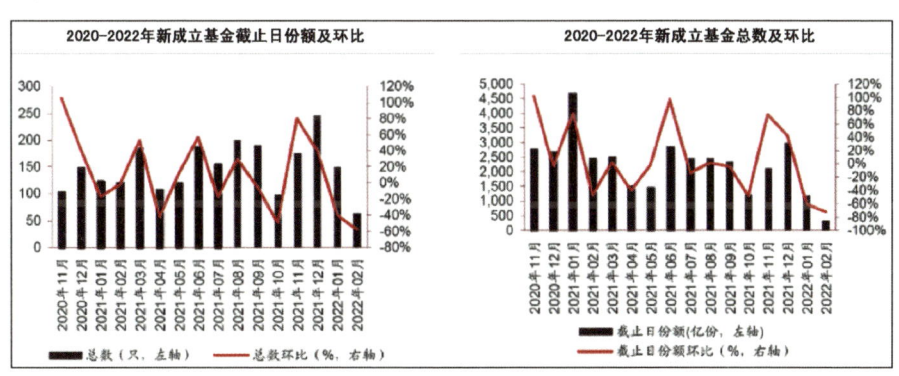

战例图 6—1 2020—2022 年新成立基金情况

明显的发行差距代表了机构已经没有足够的增量资金来保证场内重仓股的股价,甚至必须为了应对基民的赎回或基金本身的风险控制措施而被迫砍仓。这种多米诺骨牌效应就形成了场内的负反馈,也是股民最怕看到的踩踏行情。

虽然这种下跌和标的本身基本面并没有太大的关系,再优质的资产也难逃资金的踩踏,但本质来说,负反馈还是因为连续上涨形成的估值偏高造成的。因此,想要回避这种恶性循环,最根本的还是要保持清晰的大脑和坚持基本的估值观念,不能被市场的舆论情绪带偏。

另一方面,我们也可以看到,基本上每一轮资金的负反馈形成踩踏效应之后,真正的优质个股很容易被砸出股价上的黄金坑。这也是因为它们本身的质量并没有问题。因此,危也机也,股价也就是在这种轮回中形成波段机会,释放赚钱效应。比亚迪就是如此。

根据 2021 年年底披露的数据,有超过 1 200 只基金持有比亚迪,持股数量高达 1.7 亿股,占流通股比例接近 15%。在 2022 年一季度,同样受到市场环境和负反馈影响,从 2021 年 10 月开始,调整了接近半年时间,股价从 333.33 元跌到 210 元附近。然而,在 2022 年一季报公布后,短短一个月的时间,比亚迪就收复了所有失地,股价再创历史新高。

战例图 6—2　2021 年 10 月到 2022 年 6 月比亚迪日线走势图

比亚迪的底气来自哪里？业绩为王！

2022 年一季度,对实体经济来说是不太好的一个时段,外围流动性预期收紧、俄乌冲突爆发、国内疫情扰动,经济受到的冲击非常明显。汽车消费,作为大宗消费的核心,也直面冲击。但比亚迪业绩几乎不受影响。

数据显示,比亚迪新能源汽车在 2022 年 1—3 月份累计销量为 286 329 辆,与上年同比增长了 422.97%,3 月份单月的新能源乘用车销量就达到了 104 338 辆,同比涨了 346.16%,这同样也是比亚迪首次单月突破销量 10 万辆大关,这个数据放眼全球,也是非常惊人的存在。目前比亚迪旗下的新能源汽车销量已经突破 76 万辆大关,这个数据也是众多新能源汽车企业所难

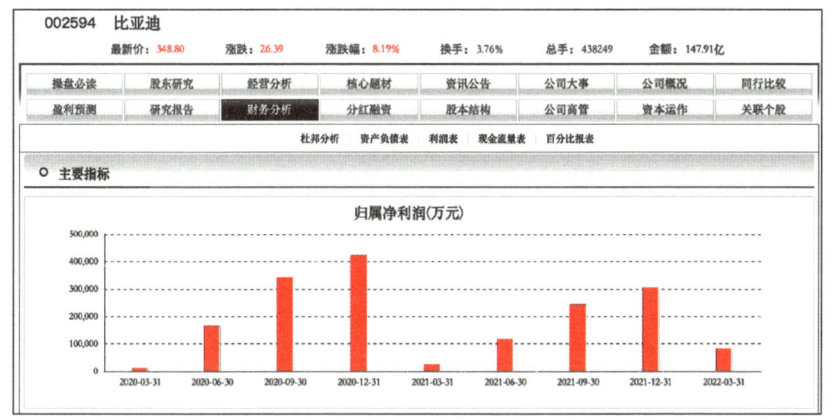

战例图 6-3 比亚迪净利润情况

以企及的。

2022年4月,受到国内疫情冲击最严重的一个月,但比亚迪的表现依然坚挺。同期特斯拉销量大幅下滑,让出了14%的新能源汽车市场,而比亚迪的终端销量虽然下滑,但市场份额却大幅增长了10.4%,也就是说,特斯拉空出来的市场几乎全部被比亚迪吃掉了。

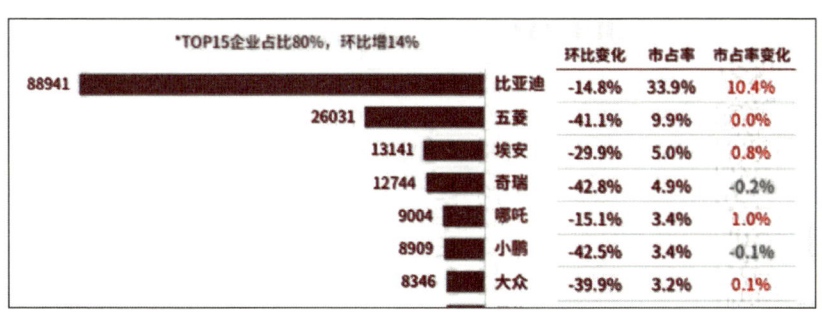

战例图 6-4 2022年4月新能源乘用车企业销量表现

所谓涨时重势,跌时重质,越是行情不好,公司本身的质量越有价值。除了比亚迪带动的新能源车,还有横店东磁带动的光伏产业链也是如此。这些围绕业绩驱动的标的,大环境不好带来的下跌,都是机会。

当然对于散户来说,除非你对于公司行业了解得非常透彻且充分信任,否则你很难真正地做到越跌越买,资金就不允许。所以我不是教大家死扛,

战例图 6-5　横店东磁均线图

而是在这些有潜力成为伟大公司的标的调整的过程中,积极地去寻找和确认买点而已。相信相信的力量,坚持自己的坚持,其他的交给市场。

战例 7

宁德时代——业绩炒到 2060 年？

好公司不怕跌，怕疯。

在近几年新能源革命浪潮中，涌现出了一批超级大牛股，锂电概念更是牛股集中营。其中，市场关注度最高、趋势最稳定、持续时间最长的，就是宁德时代，皇冠上的明珠。

宁德时代 2019 年从 68 元附近启动，2021 年最高价格 692 元，实打实的十倍股。关于宁德时代行情过程中的各种牛气冲天，我这里就不加赘述了，总之，强赛道，好公司，毫无疑问。而机构资金也确实拿出真金白银表达了对宁德时代的看好态度。2021 年披露的基金二季报显示，在基金重仓的前十大重仓股名单中，贵州茅台仍是机构心头最爱，但宁德时代也已经突出重围，取代五粮液成为基金第二大重仓股。最高峰的 2021 年 8 月 4 日，伴随着宁德时代的大涨及贵州茅台的下跌，公募基金当日持有宁德时代、贵州茅台的总市值分别为 1 511 亿元、1 517 亿元，两者仅相差 0.4%，如果再多 6 亿元，宁德时代便能超越贵州茅台，成为基金第一重仓股。

关于基金重仓这件事情，也要辩证去看。基金能重仓、敢重仓，当然是好事。不管大家对于现在基金从业者、管理者水平的看法如何，但是肯定比散户要专业，这个不用去怀疑。而且公募基金建仓还有严格的调研要求、风控制度，所以能让基金去重视，这对公司质量、信用都是一个很好的背书。

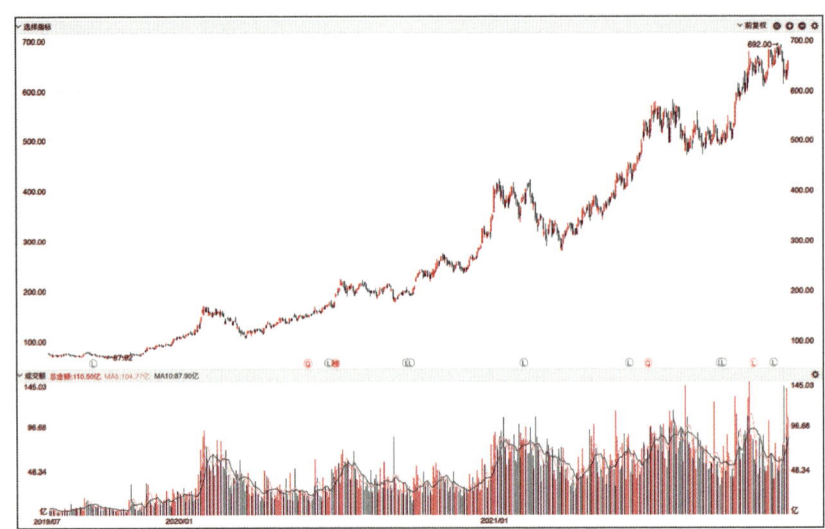

战例图7-1　2019—2021年宁德时代均线图

还能形成主力对筹码的锁定,这样才能稳定股价、造就趋势。但是反过来说,基金大规模抱团重仓后,就算不考虑后面是否会形成负反馈的问题,你要继续往上涨,谁能来继续买呢？增量资金够不够呢？这些都是基金重仓股必然面临的问题。

所以当宁德时代已经完成10倍功业,基金持仓也基本饱和之后,空间,成了市场最大的疑问。在这个时候,一份关于宁德时代的研报火遍投资圈。2021年8月,在国信证券发布的"宁德时代系列之二——储能篇:第二'增长曲线'的终局探讨"这篇研报中,对宁德时代储能业务到2060年的营收中枢给出了预测,约为1 714亿元。

研报的大概内容是,宁德时代已通过合资建厂、入股等方式整合储能产业链。此前其动力电池业务受益于1外因(政策)+3内因(客户、原材料布控、技术)快速增长,假定储能业务(技术路线、竞争格局、拿单模式三个影响因子)与动力电池业务具相似增势与发育曲线,保守预计终局宁德全球储能市占率15%~25%,对应营收/市值空间约1 714亿元/4 285亿元。

但分析师大胆的预测,也引发了市场的激烈讨论,好家伙！这是三年五年利润撑起不起来了,直接给到几十年后,靠不靠谱？事实证明,不太管用。

战例图 7-2 宁德时代均线图

2022 年新年以后，市场风格率先出现变化。在美联储加息缩表的预期下，全球流动性都面临一定收缩预期。于是，对于流动性最为敏感的高估值标的开始杀跌。国内市场基金负反馈效应爆发，高位抱团股高位散伙，出现踩踏。

这些只是外因，对于宁德时代而言，最致命的还是利润增速的下滑。受到原材料价格持续上涨的压力，宁德时代利润在 2022 年一季度开始收缩，二季度甚至还有确认一季度综合收益亏损的预期。从上市开始就一路顺风顺水的行情至此休整，高位调整接近腰斩。

高成长，高估值，是成长股的标准配置。对于这类标的，只要业绩增速不回落，1 000 倍市盈率市场也敢给。但是只要车速降低，那市场杀起估值来也是不讲道理的。所以看增速这个东西，本就不适合看得太远。就算宁德时代到 2060 年能兑现这些利润，但是过程呢？

时至今日，宁德时代还没有从纯弱势状态下走出，假以时日，"宁王"仍会王者归来的话，400 元买是不是要比 700 元买划算得多呢？有些钱是赚出来的，有些钱，是省出来的。

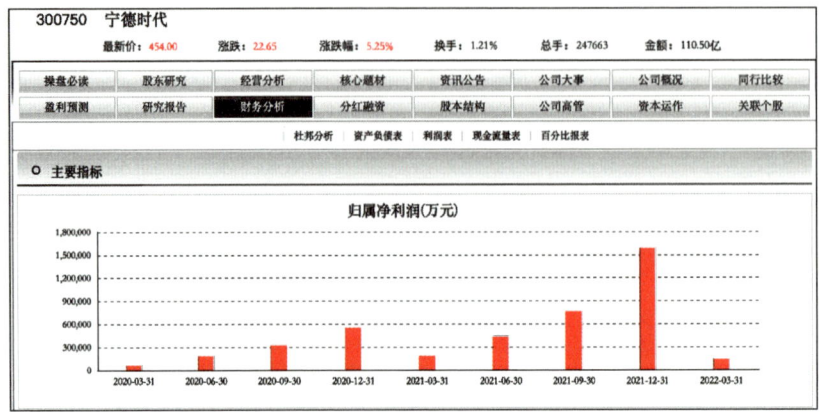

战例图 7－3　宁德时代 2020 年 3 月－2022 年 3 月利润情况

战例 8

美年健康——基金经理的功课能不能抄？

2020年年底，也是基金经理神话的高峰期，市场中涌现出一批明星基金经理，甚至有的基金经理还拥有了"粉圈"，每天通告路演不断。基金经理们的操作也被股民认为是好学生的功课，一些"顶流"基金经理的持仓，更是被疯狂跟踪。当时，美年健康就是大家抄作业的重点对象之一。

美年健康首先不是一个陌生的公司，很多人都知道，体检第一股。原来业绩还算可以，2014年到2018年都保持在正增长的路上，增速也过得去。2019年虽然显示巨亏，但主要是商誉减值。算是一家白马型的公司，符合基金经理们的口味。但是从2020年开始，受到新冠疫情影响，业绩开始真正受到了冲击，出现了经营性亏损。光从这一点上看，其实不至于成为散户大本营的选择。但是大家看一下2021年3月美年健康的基金持仓情况，易方达的张坤、兴全的董承非，可都是当时基金圈的"顶流"，响当当的名字。

截至2020年底，315只基金共持有美年健康122亿元市值，31只基金已大量持有美年健康的股票，其中包括易方达、兴全、汇添富等几家知名基金公司。并且在美年前十大流通股东中，阿里巴巴、社保基金都在其中。妥妥的抱团股。

最关键的是，当时散户对基金抱团股虽然极其渴望，但大部分抱团股都已经高不可攀，比如贵州茅台、宁德时代，想抄又不敢抄。但美年健康不一

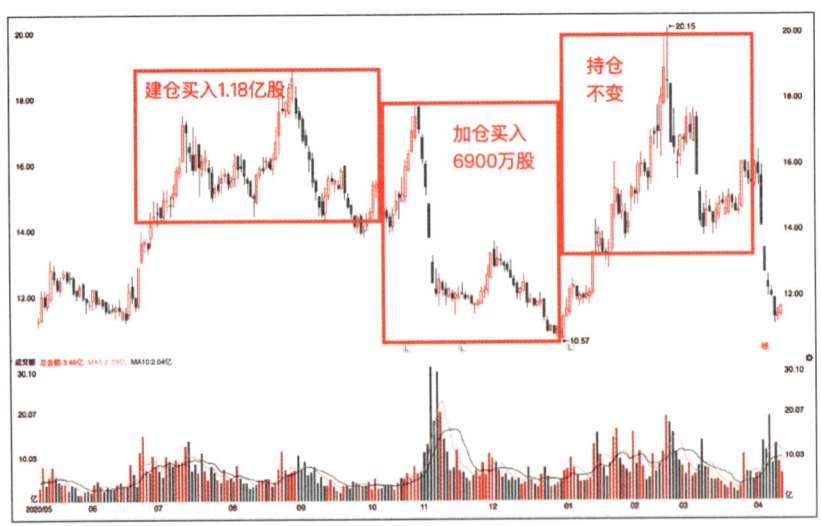

战例图 8-1　2021 年一季度 美年健康基金持仓情况

样。它进入公众视野的时候,易方达刚刚开始建仓,股价也几乎算没有怎么涨过。从公开信息中可以比较简单地得出,易方达中小盘在 2020 年三季度开始买入美年健康,四季度继续加仓,最高持有超 16 亿元市值的美年健康股份,成为旗下第五大重仓股。根据股价推算,成本应在 12～14 元之间。

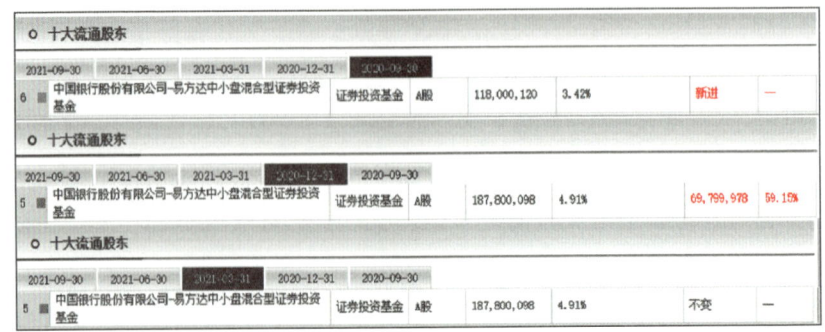

战例图 8-2　美年健康 易方达中小盘混合型基金 2020 年 9 月到 2021 年 3 月持仓情况

基金经理们的底真的那么好抄吗？

2021年4月12日晚间，美年健康发布了2020年年报，数据显示，2020年营业收入78.15亿元，同比减少8.33%；归属于母公司所有者的净利润5.54亿元，上年同期净亏损8.66亿元，扭亏为盈；基本每股收益0.14元，上年同期基本每股收益－0.23元。公司解释业绩下滑主要受到疫情影响，也没有能改变公司股价连续下跌的局面。最终，美年健康跌破了长期平台11元附近的支撑。

按说业绩爆雷加上形态破位，应该是风险加风险，跑路的信号。但恰恰相反，当易方达的持仓路径和成本公布之后，美年健康价格的下跌并没有引发大家的风险意识，反而被"抄经理们的底"兴奋了神经。所以在2021年的第二季度，美年健康的股东数出现倍增，一大批散户股东介入抱团。很多人依然抱持着这个比基金经理们还低的位置，反而越跌越买，继续加仓，因此可以看到，在二季度美年健康股价下跌的过程中，股东人数的增加速度是最快的。

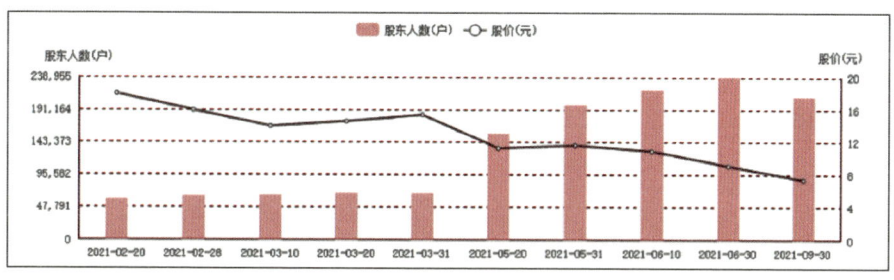

战例图8－3　美年健康2021年3月至2021年6月，股东人数翻了4倍

只是万万没想到，当散户跟着"带头大哥"冲的时候，"带头大哥"不见了。2021年6月美年健康前十大股东名单上，董承非的兴全已经退出，2021年9月，张坤的易方达也大幅减持了。至此，套在美年健康的散户彻底绝望，要么认怂离场，要么时至今日还在苦海无边。

很多人可能会觉得，这是基金经理们的水平问题。但我并不这么认为。当时，美年健康的逻辑是成立的。此前，美年健康是在一个快速扩张的过程中，通过全国性布局子公司，并购重组等方式，逐步占据全国市场，其后利用规模化降低成本获得稳定的利润，疫情前的经营情况也保持稳定。或许可

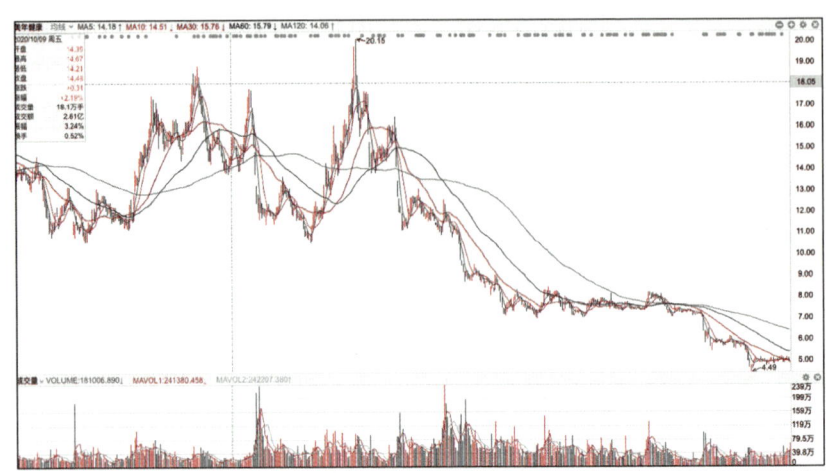

战例图 8—4　美年健康 2021 年 9 月机构持股情况

以在体检领域复刻爱尔眼科。

　　任何一个公司要真正成为伟大的公司,过程一定是曲折的,除了努力,甚至还有时代的选择。就算是现在占尽优势,未来也可能一败涂地,比如诺基亚;或者现在被人爱答不理,未来谁也高攀不起,比如当时的特斯拉。一切都是概率。所以,当你发现逻辑改变的时候,你也要及时做出改变。

　　这些基金经理们就是改变了。当它们发现逻辑行不通或者环境不允许的时候,哪怕是没有赚钱,甚至是大幅亏损,他们也离场了。但是散户呢?或因为盲目信任,或因为抱有幻想,反而变成了"接盘侠"。所以,功课不是不能抄,但是你至少不能连你抄了什么都不知道。否则,凭运气赚到的钱,终有一天,也会凭实力还给市场,甚至更多。

结语：明趋势、看顶底、抓龙头、明风控

炒股票其实和捞鱼很像，首先要找一个鱼多的池子，然后找个称手的工具去捞。池子就是大盘环境，工具就是你的系统方法。没有方法，赤手空拳的，你下去不被鱼咬就算不错了，方法可以百花齐放，有人用钓竿，有人用小鱼兜，也有人用大渔网。但是，哪怕你把自己打造成一艘航空母舰，依然还有沉船的可能。所以最后的最后，市场无绝对，控制风险，尊重概率！

关于市场的一些心得体会，交易笔记，我已经在前文中讲得比较多了，最后还有几点老生常谈的东西，依然希望能渡有缘人。

1. 关于预测

预测行情是一件非常累的事情，很多必须选择一个立场的时候，都是需要运气的时候。而事实上，当你确定赌一把的时候，你已经输了，因为你已经失去了判断。

其实行情不用判断，你怎么看，不影响它怎么走；但是它怎么走，决定你要怎么做。多头的时候，理应充满着多头的思维，积极而勇敢地全力操作，在任何波段相对的高档区域，随时保持警觉，准备全面退出。空头的时候，当然也要充满着空头的思维，轻松而且乐观地静静等待，迎接下一次底部的出现。

2. 股市中，要有认输的智慧

孙子说：小敌之坚，大敌之擒也。意思就是敌对的两方中，势力弱小的一方，如果你要坚持坚强，那你就有可能成为敌人的俘虏。这就是说，你没有足够的实力，没有足够的胜算，就不要去打仗。

历史上以多胜少的战例比比皆是，怎么就不能打呢？管理学上有一个概念，叫"沉默的证据"，绝对的大概率事件，都沉默无言，所以你不知道。而这些小概率事件，以小博大竟然胜利的，人人都替他大肆宣扬，三千多年的例子累计起来，倒显得比比皆是，成为主流了。

对于大部分交易者而言，看错行情具有一定的持续性，一旦错起来就是一错再错。所以，当你开始犯错的时候，认错是最好的选择。

3. 不要造神，不要拜神

我在直播中常常碰到这样一个问题：老师，你自己做不做股票，你自己股票做得怎么样啊？或者，你股票做这么牛，还来教人干什么？诸如此类。

问这些话的本意，从善意的理解，他希望找到一个绝对的权威，能在市场无往不胜，才能惠及他人。但我可以很负责任地告诉大家，投资投机就不是一个相信权威的地方。博弈，永远只看未来。所以，这个市场就不是一个有神的地方，你们能找到的，只有神棍。

我相信的是"师者，传道授业解惑"，"闻道有先后，术业有专攻"，"三人行，必有我师"；而不是唯我独尊的神话故事。从事投资行业、投教事业这么久，我判断对过很多大行情，关注过很多大牛股，我也看错过很多行情，踩过不少坑。而这所有的所有，形成我的投资知识、职业经验，我把我的经验分享给大家，希望帮助大家少错我错过的地方，少踩我踩过的坑。

分析大盘的时候要坚持技术原则，操作个股的时候不要迷信技术机会。市场一定会用一切办法来证明大多数人是错的。整体行情是政策和市场主力共振的产物，个股行情则常常是庄家的独角戏。暴跌之后有暴涨，暴涨之后有暴跌，行情往往在绝望中诞生、在犹豫中发展、在欢乐中结束，暴跌不杀跌，暴涨不追涨。

牛市里不要用放大镜去审视一个企业的估值，熊市里要用显微镜去看一个公司的基本面，牛市捂住股票、熊市捂住钞票，牛市往死里赚、熊市才够亏，牛市里学得越好、熊市里死得越快，熊市里学得越好、牛市里赚得越少，牛市帮你赚钱，熊市教你成熟，现实一直残酷，但历史总是重复。归根到底，股市如潮，涨跌皆属自然；人生如歌，得意不可忘形。

最后，还是需要感谢一路以来支持我的每一位朋友，鼓励我的家人，帮助我的同事、前辈们。感谢大家长时间的支持与陪伴，信任和包容，我们这个职业，其实一直都在质疑中前进，在探索中发展。我们希望这个行业可以越来越规范，越来越有价值，而不是始终徘徊在推荐股票这个层面，而是真正能为千万的投资者们带来正确的投资和价值观，为我们中国的资本市场的成长和壮大尽一份绵薄之力。虽然大部分时间我们经历着市场的考验，但是我始终相信,中国,正处国运昌隆,中国股市,方兴未艾,中国股民,后福犹在。以上,送给所有股海沉浮的投资者,既然有缘在谷底相逢,也愿我们最终都能在顶峰相会!